Por las sendas del pensamiento

Vasilis Vitsaxís

Por las sendas del pensamiento

Traducción del griego moderno
de Josep M. Bernal y Vasilis Vitsaxís

Vitsaxís, Vasilis
   Por las sendas del pensamiento. - 1a ed. - Buenos Aires : Teseo, 2010.
   298 p. ; 20x13 cm. - (Filosofía)

   Traducido por: Josep M. Bernal y Vasilis Vitsaxís
   ISBN 978-987-1354-47-4

   1. Filosofía. I. Vitsaxís, Vasilis, trad. II. Bernal, Josep M., trad. III. Título
   CDD 190

Título original: Στοχαστικές διαδρομές (Stochastikes diadromes)

Traducción: Josep M. Bernal y Vasilis Vitsaxís

© Editorial Teseo, 2010
Buenos Aires, Argentina

ISBN 978-987-1354-47-4
Editorial Teseo

Hecho el depósito que previene la ley 11.723

Para sugerencias o comentarios acerca del contenido de esta obra, escríbanos a: info@editorialteseo.com

www.editorialteseo.com

Índice

Obras de Vasilis Vitsaxís 9

Con el tacto de la mente 15

1. La forma triádica de la Divinidad
   o del Principio Primero
   en el pensamiento griego e hindú 17

2. Los tres senderos del Conocimiento
   en el pensamiento griego antiguo 41

3. Mito y búsqueda existencial 53

4. El mito del Logos 59

5. El concepto del amor en el cristianismo,
   en el pensamiento griego antiguo,
   en el Antiguo Testamento,
   en el Islam y en las religiones orientales 69

6. Poética 89

7. Las fuentes de la poesía
   (el laboratorio secreto) 115

8. La universalidad de la poesía 127

9. Las herramientas sonoras
   del arte poético (rima y ritmo
   en el original y en la traducción) 139

10. Poesía y misticismo
    (los horizontes interiores) 151

11. El mito de la lengua 207

12. La lengua griega en el laboratorio poético 213

13. Significantes y significados
    en el discurso poético (la otra Babel) 219

14. El Arte de la traducción
    y la traducción del Arte 231

15. La traducción del discurso poético 237

16. La dimensión temporal
    de la traducción literaria 245

17. Platón y Upanisads 259

18. Dimitrios Galanos.
    El único diccionario sánscrito-griego-inglés 285

19. Primero de Año 295

Obras de Vasilis Vitsaxís

Derecho

La denuncia del contrato laboral [en griego], Atenas, 1944, pág. 93.

La propiedad comercial de comerciante [en griego], Atenas, 1945, pág. 48.

La Novela 18 de Justiniano. Contribución a la historia de la evolución de la institución de la sucesión obligatoria en el derecho bizantino bajo la influencia del espíritu griego (Tesis Doctoral) [en griego], Atenas, 1945, pág. 132.

Numerosos artículos y comentarios en revistas de derecho griegas e internacionales.

Estudios - Filosofía

Hindu Epics Myths and Legends, Londres y Nueva Delhi, 1977, pág. 97, 2a ed. 1978, 3a ed. 1978, 4a ed. 1981, 5a ed. 1983, 6a ed. 1987. Edición en griego: Atenas, 1978, pág. 198. Edición en hindi: Nueva Delhi. 1978, pág. 127.

Plato and the Upanishads, Nueva Delhi, 1977, pág. 93. Edición en griego: Atenas, 1977, pág. 90. Edición en coreano: Seúl, 1989, pág. 161. Edición en serbocroata: Belgrado, 1990, pág. 82. Edición en rumano: Iasi, 1992, pág. 69,

Bucarest, 1999, pág. 94. Edición en español: Buenos Aires, 2008, pág. 88.

Pensamiento y fe [en griego], Atenas, 1991, 2 vol., pág. 800. Premio de la Academia de Atenas. Edición en inglés: Boston, 2009, pág. 1258.

Poética [en griego], Atenas, 1997, pág. 460. Edición en rumano: Bucarest, 2000, pág. 415. Edición en español: Granada, 2005, pág. 435.

Poesía y pensamiento [en serbocroata], antología y traducción de la obra poética y filosófica del autor, Belgrado, 2001, pág. 212.

La Poétique. Questions d'esthétique, Paris 2001, pág.135.

El mito. Punto de referencia en la búsqueda existencial [en griego], Atenas, 2002. pág. 271. Edición en inglés: Boston, 2006, pág. 301. Edición en español: Granada, 2007, pág. 192, Buenos Aires, 2007, pág. 235. Edición en rumano: Bucarest, 2007, pág. 230. Edición en francés: París, 2009, pág. 263.

Por las sendas del pensamiento [en griego], Atenas, 2009, pág. 241.

Numerosos artículos acerca del pensamiento y ensayos de estética en varias pulicacioens periódicas de literatura y filosofía, entre otros: "Poesía y Misticismo" [en griego], en *Revista de Filosofía de la Academia de Atenas* [en griego], vol. 25-26, pág. 9-57, y en español en *Boletín de la Real Academia de Buenas Letras de Barcelona*, vol. XLVIII; "Los medios expresivos de la poesía" [en griego], en *Crónicas Estéticas* [en griego], vol. 33, pág. 95-131; "The Universality of Poetry", en *Diotima* [en griego], vol. 25, pág. 153-162; "Poetry as an Affirmation of Human Spirituality", en *Greek Letters*, vol. 10, pág. 118-134.

Literatura - Poesía

Reflets, París, 1968, pág. 70. Premio de la Académie Française.

My Trails, Washington, 1970, pág. 47.

Senderos [en griego], Atenas, 1975, pág. 55.

Mes Sentiers, París y Nueva Delhi, 1977, pág. 95.

Eterno y momentáneo [en griego], Atenas, 1978, pág. 79.

Like Candel Drops, Nueva Delhi, 1978, pág. 51 (antología y traducción inglesa de la obra poética del autor)

Prashianti, Nueva Delhi, 1979, pág. 60 (introducción, antología y traducción hindi de la obra poética del autor)

Poemas, Buenos Aires, 1981, pág. 79 (introducción, antología y traducción española de la obra poética del autor)

Carmina Selecta, Atenas, 1994, pág. 104 (antología y traducción italiana de la obra poética del autor)

Poeme, Bucarest, 2004, pág. 90 (antología y traducción rumana de la obra poética del autor)

Numerosos poemas y narraciones en periódicos y revistas literarias de Grecia y del extranjero.

Traducciones literarias

Flâneries en Belgique, Amberes, 1954, pág. 38 (traducción de la obra en griego de I. M. Papagiotopoulos *Europa*)

Poesía de la India contemporánea [en griego], Atenas, 1979, pág. 164 (introducción, antología y traducción de la obra de 86 poetas hindúes contemporáneos)

Trayectoria desde la nada al absoluto [en griego], Atenas, 1980, pág. 62 (introducción, antología y traducción de la obra poética de la poetisa mística Argentina Nelly Candegabe)

Tierra americana [en griego], Atenas, 1980, pág. 45 (introducción, antología y traducción de la obra poética del poeta argentino Rubén Vela)

El cazador y la garza [en griego], Atenas, 1981, pág. 63 (introducción, antología y traducción de la obra poética del poeta argentino Carlos Debole)

Tierra sudamericana [en griego], Atenas, 1981, pág. 62 (introducción, antología y traducción de la obra poética del poeta argentino Nicolás Cocaro)

Lueur du Temps, Atenas, 1991 (selección y traducción francesa de la obra *Luz del Tiempo* [en griego] de Ioana Tsatsou)

Numerosas traducciones de textos en prosa y de poemas de autores extranjeros en diversas revistas literarias griegas, así como de autores griegos en periódicos y revistas extranjeras.

A mi mujer,
que siempre me acompaña
en los pensamientos y en la vida

Con el tacto de la mente

En el tomo que tienes en tus manos, amigo desconocido, he querido reunir, sin clasificarlos temática o cronológicamente, textos diversos, pequeños ensayos, conferencias y esbozos publicados, de uno u otro modo, en Grecia o en el extranjero.

En su mayor parte, estos textos pertenecen a distintas unidades temáticas. Sin embargo, constituyen una antología estructurada de pensamientos e investigaciones nacidas, en diversos momentos, a partir de la insaciable necesidad interior de tomar postura frente a cuestiones científicas, estéticas y también existenciales que surgieron al trabajar en temas diversos. El causal *cómo*, el existencial *qué*, el estético *por qué* y el científico *acaso* son los ejes centrales en torno a los que giran, a lo largo de los siglos, las diversas cuestiones eternas que determinan y definen la naturaleza humana. Nunca se les ha dado respuesta, pero tampoco la necesitan. La investigación es, por sí sola, el verdadero fin que justifica el pensamiento.

El presente libro, *Por las sendas del pensamiento*, es también un viaje. Un viaje intelectual por los diversos *mares* en los que he tenido que izar velas a lo largo de mi aventura intelectual. Algunos de los textos de este volumen son resúmenes de proyectos de unidades más grandes que, más tarde, se convirtieron en capítulos ampliados de obras especializadas. Otros son pequeños ensayos escritos para que se publicaran en misceláneas o revistas.

Otros, finalmente, son conferencias o lecciones impartidas en seminarios universitarios sobre temas epistemológicos o estéticos, centrados estos últimos en el lugar de la poesía en el arte en general y en los problemas de la traducción, esa forma particular de la palabra artística que desde siempre me ha fascinado en especial.

Los *momentos* en los que escribí estos textos son muy distantes entre sí no sólo en el tiempo, que comprende muchas décadas, sino también en el espacio lingüístico de su primera redacción, ya que muchos de ellos nacieron en el extranjero, en los lugares adonde me llevó, en diversas épocas, mi trayectoria profesional, y fueron escritos en lenguas extranjeras según el momento. Ello explica que se observen algunas superposiciones, pequeñas y sin importancia, en uno o dos de ellos. Sin embargo, no he considerado necesario ni útil hacer modificaciones a posteriori, alterando su autonomía y privándolos de su compleción de significado.

El tomo que tienes en tus manos, desconocido amigo, no es la exposición de un sistema de ideas o posturas frente a las cuestiones tratadas. Es simplemente una invitación a viajar a lugares que a menudo pisamos con una intensa sensación de soledad porque nos falta el diálogo. Sólo eso...

V. V.

1

La forma triádica de la Divinidad o del Principio Primero en el pensamiento griego e hindú[1]

Para nosotros los cristianos, la naturaleza triádica de Dios constituye un dogma fundamental de nuestra religión. "Uno en tres y tres en uno", en palabras de Gregorio de Nacianzo, "teniendo a la vez la división y la unidad". Sobre la naturaleza triádica de Dios también disponemos de testimonios en el Antiguo Testamento. Dichos testimonios no son ni aislados ni sin importancia, aunque carecen, por supuesto, del carácter explícito que poseen las afirmaciones evangélicas al respecto, como sucede, por lo demás, con otras Verdades que se revelaron en su plenitud al ser humano en el Nuevo Testamento. Los Padres de la Iglesia y, en general, la teología cristiana se ocuparon del estudio de estos testimonios antiguos. Aquí me limitaré a citar uno solo, tal vez el más llamativo y fácil de entender, procedente del himno de los ángeles al profeta Isaías, en el que hallamos la triple invocación al Señor: "Santo, santo, santo es el Señor Sabaot".

En el Nuevo Testamento, la hipóstasis triádica de Dios es expuesta de modo explícito en los fragmentos acerca de la Anunciación de la Virgen, el Bautismo del Señor, etc. También, por supuesto, en la epístola de San Juan, donde se encuentra la única mención de los Evangelios a la unidad entre las tres Personas de la Santísima Trinidad:

---

[1] Conferencia del ciclo *Disertaciones culturales* en el Museo Goulandri (Atenas).

el Padre, el Hijo y el Espíritu Santo, trinidad "consustancial", esto es, "de la misma sustancia", según Atanasio el Grande, "e indivisible".

Sin embargo, el cristianismo primitivo no desconoce el esquema triádico en relación con Dios o el Principio Primero (a menudo, estos conceptos son idénticos en la terminología filosófica de la Grecia antigua), sino todo lo contrario. El número tres, que ha fascinado al hombre desde el despuntar de los siglos como unidad arquetípica en la multiplicidad –y es importantísimo en las diversas religiones, en los mitos, en el arte y en las letras, como se puede apreciar en la antigua Grecia, India y China–, no es en absoluto exclusivamente cristiano.

La forma triádica de Dios o del Principio Primero (en este punto hemos de abrir un paréntesis para indicar que en la Grecia arcaica y clásica se llamaba Principio Primero o sencillamente Principio, con *p* mayúscula, a la fuente o, mejor dicho, a la causa que origina el devenir cósmico, es decir, la divinidad, la fuerza divina, la sustancia creadora viva y fundamental) se encuentra en el pensamiento antiguo, en Oriente y Occidente, como idea persistente y diría, a simple vista, inexplicable, que se muestra con distintas variantes –en el fondo siempre idénticas entre sí– a través de ciertos textos filosóficos llegados a nuestros días desde la antigüedad. Este fenómeno, confirmado y documentado, espero, en las páginas siguientes, puede ser explicado de diversas maneras. Aquí no intentaré explicarlo, ya que ello nos llevaría a investigaciones ajenas al objetivo de este texto. Me limitaré a reconocerlo e indicarlo allí donde se encuentra en el pensamiento antiguo, en Grecia o en la India.

Entre los distintos textos de la antigüedad griega de que disponemos, la *Teogonía* de Hesíodo menciona el Principio Primero del que deriva todo. Este Principio, dice Hesíodo, está compuesto por tres elementos: el Caos, la

Tierra y el Amor. Estos tres elementos primitivos o arquetípicos, el Caos (que expresa, en general, el espacio), la Tierra (el suelo en el espacio, sobre el cual nacerá la vida) y el Amor (la fuerza que pone en marcha el proceso de creación), conforman un objetivo total, un conjunto de todo lo que se halla *más allá de la jurisdicción del hombre*, más allá de su fuerza y control. Es *aquella otra cosa* que, tal como escribe Gigon, "puede ser llamada Dios" y que, en su origen, era Caos, Tierra y Amor.

Es útil observar que estos tres elementos no constituyen sólo la fuente originaria de la totalidad, sino también la imagen arquetípica de la cohesión y la armonía. Ninguno de estos tres elementos es por sí mismo el Principio Primero. Dicho Principio está formado por la *combinación armónica* y la *unidad indisoluble* de los tres, y sólo a partir de su coexistencia y, en cierto modo, de su colaboración, se crea el universo y empiezan las generaciones de los dioses, así como el mundo que estos gobiernan.

La forma triádica del Principio Primero también se encuentra en Ferécides, fundador de la escuela filosófica de Samos el siglo VI a. C.: "Zeus y Cronos han existido desde siempre, y Ctonie. Y Ctonie tomó el nombre de Ge, porque Zeus le regaló la tierra". Los tres principios de Ferécides, que eran todos permanentes, es decir, *preeternos*, no son independientes entre sí; se encuentran unidos por un estrecho nexo de parentesco, como resulta evidente a partir de la mitología que los rodea. De acuerdo con esta, Zeus, según Ferécides, se casó con Ctonie, a la que regaló en el tercer día de matrimonio un tejido que hizo él mismo y que adornó con la Tierra y el Cielo.

Con respecto al Tiempo, el tercer elemento eterno, el cual, según el punto de vista dominante, ha de ser identificado con Cronos, me limitaré a observar que tenía, según esta misma mitología, un vínculo estrecho con

Ctonie, sobre todo antes del matrimonio con Zeus. De la unión de Tiempo-Cronos con Ctonie nació Ofión, quien atacó a Zeus pero fue vencido por él. Zeus, a su vez, atacó a Cronos, pero este consiguió expulsarlo y se casó con Ctonie.

Por supuesto, las fuentes de estos mitos son imperfectas, obscuras y confusas. Al parecer, la confusión sobre las enseñanzas de Ferécides ya existía en tiempos de Platón, quien escribió probablemente en referencia a estas: "Me parece que cada uno narra un cuento, como si fuéramos niños, el uno diciendo que los seres existentes son tres y que algunos de ellos, en cierto modo, a veces combaten entre sí". Sin embargo, aquí no nos interesan los detalles mitológicos. Lo que debemos retener, y se desprende de todas las fuentes, es que los tres Principios Primeros, que han existido *siempre*, según Ferécides, no sólo no son independientes el uno del otro, sino que, por el contrario, están unidos por el poderosísimo nexo de la unión natural o del matrimonio, del cual derivó la creación de los dioses y del mundo.

Al parecer, los pitagóricos no hablaron claramente de una divinidad triádica. Sin embargo, en la tradición órfica, a cuya corriente pertenece sin duda la doctrina pitagórica, también hallamos tres Principios teogónicos y cosmogónicos: la Noche, la Tierra y el Cielo. La Tierra y el Cielo representan el elemento del espacio, mientras que la Noche, según la opinión unánime de la ciencia, representa el elemento del tiempo, un elemento sin el cual son inconcebibles toda creación y todo devenir.

Es conocida la importancia que concedían a los números Pitágoras y cuantos siguieron sus enseñanzas. Me limitaré a recordar que, según dichas enseñanzas, los números son símbolos que expresan no sólo cantidad o relación, sino también la verdadera substancia interior del universo. Y siendo esta la teoría pitagórica, y siendo tan superior y divino el papel de los números en el universo, los pitagóricos consideraron especialmente el tres como "número de sacralidad superior". Hegel reconoció en los pitagóricos "el honor de ser los primeros en reconocer la fuerza universal de la Trinidad (*Dreiheit*)".[2]

Como divinidad, el tres representa el tiempo compuesto por tres partes: el pasado, el presente y el futuro. También representa el inicio, el medio y el final, el nacimiento, la vida y la muerte. Son sabidas la importancia fundamental y la plaza que los pitagóricos le concedieron al triángulo, con tres ángulos, tres puntas, tres rectas y tres medianas. Al ser la forma más sencilla posible, expresa en la cosmología pitagórica el finito, una de las partes del dualismo pitagórico. Esta parte es regida por leyes matemáticas estables e inamovibles, y por este motivo fue considerada divina. Aquí se necesita abrir un paréntesis para recordar que la visión pitagórica del universo, es decir, la ontología pitagórica, es dual. En esta, los dos opuestos fundamentales, el finito y el infinito, componen con su unión el universo.

En referencia a la doctrina pitagórica, Aristóteles menciona diez formas o manifestaciones de la pareja arquetípica fundamental finito-infinito. Estas parejas expresan la oposición, y su unión constituye la totalidad: "Dicen que los principios de los pitagóricos son tres, y son llamados finito e infinito, carente y completo, uno y multitud, etc., hasta diez". La tercera de estas parejas, uno-multitud, expresa la oposición entre la unidad y la multiplicidad, pero también, como ya se ha dicho, la síntesis, esto es, la identidad entre la unidad y la multitud.

---

[2] *Leçons d'histoire de la philosophie*, vol. 1 (*La philosophie grecque*), trad. francesa de P. Ganiron, éd. du Jubilée, 1971, p. 76 (Stuttgart, Glockner, vol. 17, p. 276). Véase también J. F. Mattéi, *Platon et le miroir du monde*, París, Presses Universitaires de France, pág. 19.

Así pues, Pitágoras y su escuela consideraron el número tres no sólo como el más sagrado, sino también, y sobre todo, como la expresión substancial de la estrecha y diría que apócrifa relación interior entre la unidad y la multiplicidad. Como es sabido, los pitagóricos atribuyeron propiedades mágicas y secretas al tres, utilizado a menudo en sus invocaciones y fórmulas mágicas. De hecho, toda la Grecia antigua atribuyó unas propiedades tales al tres. Las libaciones a los dioses eran siempre tres, las personas con mucha suerte eran llamadas "tres veces afortunadas", y Hermes era invocado como "tres veces grande".

Todos estos testimonios indican la dimensión apócrifa del número tres, alzado por los pitagóricos al pedestal divino, ya que para ellos expresaba y encarnaba el elemento ontológico fundamental de su doctrina: la unión entre la unidad que simboliza (mejor dicho, que *es*) el finito, y la trinidad que expresa el infinito. El tres constituye la unión del uno con el dos. Es el primer número verdadero, y por ello el más interesante, puesto que el uno y el dos son sólo creadores, o *raíces*, de números.

Las limitaciones de una conferencia no nos permiten extendernos en las apócrifas teorías pitagóricas acerca de los números,[3] los cuales, como ya se ha dicho, son para ellos la esencia del universo y anuncian o profetizan de alguna manera el lugar ocupado en la doctrina de Platón por las Ideas, que constituyen su verdadero mundo. Me limitaré a indicar que es natural que el número tres, el primero en el sentido pitagórico del término, tan importante por sus consecuencias, ocupe en ese sistema un lugar im-

---

[3] Para un desarrollo exhaustivo del tema de la hipóstasis triádica de Dios o del Principio Primero con bibliografía completa, véase mis dos volúmenes *El pensamiento y la fe* (en griego y en inglés), Atenas, Estia, 1991 (premio de la Academia de Atenas), y Boston, Somerset Hall Press, 2009.

portantísimo realmente similar, si no equivalente, al de la divinidad.

Al pasar a Heráclito, nos encontramos frente a otra trinidad divina que crea y gobierna el universo. Se trata de una trinidad que es consustancial y autoincluyente, es decir, el uno es igual a los tres y los tres son iguales al uno. Para que se entienda esta idea a través de las frases, a menudo sibilinas, del gran filósofo de Éfeso, que ya en la antigüedad era llamado αἰνικτής, es decir, enigmático y oscuro, se necesitan algunas observaciones preliminares, básicas pero del todo necesarias, con respecto a las enseñanzas fundamentales de su visión filosófica, en la cual, como es natural, se enmarca y se armoniza la idea triádica de la que ya hemos hablado.

Resumiendo tanto como sea posible su doctrina ontológica, la que se refiere al ser, aquello que *existe absoluta y verdaderamente*, se podría decir que para Heráclito el ser no es estático, sino dinámico. En contraste con otros filósofos presocráticos, por ejemplo Parménides, Heráclito no enseñó la inmovilidad del ser. Por el contrario, alzó el movimiento y el cambio al más alto pedestal existencial, pues no enseñó que el *ser* es algo que *es*, sino algo que *deviene*. Es un flujo imparable, un flujo entre dos contrarios, el uno ocupa el lugar del otro; mejor aún, el uno se transforma continuamente en el otro, ya que en realidad estos dos contrarios son iguales entre sí y se combinan en una unidad y armonía ocultas. Tal como leemos en un fragmento de Heráclito, "lo vivo y lo muerto son lo mismo. Es lo mismo lo despierto y lo dormido. Es lo mismo lo nuevo y lo viejo, porque cambiando se vuelven en esto".

"Todo fluye", dice Heráclito, todas las cosas van y vienen entre su propio ser y lo contrario. Así, la esencia del universo no es sino un movimiento que no cesa, un devenir eterno. Tal vez debamos añadir en este punto que los *contrarios* de Heráclito no pertenecen al mundo natural, por ejemplo la luz y la oscuridad, ni son un concepto de carácter ético, por ejemplo el bien y el mal. Para el filósofo de Éfeso, dichos contrarios son sólo movimientos, *caminos*, como los denominó, que entran el uno en el otro, de tal manera que el uno se convierte, *es*, el otro, y está totalmente incluido en él.

No es posible exponer en pocas líneas el sistema ontológico, o mejor dicho genésico, del *oscuro* Heráclito, sobre el que se han escrito bibliotecas enteras a lo largo de los siglos. Sin embargo, creo que las tesis fundamentales de Heráclito, que he intentado resumir aquí dejando a un lado la del *logos*, son suficientes para que sea comprensible la forma divina triádica de la que he hablado al principio y que simbolizan tres divinidades. Digo *simbolizan* porque es sabido que Heráclito, como hicieron también otros filósofos griegos, usó las formas míticas de los dioses como símbolos de conceptos, quitándoles lo que le era innecesario de su identidad mitológica y rehaciéndolas de manera que se incorporaran a su edificio filosófico. El gran filósofo de Éfeso penetra en los círculos de la religión popular, transforma sus formas y las obliga, como escribió Lassalle, a convertirse en sus ideas. Tal como sucede con las existencias sensibles, fuego, río, armonía, guerra, que utiliza para sugerir conceptos abstractos, también usa las divinidades olímpicas como una capa sensible que le permite representar conceptos inefables, es decir, conceptos para los que no puede encontrar palabras que indiquen su existencia clara y abstracta en su edificio filosófico.

Uno de los dioses-símbolo es Dioniso Zagreo. Según las apócrifas enseñanzas órficas, el gran dios Dioniso Zagreo es el dueño de la actividad creadora y de la vida. De acuerdo con los principios básicos de su sistema, de los que ya hemos hablado, Heráclito enseñó que Dioniso, dios de la actividad creadora y de la vida, es identificable con su contrario, con Hades y la muerte. A este respecto nos informa Clemente de Alejandría: "Heráclito dijo que Hades y Dioniso son idénticos".

Dioniso es aquel que con su actividad creadora rompe la unidad oculta y proyecta la multiplicidad, el polimorfismo de la naturaleza. Es el "camino hacia abajo", en la terminología de Heráclito. Por el contrario, Apolo, la divinidad olímpica de la luz, es en el sistema filosófico de Heráclito el símbolo de la unidad y armonía ideal que rompe Dioniso. Así pues, Apolo es el contrario de Dioniso. Es el "camino hacia arriba".

El flujo de Heráclito es una alternancia imparable entre Dioniso y Apolo. Es la oculta unidad apolínea quebrada en la multiplicidad dionisíaca y la multiplicidad dionisíaca que regresa a la unidad apolínea. Es el "camino hacia abajo", hacia la fractura y el polimorfismo, y el "camino hacia arriba", hacia la unidad oculta en la naturaleza.

"Camino arriba, camino abajo, uno y el mismo", como leemos en un fragmento de la enseñanza de Heráclito conservado por Hipólito. La unión de los dos caminos, la alternancia entre Apolo y Dioniso que constituye el devenir, es por sí misma el flujo, y en Heráclito la simboliza una tercera divinidad. Debería decir una primera, ya que se trata de la verdadera esencia dinámica del ser, el devenir, que constituye la sustancia del universo. Y esa divinidad no podía ser otra que la que gobierna a los dioses, Zeus. La figura de Zeus simboliza y expresa en Heráclito el Absoluto, la idea misma del devenir. Zeus es Apolo y Dioniso a la vez, en su eterna alternancia. Es "Zeus que juega consigo mismo", por emplear una imagen que viene desde la antigüedad, alternando el camino hacia arriba y el camino hacia abajo. "De todo uno y de uno todo", como dijo Heráclito.

Así pues, Dioniso es Apolo y Apolo es Dioniso, y ambos juntos son Zeus. Apolo, Dioniso y Zeus son la divina trinidad consustancial, en la que cada figura contiene a las otras y constituye el símbolo del Absoluto, esto es, del flujo del devenir de Heráclito.

La relación dialéctica entre oposición e identidad del uno con lo múltiple, el problema y la disgregación de la unidad en la multiplicidad, atraviesa todo el pensamiento griego antiguo, desde los presocráticos, con Heráclito y Parménides como figuras principales, hasta Arquitas y los insuperables clásicos, Platón y Aristóteles. Pero no se detiene aquí. Continúa en los grandes filósofos posteriores, Proclo y Plotino, y pasa a los pensadores teológicos del cristianismo: Gregorio de Nacianzo, Dionisio Areopagita y Máximo el Apologeta.

En el *Timeo* de Platón, obra descrita como la exposición teológica más antigua y más grandiosa (con la salvedad de la Biblia), encontramos un mito sobre la existencia arquetípica de tres elementos antes incluso de la creación del cielo: "En pocas palabras, este es el pensamiento que he realizado, que había tres cosas incluso antes de que existiera el cielo: el Ser, el espacio y la génesis".

Según el *Timeo*, el cosmos es obra del Demiurgo, pero Él no está solo cuando crea el universo, y este no fue moldeado a partir de la nada. Los tres principios del todo, como los describe el mismo Platón, el Ser absoluto (las Ideas), el espacio y la génesis, son consustanciales y tan eternos como el Demiurgo. Es, de algún modo, la hipóstasis misma de la creación, hipóstasis formada por tres elementos, por tres *géneros*, como los denomina Platón, que recuerdan al padre, a la madre y al hijo. A este respecto leemos en el *Timeo*: "Ahora debemos pensar en tres géneros. Aquello que se desarrolla, aquello dentro de lo cual se desarrolla, y aquello a cuya semejanza se desarrolla lo que se desarrolla. Y aquello dentro de lo que se desarrolla comparémoslo con una madre, aquello de lo que se desarrolla comparémoslo con un padre, y aquello cuya naturaleza está entre los dos comparémoslo con un niño".

La última imagen que usa Platón sobre la relación entre los tres elementos arquetípicos, el padre, la madre y el hijo, nos da también la medida del estrecho vínculo que reconoce entre ellos. Todo esto nos habla de lo cerca que está de la idea del Demiurgo la convicción en la existencia de una trinidad arquetípica y permanente, en cuya base se halla la coexistencia de sus tres elementos.

En la *Carta Segunda* encontramos una referencia más explícita de Platón a la trinidad cuando el gran filósofo ateniense se dirige al tirano de Siracusa. Se ha dudado de la autenticidad de esta carta, y ya que su contenido ha sido objeto de extensas tesis no nos ocuparemos de este asunto. Nos limitaremos a indicar que algunos autores cristianos, por ejemplo Clemente de Alejandría y ciertos estudiosos de la Edad Media, intentaron interpretar el fragmento en cuestión de esta carta como una premonición o un presentimiento platónico –por supuesto turbio e indeterminado pero existente– de la Santísima Trinidad.

Tras una rápida mirada al pensamiento griego antiguo y a la trinidad, a través de la cual este percibió muy a menudo el concepto de divinidad o del Principio Primero, pasemos al mundo de la antigua India, un mundo fuera de Grecia que se podría decir que fue único desde el punto de vista del cultivo de la investigación filosófica.

Los límites entre la filosofía y la religión no son tan claros como lo eran, más o menos, en Grecia. En el mundo hindú, la filosofía y la religión avanzan juntas y se confunden hasta tal punto que muchas veces es difícil, si no imposible, distinguir qué es fe y qué es reflexión.

En el pensamiento hindú clásico y en las tradiciones religiosas de la India, muchas de ellas milenarias, también encontramos una concepción triádica de la divinidad en dos formas. A la primera trinidad divina la llamaremos *vertical*. Su forma expresa la elasticidad del mundo religioso hindú, la elasticidad de una religión que abrazó en su trayectoria de muchos milenios diversos pueblos y civilizaciones antiguas, desde los modelos védicos brahmánicos hasta las creencias dravídicas y otras, tan diferentes, con las que se encontró en su camino histórico y también geográfico. A la segunda trinidad divina la llamaremos *horizontal*. También es característica de la elasticidad hindú, pero con el objetivo de superar las oposiciones entre las tendencias monoteístas y las politeístas que se manifestaron paralelamente en el ámbito religioso y en el filosófico. La primera, la forma triádica *vertical* de lo divino, se encuentra completa como concepto, pero también como dogma de fe, en el texto sagrado fundamental del hinduismo, la *Bhagavad Gita*, la *Canción Divina*, que forma parte de la epopeya filosófico-religiosa sánscrita *Mahabharata*. En la *Bhagavad Gita*, la divinidad más elevada, a menudo referida mediante la expresión neutra *el Absoluto*, es considerada desde tres puntos de vista distintos que se corresponden con los tres accesos a ella de que dispone el hombre. La divinidad sigue siendo la misma como concepto. La diferencia es debida a las maneras de ser percibida por el hombre y no a su propia sustancia, trascendental y única.

Para comprender mejor estos conceptos debemos recordar que, según las creencias dominantes en el mundo hindú, todos los hombres no tienen las mismas fuerzas interiores que han de ser puestas en movimiento para percibir, esto es, para conocer a Dios y salvarse. Estas creencias son debidas en gran parte a la fe en el regreso del alma a la tierra, la conocida teoría de la reencarnación, generalizada en todo el mundo religioso y filosófico oriental. Tal como se deriva de esta creencia, los hombres se encuentran en distintas etapas de evolución interior, según su comportamiento en las vidas anteriores, y disponen de distintas fuerzas interiores, unas veces más pequeñas y otras más grandes. Así pues, es necesario que Dios se revele a los hombres de la manera más adecuada en cada caso. En otras palabras, *ha de enseñar a cada hombre el camino más adecuado a cada uno para acercarse a Él*. En consecuencia, Dios escogió tres formas con las que el hombre puede concebirlo, tres *caminos de acceso* que son al mismo tiempo tres caminos iguales de salvación.

El primero de estos caminos, la primera *forma* del Absoluto, es la del Brahman. Se entiende por Brahman lo divino que no puede ser expresado mediante símbolos lingüísticos, que no admite adjetivos o propiedades porque no hay nada en el mundo empírico con lo que pueda ser comparado. Es la Verdad abstracta y trascendental que es inconcebible y que sólo puede revelarse de modo místico, mediante la sumersión del hombre y el pensamiento trascendente en el fondo de un alma muy avanzada. Sin embargo, no todos los hombres pueden alcanzar una elevación tal de pensamiento o una profundidad tal de búsqueda interior. Así, el Absoluto ofrece una segunda posibilidad o una segunda *forma*. Es la del *dios personal*, el dios que es una figura celestial, y como tal posee nombre, identidad y propiedades (divinas, como la eternidad, la omnisciencia, etc.), Este dios personal, que toma el nombre general de Ishvara, el Señor, tiene distintos nombres específicos en cada una de las ramas del hinduismo: Visnú, Shiva o el de la divinidad femenina superior, la diosa Deva. En todos los casos se trata siempre del Brahman, pero no del inefable Absoluto, es decir del Brahman filosófico y abstracto, sin propiedades, sino del Brahman con propiedades.

Leemos en uno de los antiquísimos textos filosóficos de la India, la *Brhadaranyaka Upanisad:* "Hay con certeza dos formas del Brahman. La que tiene forma y nombre y la que no tiene". En la *Bhagavad Gita* tenemos la imagen del hombre que suplica a Dios diciéndole: "Deseo, Señor, ver tu forma", y Dios responde: "No puedes verme con tus ojos humanos. Pero te regalaré un tercer ojo [se refiere a la fe]". "Mira ahora –le dice– mi fuerza divina". "Entonces –prosigue la *Bhagavad Gita* en el verso siguiente– el hombre vio todo el universo, con sus infinitas divisiones unidas todas en uno y ese uno era el cuerpo del dios". Aquí también tenemos, como en la filosofía griega, la identidad de lo mucho con el uno, la coexistencia dialéctica de la multiplicidad con la unidad.

Pero también es posible que el hombre no haya alcanzado ni siquiera el punto de perfección en que puede aceptar y usar el *tercer ojo*. Así pues, el dios toma otra forma, una tercera, más sencilla, la del enviado llamado Avatar, "el que desciende", el que se viste con materia, de manera que el hombre lo puede ver con sus ojos naturales. Leemos en la *Bhagavad Gita:* "Siendo no nacido y mi ser incorruptible, siendo el Dueño de todas las criaturas, entrando en mi misma naturaleza vengo a la existencia empírica, es decir, a la material". Según la creencia sobre los Avatars, la divinidad envía a la tierra una cantidad ínfima de su infinita esencia trascendental para revelarse al hombre. Esta acción no resta nada de su esencia divina, pero su materialización o encarnación es tan infinita como el Absoluto del que deriva, según el principio matemático "la parte del infinito es también infinito".

Los enviados Avatars existieron en el presente ciclo del universo (no olvidemos que en el pensamiento y en la fe hindú el universo se mueve en un ciclo eterno de nacimientos y catástrofes, de deflagración y recreación, por recordar, si no a Heráclito, sí, en cualquier caso, a los estoicos) y fueron nueve. Tres de ellos tenían forma de animal, como el pez Matsya, que salvó a los hombres del cataclismo (como Noé), Kurma, la tortuga que ofreció su concha para sostener la tierra (una especie de Atlas), y Varaha, el jabalí que con su hambre sin mesura acabó con todas las impurezas y pecados. Les sigue un Avatar con forma de animal y hombre, Narasinha, el hombre león, y, finalmente, cinco con forma humana: el enano Vamana, Parasurama, Rama, Krishna y Buda. Queda el último, el décimo, al que los hindúes esperan como si fuera un Mesías. Se trata de Kalki, que vendrá montado en un caballo blanco para sellar el cierre del ciclo y el inicio de uno nuevo tras la catástrofe del presente.[4]

Es muy difícil, si no imposible, explicar aquí de manera satisfactoria la trinidad hindú vertical, como la hemos llamado, así como cada uno de los tres accesos al Absoluto, unidos a muchas vertientes históricas, filosóficas y teológicas del hinduismo. Lo que interesa en este punto y lo que podemos retener es el hecho de que en el hinduismo, tal como se desarrolló y se expresó en la *Bhagavad Gita*, el Absoluto es *al mismo tiempo* a) un concepto trascendente y abstracto, b) una divinidad personal *endocósmica* (es decir, que pertenece al mundo pragmático), y c) una personalidad mitológica o histórica.

Es mitológica o histórica,[5] porque los primeros Avatars pertenecen a la fantasía mitológica de los pueblos primitivos, y los segundos, sobre todo Rama y Krishna, como han sostenido indiólogos occidentales, fueron príncipes o reyes que se pierden en la niebla de la historia de cinco o tres mil años antes de Cristo pero que, sin embargo, tuvieron una personalidad y una obra tan intensas que fueron deificados en la imaginación popular.

---

[4] Para una presentación detallada de las divinidades míticas y símbolos de las religiones hindús, véase mi libro *Hinduismo. Divinidades, mitos y símbolos* [en griego], Atenas, Pyrinos Kosmos, 1978, y en inglés *Hindu Epics, Myths and Legends*, Nueva Delhi y Londres, Oxford University Press, 1977.

[5] Sobre la distinción entre mito y leyenda, véase mi libro *El Mito. Punto de referencia en la búsqueda existencial* (trad. de J. M. Bernal y V. Vitsaxís), Buenos Aires, Teseo, 2007.

He llamado *vertical* a la trinidad *co-igual* y *co-sustancial* porque constituye tres vertientes o tres accesos al mismo Absoluto, comenzando por el superior y más difícil y avanzando de forma progresiva hacia los gradualmente más fáciles, los del dios personal, y, por último, el del concreto y encarnado Avatar. A este respecto es interesante el siguiente fragmento de la *Bhagavad Gita:* "La dificultad de los que dirigen su pensamiento hacia lo Inmanifestable es muy grande, ya que es doloroso y penoso para los seres encarnados alcanzar el objetivo de lo Inmanifestable". Sin embargo, siguen versículos en los que se afirma del Dios que *todos los accesos*, todos los caminos, esto es, las tres maneras de percibir al Dios, conducen a la misma meta: "Las vertientes son tres, la Verdad es una".

En el hinduismo hay también otras trinidades divinas verticales, como la conocida con el nombre de Saccidananda o Tatva Trayeri, Om Tat Sat, etc., de la misma manera que en el pensamiento griego antiguo hay otras además de las ya citadas.[6] Pero como nos encontramos en el ámbito de la trinidad vertical, no podemos omitir el esquema triádico similar del budismo.

En un principio, es realmente extraño y sorprendente el hecho de que este esquema se encuentre en una doctrina como la del budismo, que comenzó con indiferencia, si no con absoluta negación, hacia el Dios y cuya quintaesencia consiste en la identificación de la Verdad suprema con la Nada. Sin embargo, este fenómeno no es inexplicable. ¿Cómo podría serlo?

La doctrina budista comenzó, como es sabido, como una herejía del brahmanismo. Su fundador, el

---

[6] Sobre la hipóstasis triádica de Dios o del Principio Primero también en el pensamiento hindú, véase mi libro *El pensamiento y la fe* (*supra*, nota 3), con numerosas referencias en las que se cita amplia bibliografía griega e internacional.

príncipe Sidharta Gautama, a quien se le dio el nombre de Buda, *el Iluminado*, era hindú. Su enseñanza, filosófica, pragmática y fría, en el fondo atea, evolucionó a lo largo de los siglos, especialmente en una rama relativamente moderna, la mahayana, hacia una religión del todo teísta, una de las mayores religiones del mundo. Así, las manifestaciones brahmánicas, que ejercieron gran influencia en el budismo, no son ajenas a la idea de la trinidad budista, que se desarrolló sólo allí donde había el clima teísta adecuado, es decir, en el marco del budismo mahayana.

El esquema triádico, también vertical, es conocido como *Trikaya*, y hace referencia a los *tres cuerpos de Buda*. El primero es el de su sustancia trascendente, identificable con el filosófico *vacío absoluto* del budismo, el *Sunya*, que conceptualmente se corresponde con el Brahman del hinduismo. El segundo cuerpo es aquel que, de acuerdo con el nombre que recibe, significa *cuerpo de la bienaventuranza*. Se trata del modo en que se manifiesta su esencia divina en la región celestial. Es una bienaventuranza infinita que tiene omnisciencia, todo el poder, eternidad, etc. (se corresponde con el Ishvara o el dios-persona celeste del hinduismo). El tercero se llama *cuerpo de la metamorfosis*, y es la esencia divina de Buda tal como se manifiesta en la tierra, en la forma del Buda histórico (se corresponde con el concepto hindú de Avatar). Estos tres cuerpos tienen cada uno su nombre y constituyen la forma triádica de la idea del Iluminado, esto es, de Buda.

La Trikaya no es la única forma triádica de la divinidad que se desarrolló en el marco del budismo mahayana. En la trayectoria de este dogma se desarrollaron cinco trinidades supremas, tantas como los más notables

Bodhisattvas,[7] que se cree que eran hijos o derivados de los cinco Dhyani Budas, aquellos que, según el dogma, han asumido la labor de vigilar la religión en los espacios de tiempo entre la aparición de un Buda en la tierra y la aparición del siguiente.

De lo poco que se ha dicho hasta ahora se deriva, creo que con claridad, que en el budismo mahayana también existe la enseñanza sobre la divinidad suprema con forma triádica, como en el hinduismo, desde lo trascendente hacia lo concreto.

En la China del siglo VI d. C. el filósofo Chi Kai habló de los tres niveles de la Verdad Superior, tal como denominó a la sustancia divina superior: la Verdad del vacío, la Verdad provisional, a la que nosotros llamaríamos empírica, y la Verdad del término medio, y recordemos en este punto que el *término medio* constituye una de las ideas fundamentales de la doctrina budista.

Es evidente que todas estas formas triádicas verticales son expresión del difícil intento de combinar y acoplar lo *pensado* con lo *aparente*, un intento que, por otro lado, caracteriza a escala mundial el pensamiento humano desde sus primeras manifestaciones hasta nuestros días.

Veamos ahora lo que llamamos trinidad divina horizontal en el mundo hindú.

A este esquema llegó el hinduismo a lo largo de los siglos que lo pusieron en contacto con pueblos de creencias filosóficas y religiosas diametralmente contrarias. El politeísmo chocó con el monismo, y este choque llevó a la aceptación de una unidad triádica.

Pero veamos las cosas desde más cerca. El panteón politeísta de los arios, que, como se cree, invadieron el subcontinente indio hace muchísimos milenios,

---

[7] Para una explicación pormenorizada sobre los Bodhisattvas y los Dhyani Budas véase mi libro *El pensamiento y la fe* (citado en nota 3).

contenía, como el de los pueblos que estaban allí instalados, un grandísimo número de teorías. Pero al mismo tiempo sus antiquísimos textos sagrados, los Vedas, contenían ideas monísticas sobre lo divino parecidas a las que se desarrollaron en Jonia y en otros lugares a partir de los presocráticos, en el siglo VI a. C. (Tales, Anaximandro, Anaxímenes, Parménides, etc.). Era, por tanto, necesario y natural no sólo que se mezclaran los panteones en una síntesis que contuviera divinidades de las dos orillas, sino también que se combinaran y se unieran el politeísmo y el monismo y que se hallara la manera de que el uno expresase lo mútliple y viceversa. Así, encontraron su lugar en la punta de la pirámide de los dioses divinidades de procedencia aria y no aria, y a la cabeza de todos los demás se colocaron tres dioses superiores, aceptándose que constituían *tres aspectos de una misma y única divinidad*.

Esta trinidad superior no ha estado compuesta siempre por los mismos dioses. En el transcurso de los siglos, y hasta consolidarse en su forma definitiva, del siglo VII o VI a. C., encontraremos esta trinidad al lado de las peripecias de la fermentación de pueblos y creencias hindús, como Varuna, Mitra (identificable con el dios Mitra de los persas) y Ariaman, más tarde Agni, Vayu e Indra, después Agni, Indra y Surya, y otras más, cuya mitología diría que es rica e interminable. Sin embargo, la más antigua de todas las trinidades parece tener sus raíces en el antiquísimo culto al *sol de tres cuerpos*, que crea, conserva y destruye. Crea con su calor fértil, conserva con la luz que emite y destruye con sus rayos ardientes.

La última trinidad divina que se encuentra aún hoy en la cima del panteón hindú también está formada por un dios de la creación, Brahma (se trata de un dios personal, no del absoluto Brahman de la trinidad vertical), un dios de la conservación, Vishnu, y un dios de la destrucción, Shiva.

En el saktismo, una rama antiquísima del hinduismo, pero también en el moderno tantrismo, en el que domina el culto a la forma femenina de la divinidad, encontramos una trinidad femenina suprema compuesta por las tres grandes diosas consideradas esposas de Brahma, Vishnu y Shiva: Sarasvati o Gaiatri, Lakshmi y Parvati. La mitología al respecto, por supuesto con muchas variantes, es la siguiente:

> Una vez, el dios Brahma invitó al dios Vishnu para hablar de las maneras de conseguir neutralizar al demonio Antaka, hijo de las poderosísimas fuerzas demoníacas Kashiapa y Diti. El nombre de este demonio, que tenía mil brazos, mil piernas, mil cabezas y mil ojos, significa *oscuridad*, y se llamaba así porque simulaba ser ciego cuando en realidad podía ver y además muy bien. Una de sus mayores fechorías, que había molestado especialmente a los dioses, fue intentar robar el sagrado árbol divino Parijata de Svarga, la residencia del dios Indra. Vishnu y Brahma pensaron que era imprescindible que asistiera el dios Shiva y fueron a buscarlo a Vaikunda, la residencia paradisíaca de los dioses, hecha toda de oro y piedras preciosas. Cuando llegó Shiva, los dioses comenzaron a hablar, y mientras se miraban a los ojos la fuerza combinada de sus miradas creó una bellísima figura femenina tan resplandeciente que inundó con una luz roja, blanca y negra toda la Vaikunda a lo largo de ochenta mil millas. Cada uno de los dioses quiso entonces apoderarse de ella, pero esta se dividió en tres figuras que eran el pasado, el presente y el futuro, y así se creó la diosa blanca Sarasvati o Gaiatri, mujer esposa de Brahma, la diosa roja Lakshmi, esposa de Vishnu, y la diosa negra Parvati, esposa de Shiva. Y como estos dioses eran sustancialmente uno, en la trinidad co-sustancial superior, así también sus esposas eran el flujo indivisible del tiempo (esto es, del pasado, del presente y del futuro) o el resplandor unitario de los tres colores.

La cima de la pirámide de los dioses, con los nombres y las propiedades míticas con que los ha conocido el mundo religioso hindú, siempre ha estado formada por tres divinidades o, mejor dicho, por tres formas de la divinidad suprema. Esta cima triádica se ha considerado en todos los casos como una personificación, a fin de que las masas populares la comprendan más fácilmente que al filosófico y abstracto Absoluto en sus tres manifestaciones más importantes en el universo: la de la creación, en la forma de Brahma, la de la conservación, en la forma de Vishnu, y la de la destrucción, en forma de Shiva.

La creación, la conservación y la destrucción son simplemente fases por las que pasa el universo cuando es concebido dentro de la rueda del ciclo en el que gira sin parar. Es lógico que cada una de las fases contenga dentro de sí, en potencia, las otras dos. En el carácter cíclico de la vida del universo, la conservación no es concebible sin creación, y la creación no es concebible sino dentro siempre de un ciclo eterno, sin una destrucción previa. La enseñanza es que estos tres dioses, Brahma, dios y señor de la creación, Vishnu, dios y señor de la conservación, y Shiva, dios y señor de la destrucción, son en el fondo un solo dios que encierra en su interior a los otros dos. Los tres dioses no son sino las *tres caras* del Brahman, o las tres perspectivas del uno y único Absoluto. Por otra parte, los antiguos textos sagrados no dejaron de destacar, de todas las maneras posibles y en toda ocasión, que lo Verdadero, el Absoluto, es uno y único. El siguiente texto, tomado de una antiquísima *Upanisad*,[8] es especialmente característico:

---

[8] Se denominan *Upanisads* los antiguos textos filosófico-religiosos de autor desconocido (datan del siglo VIII a.C. y posteriores) que constituyen el final de las Vedas, y son la principal fuente de los diversos sistemas filosóficos hindús *ortodoxos*.

El discípulo le preguntó a su sabio maestro:

- ¿Cuántos dioses hay?

- Tres mil trescientos seis, le contestó.

- Sí, pero exactamente ¿cuántos dioses hay?

- Treinta y tres.

- Sí, pero exactamente ¿cuántos dioses hay?

- Uno.

- Y, ¿quién es ese dios?

- El aliento, le contestó el maestro. Le llaman Brahman.

Es interesante subrayar aquí el papel fundamental del número tres y de todos sus múltiplos en todas las referencias a la divinidad.

En las antiquísimas épocas védicas las divinidades son treinta y tres, divididas en tres grupos formados cada uno por once dioses. El primero lo componen las divinidades que gobernaban el cielo, el segundo, las que gobernaban la tierra, y el tercero, las que gobernaban el espacio entre la tierra y el cielo. Recordemos también que encontramos una división parecida en la tradición órfica de Grecia. El gran filósofo estoico Crísipo dice al respecto: "Según la doctrina órfica existen tres especies de dioses, los terrenales, los celestiales y los que reinan entre el cielo y la tierra".

La trinidad divina horizontal, Brahma, Vishnu, Shiva, no tuvo nunca un culto especial como Trinidad, con la excepción tal vez de una festividad muy típica que tiene lugar cada noviembre sobre todo en el sur de la India, pero también en ciertas regiones del norte fronterizas con el Tíbet, en las que se celebra el nacimiento de la trinidad divina. El mito relacionado con ella es el siguiente:

El demonio Narada era muy desgraciado porque no había conflictos en la tierra. Fue a ver a la esposa de Shiva, Parvati, y en un momento de la conversación le soltó con indiferencia que había oído decir que no había mujer más virtuosa que Anasuya.
Narada fue desde la montaña Kailash, la morada de Shiva en el Himalaya, a Bramaloka, en la otra cima, donde vivía Brahma, y del mismo modo provocó los celos de su esposa, Sarasvati. Hizo lo mismo con la esposa de Vishnu, Lakshmi. Las tres cayeron en la trampa y pidieron a sus hombres que tentaran a Anasuya para después humillarla. Los tres dioses, Brahma, Vishnu y Shiva, fueron hacia el campo en el que vivía Anasuya, y, al acercarse a su casa se encontraron en un cruce de caminos. Cada uno confesó a los demás el objetivo de su viaje y decidieron llevar a cabo un plan común, ya que el objetivo también era común. Se transformaron en tres brahmanes mendigos, se presentaron ante Anasuya y le pidieron caridad y comida. Esta virtuosa mujer les preparó lo que pudo y, al ofrecerles la comida, le pidieron que viniera ante ellos desnuda para repartir el pan, como ha de ser el ofrecimiento a los brahmanes según las Vedas, que exigen que todo visitante sea servido como si fuera un dios. Anasuya tomó entonces de un estante en el que lo guardaba un recipiente con agua del Ganges (que es también un gran dios) y los roció con ella, otra costumbre de hospitalidad, pidiendo en su interior el deseo de que fueran bebés para ofrecerles no sólo pan, sino su propia leche. El Ganges obró el milagro. Los tres dioses se transformaron en bebés, y Anasuya, desnuda, les ofreció su pecho y los amamantó, tal como había deseado. Así el Ganges castigó a los tres dioses y además les desproveyó de la fuerza de volver a ser lo que eran antes. Así continuaron viviendo como bebés, hijos de Anasuya.
Las tres diosas se inquietaron por la ausencia de sus maridos y fueron a buscarlos. A llegar a casa de Anasuya encontraron a sus maridos en una cuna. Entonces entendieron lo que había pasado y, avergonzadas, le pidieron a Anasuya que les devolviera a sus maridos. Anasuya dijo: "Que cada una coja al suyo". Pero los bebés se *parecían tanto entre sí*

que era imposible distinguirlos. Al ver Anasuya la dificultad, dijo: "Los rociaré de nuevo con el agua sagrada para que vuelvan a ser lo que eran. Pero me he acostumbrado a tenerlos como hijos míos, y los echaré de menos cuando se vayan". Entonces, los tres dioses, para no defraudar a una mujer tan virtuosa, decidieron crear una figura que satisficiera el tierno corazón de Anasuya. Así, cada uno de ellos puso algo de sí mismo y crearon una divinidad, la Dattatreya, es decir la Trinidad, que tenía un cuerpo y tres cabezas: la del centro era Vishnu, la de la derecha, Shiva, y la de la izquierda, Brahma.

Este mito tiene numerosas variantes. La más importante presenta a Dattatreya como una de las encarnaciones de la *mente suprema*, el dios Vishnu (avatar) o el dios Shiva. Además de las tres cabezas que aparecen en todas sus representaciones, sostiene con las seis manos los símbolos de los tres dioses: el loto de Brahma, la concha de Vishnu y el tridente de Shiva. En la India actual se cree que Dattatreya no deja de encarnarse cada cierto tiempo, de manera que algunos gurús (maestros) modernos, como Sahi Baba –tan conocido por sus viajes también a Grecia–, Swami Akkalkot, Meher Baba, etc., han declarado que son encarnaciones modernas de Dattatreya.[9]

Con ese mito, tan rico en simbolismos, acabaré esas pocas líneas sobre la Trinidad y me pregunto, tal vez con todos ustedes, si Platón con sus mitos, las *Upanisads* y Buda con los suyos, así como nuestro Jesucristo con sus parábolas, no nos dijeron mucho más de lo que han intentando explicarnos los oscuros filósofos a lo largo de los siglos…

---

[9] Véase al respecto el documentadísimo estudio de Dimitris S. Vasileiadis *La canción del gimnosofista* (en griego).

2

Los tres senderos del Conocimiento en el pensamiento griego antiguo[1]

El Conocimiento, el que se escribe con *c* mayúscula, objetivo único pero inalcanzable del hombre, ya que coexiste con el infinito, ha sido durante muchos siglos terreno de investigación filosófica no por su contenido absoluto, que en su vertiente filosófica coincide con la búsqueda constante, sino por su identidad. ¿Qué es Conocimiento? ¿Cómo puede ser adquirido? ¿Qué caminos conducen a él? ¿De qué medios, de qué instrumentos dispone el hombre terrenal no ya para conquistarlo, sino al menos para palparlo o avistarlo?

Estas cuestiones no son nuevas y no han sido contestadas definitivamente. Tienen la gran ventaja, diría la imprescindible ventaja, de toda cuestión importante: que su respuesta genera nuevas cuestiones; es decir, que son *palancas de movimiento*, fuentes de inquietud y vida, y no sepulcros del pensamiento.

Este no es el marco más adecuado para tratar un tema tan extenso. Intentaré arrancar tan sólo unas pocas piedrecillas del brillante mosaico del pensamiento antiguo, el cual, como sucedió con todas las grandes cuestiones, también intentó dar respuestas a las que acabamos de mencionar y trazó caminos sobre los que el pensamiento humano sigue avanzando hoy día.

---

[1] Discurso pronunciado en la ceremonia de investidura como doctor honoris causa por la Facultad de Filosofía de la Universidad de Atenas.

Los antiguos griegos identificaban el término γνῶσις (gnosis, pensamiento) con el objetivo o el resultado de γι(γ)νώσκειν, que significa *conocer, reconocer, tener conocimiento de*, etc. Estos significados son casi paralelos y aproximadamente idénticos a los del verbo γνωρίζειν (conocer, saber), que pasó al latín como *cognitio*, por lo que las lenguas de la Europa occidental usan palabras derivadas de la antigua raíz griega: *connaissance, conoscenza, conocimiento, knowledge, Kenntniss*. Además, desde muy temprano los antiguos griegos admitieron que ese γι(γ)νώσκειν (conocer, saber) puede ser alcanzado de diversas maneras; esto es, que hay diversos tipos y accesos al Conocimiento.

Estas maneras distintas de adquirir el Conocimiento (los diversos accesos al Conocimiento) presentan en su contenido los correspondientes *tipos de conocimiento* que en la terminología filosófica se denominan con expresiones como *conocimiento empírico* o *conocimiento noético* (los romanos lo denominaron *cognitio intellectiva*, pues confirma la verdad existencial de un conjunto coherente de imágenes en un espacio y tiempo concretos), *conocimiento intuitivo, intuición* o *perceptio directa* (el que deriva de la carga sentimental), y finalmente el *conocimiento transempírico* o *cognitio mystica* (que deriva de la sumersión o elevación interior). Los dos últimos, en oposición al primero, el racional, son *extrarracionales* y se corresponden con otras dos dinámicas de la conciencia que se expresan, la primera, mediante el Arte y, la segunda, mediante la religiosidad.

Ya en la antigüedad se reconocía que había diversos tipos de conocimiento. Sócrates, por ejemplo, habló de dos clases de *sabiduría*, la segunda de las cuales se la debía, en palabras suyas, a su *daimon* interior. Es evidente que se trata de una referencia a una fuente extrarracional de conocimiento que no deriva de la observación o de la función mental, sino que se convierte en *conocimiento* sin haber pasado por la reflexión. En uno de los ensayos de sus *Primeras críticas*, Kostís Palamás, poeta nacional de Grecia, lo denominó *conocimiento directo automático*.

En el *Fedro* y en el *Banquete*, en su teoría sobre el amor, Platón habló de otro tipo de conocimiento más allá del empírico-racional, la percepción emocional de la verdad. Llamó a la belleza *Verdad visible*, expresando así la convicción de que esta es la otra cara de la Verdad de la que el hombre está sediento. El conocimiento de la Verdad es uno e indivisible, aunque es accesible de modos distintos: por un lado, el empírico-racional-filosófico, y por otro, el estético. Pero Aristóteles, cuando escribía que la poesía es más filosófica que la historia, ¿acaso no reconocía que la *inspiración* poética (*memoria* poética, *intuición* poética, o como se la quiera llamar) es una forma de conocimiento más importante y universal que la historia, que pertenece al mundo del intelecto?

Sin embargo, y antes del siglo de oro, en Jonia, Heráclito dijo: "De cuantas cosas hay vista, audición, aprendizaje, a ellas prefiero". Aquí, no cabe duda de que *prefiero* significa, tal como se deduce de otras máximas del gran filósofo de Éfeso a las que me referiré a continuación, que, más allá del conocimiento empírico que proporcionan los sentidos, existen otros recursos cognitivos que los filósofos romanos contrastaron con el acceso empírico-racional, creando el término *cognitio sensitiva*.

Sobre el conocimiento estético o la intuición emocional contemplativa, como se denomina a menudo en la terminología actual, G. Duhamel ha escrito lo siguiente: "Sin duda, el conocimiento científico, que tendemos a reconocer como prioritario, no es el primer modo de conocimiento que utilizó la humanidad. Tenemos motivos suficientes para creer que, inicialmente, los hombres adquirieron conciencia de sí mismos y del mundo exterior de un modo claramente poético, y que el conocimiento científico es fruto más bien de cierto grado de civilización". Este autor también ha afirmado lo siguiente: "Existe mayor grandeza en penetrar en el secreto del mundo con la intuición poética que en penetrarlo con la aproximación científica. En el séptimo cielo del pensamiento, Heráclito y Einstein están sentados al lado de Homero y Dante". Qué bien expresó esta misma verdad F. Schiller en estos insuperables versos: "Nur durch das Morgentor des Schönen drängts du in der Erkenntniss Land" ("Sólo a través de la puerta del amanecer de la belleza te acercas al país del conocimiento"), ya que, si la filosofía atiende a lo universal, escribió K. Palamás, el poeta también es una mente universal. El poeta y el filósofo son una misma persona.

La mecánica quántica de Max Planck, la demolición del universo de Euclides y Newton, el principio de la incertidumbre de Heisenberg, el concepto, difícilmente accesible mediante la razón, del *espacio-tiempo* de Einstein, y tantos otros accesos extrasensoriales al mundo físico de nuestro entorno, nos han mostrado y nos han convencido de que el recurso a la palabra poética, y en general al gusto estético, es más adecuado no sólo para *significar* –en el sentido heracliteo del término– estos nuevos paisajes, sino también para acercarnos a ellos y conocerlos. En otras palabras, pasar *per ea quae videntur et absunt ad illa quae non videntur et sunt*, pasar de las cosas que se ven y no son a las que no se ven y son.

El Arte no es pensamiento, pero ello no significa que el Arte no tenga su propio espacio de Conocimiento, su propio camino para acercarse y expresar el ser *al que le gusta esconderse*, según el gran filósofo de Éfeso. Ello significa, como alguien dijo, que no puedo escuchar ¡con los ojos!

"Por mucho que la ciencia incremente el cúmulo de conocimientos humanos –dijo Saint John Perse en la ceremonia de entrega del Premio Nobel en Estocolmo–, por mucho que empuje hacia horizontes más amplios el terreno de las conquistas del espíritu, allí a lo lejos, en las fronteras de la ciencia, se oirá siempre el aliento sediento y cálido del cazador de quimeras, del poeta, del artista, que también ha llegado hasta allí por otro camino".

El artista es plenamente consciente de que dispone de la vía que le proporcionan las posibilidades del espíritu para concebir la realidad a través de una imagen que pertenece a las capas *no resguardadas* del ser humano. Esta convicción interior (disposición estética) sirve para recordar una verdad importante que hemos de aprender e interrogar.

El *goce* que proporciona la contemplación estética de una obra de arte (con cualquiera de nuestros sentidos) puede ser un mensaje que, por muy diferente que sea, se parece al gusto, al olfato o al tacto, que pueden distinguir un peligro y señalarlo, ofreciendo un conocimiento directo de éste antes de que lo valoremos mediante la lógica. El *gusto estético*, al que los romanos llamaban *sensus tacitus*, puede constituir, de manera análoga, un mensaje, una señal de contacto y de encuentro con una Verdad que puede ser adivinada por el *tacto estético* polivalente del hombre antes de ser alcanzada, o poder ser alcanzada, por la mente.

El *placer* del ritmo, en la poesía y en la música, pero también los elementos y las formas rítmicas en la danza, en la arquitectura, en la escultura, etc., tal vez sean algo más que una *vivencia* psicológica (lo que los filósofos llaman *Einfühlung* o *sympathie esthétique*). Constituyen una ventana oculta hacia la Verdad última de la estructura armónica del *ser*, de esa ἀφανὴς ἁρμονίη (armonía oculta) de la que nos hablaron, hace más de dos mil años, Heráclito y Demócrito.

Desde la antigüedad, la filosofía ha establecido que lo *bello* oculta en su interior una Verdad matemática. El filósofo francés R. Bayer la llamó *mathématique inconsciente*. Esta Verdad, que no es consciente, es revelada por una respuesta estética *extralógica*. ¿Acaso no fue el escultor francés E. Bourdell quien dijo que el Arte es álgebra cubierta por un peplo? Existe, por supuesto, cierta *sensación*, pero también existe un *peplo*, y ello significa que la mente siente una presencia pero no puede percibir su *contorno*. El pensamiento sigue y da forma matemática a esa Verdad revelada.

Por extraño que parezca, las matemáticas, que pertenecen al espacio del Logos (la razón), y el Arte, que se desarrolla en el espacio del no-Logos –se trata, en otras palabras, de dos polos que parecen alejados e incompatibles entre sí–, en el fondo mantienen no sólo contacto, sino también una identidad trascendente que da testimonio de la unidad del espíritu.

Tal como sucede con las diversas frecuencias acústicas o cromáticas, las formas y los ritmos también se fundamentan en *parentescos* matemáticos o geométricos que constituyen objeto de investigación desde la época del Renacimiento. La armonía de sonidos musicales o colores, percibida estéticamente como placer, constituye una *relación estable especial* de las frecuencias acústicas o luminosas, esto es, una Verdad que la filosofía, desde Pitágoras hasta Leibniz, ha identificado y que el pensamiento matemático ha constatado.

El ejemplo más característico es posiblemente la *sección áurea*, sobre la cual Leonardo da Vinci dijo que "existe una virtud interior en la *analogía divina*". Esta *analogía divina*, que se expresa mediante la sección áurea, también es característica, tal como se ha señalado, de la norma del cuerpo humano, la cual observaron, aunque no siempre conscientemente, la mayoría de los escultores clásicos. Indiquemos en este punto la presencia de la sección áurea, esa relación matemático-geométrica que fácilmente podría describir como *mística*, no sólo en las obras humanas, sino también en la naturaleza, lo cual revela su carácter universal. El estudio de los cristales naturales y de las conchas ha mostrado que las *relaciones áureas* se encuentran en las formaciones helicoidales de las conchas y en la estructura poliédrica de los cristales.

Sobre un acceso diferente al Conocimiento –relacionado con el último al que nos hemos referido, ya que también es *extranoético* y directo– nos ha hablado, desde lo más profundo de los siglos, la historia de las civilizaciones. Se trata de la Fe. La Fe se escribe con *f* mayúscula y no ha de entenderse aquí como en el uso cotidiano de la palabra, simplemente como *confianza* en alguien o algo, o como aceptación ciega y apática de una doctrina u opinión, sino como *función cognitiva especial de la dinámica psíquica humana*, una elevación interior, diría mística, que tiene como objetivo a Dios, la divinidad o, más en general, el Principio Primero.

La conciencia *mística* o *sagrada* que pone en marcha el canal del Conocimiento conocido con el mismo nombre está emparentada sobre todo con la conciencia estética, ya que esta también es de textura emocional *extranoética*. Su naturaleza, bien como elevación hacia lo divino (Fe), bien como sumersión en uno mismo (éxtasis místico), es seguramente cognitiva, cognitiva por excelencia, pues abraza toda la cuestión existencial. Por supuesto, todas las religiones convergen en este objetivo, pero también el pensamiento profano ha admitido la función cognitiva de la Fe.

En su *República*, Platón habló de la ἄνω θέασις (visión hacia arriba), la única que conduce a la Verdad ontológica superior, a la que llamó *Bien* (*República* 517 b). También Aristóteles reconoció otro acceso directo al Conocimiento al que llamó "adivinación de dios", el cual se adquiere mediante el παθεῖν (sentir), un proceso interior más allá y diferente del μαθεῖν (aprender). Así pues, la Fe es otro camino cognitivo que no pasa ni por la mente ni por la visión estética, y que se dirige directamente hacia la Verdad última.

Antes de referirme al lugar que el pensamiento presocrático concedió a la Fe entre los valores cognitivos, me referiré muy brevemente a otro mundo más antiguo, el de la India, que dejó en herencia al hombre unos textos filosóficos valiosísimos, las *Upanisads*, que parten del siglo VIII a.C.

La *Brandaranyaka Upanisad* (conocida como *El Gran Libro del Bosque*) habla de dos formas del Brahman (en la terminología sagrada sánscrita, Brahman es el *Ser*, el Absoluto, la Verdad Última, lo que llamaríamos *Dios* en nuestro lenguaje religioso). El Brahman, según leemos, tiene dos formas: la que cuenta con forma y nombre, que tiene cabida en nuestra mente, y la que no tiene. Cuánto nos recuerda esto las palabras que escribió, más de mil años después, San Agustín, "si comprehendis non est Deus". Aún más expresiva es la enseñanza al respecto de la *Bhagavat Gita* (*La canción de Dios*), un texto sagrado, tal vez el más importante, del antiguo Oriente. En este, el hombre suplica a Dios: "Deseo, Señor, ver Tu forma", y recibe como respuesta: "No puedes verme con tus ojos humanos, pero te regalaré un ojo divino. Cierra ahora los dos y mira con tu tercer ojo". "Entonces –prosigue el texto sagrado– el hombre vio todo el universo, con sus infinitas divisiones, unidas todas en uno". Así pues, vio la coexistencia dialéctica de la multiplicidad y la unidad, que constituye la quintaesencia de la antiquísima enseñanza sagrada sobre el Brahman. Pero, ¿acaso la unidad mistérica y la consubstancialidad de las tres hipóstasis de Dios en nuestra fe cristiana no muestra la verdad de esa coexistencia dialéctica, la cual, desde hace apenas unas pocas décadas, es investigada por la teoría de los campos eléctricos?

Volvamos a la tierra sagrada de la Jonia, en el despertar del Logos occidental.

El pensamiento enigmático de Heráclito que se refiere a este otro camino se ha conservado sólo fragmentariamente: "Si no se espera lo inesperado no se lo hallará, dado lo inhallable y difícil de acceder que es". Se trata de un fragmento sobre el que se ha vertido mucha tinta, pero creo que algo es seguro: que la *esperanza*, admitida aquí como canal de conocimiento de aquello que es *inhallable* e *inaccesible*, recuerda en mucho a los conceptos, por un lado, de la fe –porque, ¿qué otra cosa, sino esperanza, es la fe, como dijo el Apóstol Pablo ("Es la fe el fundamento de las cosas que se esperan")?–, y, por otro lado, de la Verdad última, inalcanzable mediante la lógica. Un segundo fragmento del gran efesio, en el que se habla explícitamente de la *falta de fe*, por cuya causa se nos escapa el conocimiento de muchas cosas divinas, viene a reforzar estas consideraciones: "La mayoría de las cosas divinas escapan al conocimiento por falta de fe".

No me extenderé más en los textos de Heráclito, en torno a los cuales existe una extensa bibliografía que nos conduciría por senderos difícilmente transitables. Dirigiré mi atención hacia otro gran pensador también presocrático, Parménides de Elea, de la Magna Grecia, el filósofo que quizá más que ningún otro ha influido en el pensamiento griego posterior.

El proemio de su gran poema filosófico *Acerca de la naturaleza*, considerado durante siglos como una simple introducción poética a la enseñanza fundamental que le sigue, es reconocido hoy día como un texto de importancia filosófica particular, en el que se basa cognitivamente su edificio ontológico acerca del existencial *ser*. Creo que unos cuantos versos de este proemio alegórico serán suficientes.

Las yeguas me llevan tan lejos como mi ánimo alcanza, y al conducirme me llevaron al famoso (abundante en signos) camino de la diosa que guía, a través de todas las ciudades, al mortal que sabe (que ha visto la luz). Allí fui transportado, pues por este camino me llevaron las yeguas muy hábiles que tiraban del carro, mientras unas doncellas iban por delante mostrando el camino (...) cuando con prisa las doncellas Helíades, tras abandonar la morada de la Noche, me condujeron hacia la luz quitándose de la cabeza los velos con las manos. Allí donde están las puertas de los caminos de la Noche y del Día (...) hablándole (a la diosa Dike) con dulces palabras, las doncellas la persuadieron sabiamente para que quitara pronto de las puertas el férreo travesaño (...), y la Diosa me recibió, benévola tomó mi mano derecha con la suya y me habló así: "Oh joven que en compañía de inmortales conductores, y con las yeguas que te llevan, llegas a mi morada, bienvenido. No es un hado funesto el que te ha inducido a seguir este camino que está apartado del paso de los hombres, sino Temis (Ley) y Dike (Justicia)".

Son muchos los que se han aproximado a estos versos y también los que han escrito, sobre todo recientemente, acerca de su importancia y su alcance filosófico. En el estado actual de la cuestión, es un hecho que toda esta narración tiene un carácter mistérico-religioso, al cual creo que no le son ajenas las inclinaciones filosóficas pitagóricas de Parménides.

Las yeguas con su ímpetu hacia arriba, el camino apartado del sendero pisado por los hombres, el paso de la oscuridad al sol, etc., todos estos elementos, ¿no son sino referencias alegóricas a la elevación del alma, que es tan característica de la fe, en el sentido de la búsqueda visionaria que conduce a los que son capaces de este conocimiento, quien *ha visto la luz,* como dice Parménides? En otras palabras, quien sabe que el camino existe, pero primero debe enganchar sus corceles y dejar que su impulso, es decir, la fe, abra las puertas del palacio de la Verdad.

El tema del Conocimiento y de los caminos que conducen a él es inmenso. El proceso lógico, el sentimiento, la fe, todos ellos conducen al mismo objetivo, que es unitario, y terminan en el mismo laboratorio, la conciencia, también unitaria e indivisible. La religión, la filosofía y el arte son tres manifestaciones de la incesante nostalgia humana por cierto paraíso perdido. Es la nostalgia profunda de Edén, como dijo con gran acierto un pensador griego contemporáneo, y añadió: "Unos caminaron hacia Oriente y otros hacia Occidente. Los que siguieron *la pobreza del espíritu* marcharon hacia Oriente, se entregaron a la intuición, y los que se entregaron a *la riqueza del espíritu* marcharon hacia el oeste de Edén. Son los hombres de Grecia y de nuestra civilización occidental".

Sin embargo, la meta no está al final de un trayecto rectilíneo; se inscribe en el círculo que representa el infinito y permite el acceso a todos los puntos de su dinámica desde cualquier dirección. El círculo no tiene extremo ni final, ni *arriba* ni *abajo*, tal como dijo Heráclito hace ya más de dos mil quinientos años: "Camino arriba, camino abajo, uno y el mismo".

3

Mito y búsqueda existencial[1]

El hombre ignora mucho más que sabe. Pero el hecho de saber que ignora es un gran privilegio sólo del hombre. Es su gran Conocimiento.

Chr. Malevitsis, *La iluminación del hombre*
[en griego], pág. 12

La gran cuestión ontológica de dos vertientes, la externa, *qué es*, y la interna, *quién soy*, no ha sido sólo la principal preocupación del pensamiento filosófico. Desde siempre también ha sido privilegio y, al mismo tiempo, tortura del hombre en las diversas fases de su trayectoria histórica, desde la época primitiva hasta la actual. De manera consciente o inconsciente, esta cuestión, dialécticamente idéntica en la quintaesencia de sus dos vertientes, ha marcado la vida intelectual del ser humano de forma paralela a la búsqueda para satisfacer sus necesidades biológicas.

Esta búsqueda *existencial*, por usar un término actual más general que se refiera a la sed de Conocimiento inherente al ser humano, se ha encontrado con la investigación antropológica en las diferentes fases de la trayectoria de la humanidad, a lo largo de los siglos, y con las diversas formas en las que se ha expresado según el periodo de su

---

[1] Observaciones finales, a modo de conclusión, de mi libro *El mito. Punto de referencia en la búsqueda existencial*, Buenos Aires, Teseo, 2007.

desarrollo histórico y los *canales* hacia el Conocimiento que ha tenido la posibilidad de abrir y usar.[2]

En todas las fases de su trayectoria hacia el Conocimiento, desde la primitiva hasta la más moderna y desarrollada, el objetivo permanente del hombre ha sido la cuestión existencial fundamental *qué es*, la cual, primero en Oriente (India) y más tarde en Occidente (Grecia), se dirigió hacia la búsqueda interior con la pregunta *quién soy*. Ambas cuestiones han reivindicado, en distintas épocas, la atención particular o exclusiva del hombre, o han sido objetivos paralelos a la concienciación intuitiva o filosófica de que su objeto, el *Ser*, se encuentra más allá del *qué* y más allá del *quién*, en una unidad existencial trascendental.

Desde el despuntar de su historia espiritual, el mundo oriental ha mitificado esa Verdad existencial con dos nombres-símbolos. El supraempírico y exotérico Brahman, que expresa la unión trascendental dentro de la multiplicidad (duplicidad) empírica, y el introspectivo y esotérico Atman, que se refiere a la fuente última del mundo interior.

La palabra-símbolo Brahman, que inicialmente significaba *oración*, deriva de la raíz sánscrita *brh*, que significa *desarrollarse* o *desvelarse*. En mi libro *El pensamiento y la fe* observo al respecto: "Como oración, el Brahman es lo que se manifiesta o se exterioriza como palabra articulada. A partir de ahí se formó el término en cuestión, al que se le dio, primero en las *Aranyakas*[3] y posteriormente, y sobre todo, en las *Upanisads*,[4] un sentido filosófico y religioso como *causa primera* del universo, la que se

---

[2] Véase *supra*, "Los tres senderos del Conocimiento", pág. 41.
[3] Antiguos textos hindús de himnos y oraciones.
[4] Las *Upanisads* son los textos filosófico-religiosos más importantes de la antigua India, cuya composición, obra de pensadores anónimos, se extiende desde el siglo VIII hasta el II a.C. Su nombre deriva de la raíz sánscrita *up*, que significa "cerca", y de la expresión verbal *sad*, "sentado" ("sentado cerca del maestro").

manifiesta en la forma de la naturaleza como conjunto. Así pues, el significado inicial de Brahman, que remite a la elevación del alma mediante la oración más allá del mundo consciente, hacia la fuerza suprema inmaterial que gobierna el universo, se transformó con el paso del tiempo hasta llegar a coincidir con el principio supremo de todo, principio que también ha sido llamado Brahman".[5]

Inicialmente, *atman* significaba *aliento*. Diversos autores han postulado que la palabra latina *anima* y la alemana *atmen* (respirar) son derivados etimológicos del término sánscrito *atman*, y han sostenido que la raíz *a-tm*, de la que deriva también el término griego *átomo*, expresa la unidad indivisible e *insecable* del Absoluto, en una interpretación subjetiva. En contra de lo que se podría suponer fácilmente, el Atman no coincide con la autoconciencia, con el *yo*. Se trata de un término metafísico que indica aquel algo indeterminado que le permite al hombre comunicarse con la sustancia de todos los seres y de todas las cosas. Así pues, mientras que el Brahman es el Absoluto considerado de manera exterior y objetiva, el Atman es el Absoluto mismo en su consideración interior y subjetiva. En este orden de ideas, el Absoluto es al mismo tiempo objeto y sujeto; en otras palabras, no es ni lo uno ni lo otro, ya que trasciende ambas dimensiones. En la terminología filosófica, para designar el Atman se emplea el término *Self*. Chr. Malevitsis usa las expresiones "primer *Self* supraempírico" en oposición al "segundo *Self* empírico", que coincide con la conciencia propia o con el *yo*.[6]

Es característico el siguiente fragmento de un antiquísimo himno hindú (*Rig Veda* X, 90, 1-5): "El ser

---

[5] V. Vitsaxís, *El pensamiento y la fe* [en griego], Atenas, 1991, vol. 2, pág. 56, nota 183.

[6] Chr. Malevitsis, *La iluminación del hombre* [en griego], Atenas, 1996, pág. 10.

universal tiene infinitas cabezas, incontables ojos y piernas, abrazando el universo por cada lado lo trasciende, es por lo tanto trascendente respecto a él. Todo eso es lo que existió y lo que existirá. Es el Amo de la inmortalidad. Y a pesar de que llegó a ser todo eso, en realidad no es todo eso. Porque en verdad es trascendente".

Vale la pena indicar no sólo el reconocimiento de la identidad trascendente de la multiplicidad con la unidad, sino también la naturaleza dialéctica de lo trascendente: la coincidencia, en ello, de los *seres* y los *no seres* empíricos en el *existir*, lo que la terminología filosófica contemporánea (S. Kierkegaard, K. Jaspers) denomina *Existenz*, en oposición al empírico *Dasein*. Con respecto a la cuestión de la naturaleza dialéctica del Absoluto, en la antigua Grecia se dieron, como es sabido, dos interpretaciones diametralmente opuestas: la de Heráclito, el pensador del *devenir* y la identidad de los opuestos, y la de Parménides de Elea, quien fue llamado *filósofo del ser*.

En el pensamiento cristiano también encontramos el reconocimiento de la naturaleza dialéctica de lo trascendente en el excelente discurso de Dionisio Areopagita, quien habló de "oscuridad sobreiluminada" (ὑπέρφωτος γνόφος).

En la antigua Grecia, el giro hacia la cuestión *quién soy* siguió cronológicamente a la búsqueda interior. Tanto en la Jonia como en las demás regiones griegas, la búsqueda se centró primero en el escrutinio exterior (es característico el hecho de que muchos escritos filosóficos de la época se titulen precisamente *Acerca de la naturaleza*), y a partir del siglo IV a. C., con Sócrates como figura central y dominante, ese gigante del pensamiento que empezó sus especulaciones filosóficas desde la corriente del subjetivismo sofista, se erigió un nuevo templo epistemológico sobre la conocida máxima *conócete a ti mismo*. G. Gusdorf caracteriza muy acertadamente a Sócrates como "el hombre del regreso al uno mismo, o más bien del *punto de partida* del uno mismo".[7]

El espacio mitológico o filosófico desarrollado, de la Grecia clásica no conoció la identificación del exterior con el objetivo interior de la búsqueda, a pesar de algunas alusiones vacilantes que permiten suponer que se reconoció una cierta relación, cuanto menos estrecha, entre el hombre interior (su *alma*) y el Absoluto (exterior).

Recordemos en este punto a Anaxágoras, quien, hablando del *nous*, el intelecto (Diels 59, B 12), lo elevó como concepto al nivel del Absoluto (o de Dios) sin llamarlo así: "El Intelecto es infinito, autónomo, y no está mezclado con ninguna cosa (...) tiene todo el conocimiento sobre cada cosa y el mayor poder (...) a todas (las cosas) las gobierna el Intelecto". Y añadió: "El Intelecto es en todo semejante, tanto el mayor como el menor", dando a entender de esta manera que el *nous* pequeño (el del hombre) es también como el grande. W. Jaeger escribió al respecto (la cursiva es mía): "Nuestra mente es el elemento divino que tenemos en nuestro interior y que nos permite aproximarnos a la mente Divina (...). El hombre tiene acceso directo a lo Divino mediante las *fuerzas similares* que encierra en su interior".[8] Por lo demás, todo ello también recuerda, en cierto modo, la creencia de Empédocles sobre la procedencia divina del alma.

En cualquier caso, cuando el Logos comenzó a ocupar un lugar predominante en su búsqueda existencial, el hombre se refugió de nuevo en el *mito filosófico*, al que hemos llamado *mito del Logos*,[9] para dar respuestas a las grandes cuestiones que no dejaban de preocuparle.

---

[7] G. Gusdorf, *Mythe et métaphysique*, París, Flammarion, 1953, pág. 17.
[8] W. Jaeger, *Paideia. Die Formierung des griechischen Menschen*, pág. 164.
[9] Véase *infra*, "El mito del logos", pág. 59.

Al principio, el mito extrarracional, pero siempre lógico, explícito (oral o escrito) o tácito (actos rituales, arte), se encontró en el centro de las respuestas a las cuestiones atormentadoras que brotaban del miedo del hombre ante lo *desconocido*, y la conciencia de lo desconocido distinguía al hombre de los demás seres vivos. Angustiosamente, el hombre buscó el Conocimiento, el Conocimiento que también se llama Verdad y que sólo él podía ofrecerse a sí mismo con los medios que le proporcionó la naturaleza: la fantasía, el sentimiento y el Logos. Con estos materiales dio forma al mito, balsa para atravesar el océano infinito de la ignorancia que lo separa del Ser (o del no Ser), de lo Existente, que se encuentra más allá del horizonte de su visión terrenal. Mezcla de fantasía (y recuerdo), Logos y sentimiento, con diversas proporciones de sus ingredientes en las diversas etapas de la trayectoria histórica del hombre, el mito siempre ha sido un punto de referencia en la insaciable búsqueda existencial. Creó espíritus y dioses a los que les pidió la respuesta mediante el proceso adivinatorio y mágico; construyó hipótesis que condujeron su intelecto a fértiles investigaciones; trazó, con el ritmo y la forma, caminos hacia la Verdad, llamada Belleza; también alzó su mirada hacia el Absoluto con la fe que fortaleció el alma humana, sedienta de Conocimiento redentor.

Inherente al hombre en su peripecia terrenal, el mito ha sido y será siempre su inseparable compañero de viaje y su refugio en la angustia existencial.

4

El mito del Logos[1]

Es general la opinión según la cual el mito, en todas sus formas (la explícito-*narrativa* y la ritual-*tácita*) se expresa mediante un pensamiento causal. Ello significa que el *mito* convive con el Logos (la Razón), con el que tiene dos características fundamentales en común: la búsqueda del conocimiento y la pretensión de poseer la verdad.

El hombre, con la sed innata de conocimiento que le caracteriza, intentó desde muy temprano explicar el mundo mediante el mito o también someterlo con la magia,[2] pero siempre mediante una construcción *racional*, no necesariamente *lógica*. A este respecto, K. Tsatsos ha escrito que "el mito no es un mundo compuesto exclusivamente por las formas de la percepción, el espacio y el tiempo y las categorías del intelecto, pero tampoco es producto exclusivo de elementos irracionales, porque entonces no sería ni tan siquiera accesible para la conciencia. Se necesita también tiempo, espacio y causalidad".[3]

En todo mito hay semillas, comienzos, del Logos que por supuesto lo hacen no *lógico*, sino *racional*. En esta

---

[1] Notas para la redacción de un amplio capítulo, "Mito y Logos", del libro *El mito. Punto de referencia en la búsqueda existencial*, publicado en Grecia, EE. UU., España, Rumanía y Argentina (Buenos Aires, Teseo, 2007).

[2] La *magia*, que cubre un amplísimo espectro de prácticas rituales mitificadoras, apareció históricamente como *ciencia, religión* o *arte*.

[3] *Mitología griega* [en griego], Atenas, 1986, vol. 1, pág. 15.

constatación, la de la inseparable trayectoria común del Logos con el mito, coinciden todos los pensadores desde la antigüedad hasta nuestros días. Por otra parte, la mitificación no es una simple observación neutra de fenómenos del entorno humano, sino un intento de *explicarlos intelectuamente* o *conquistarlos*, y, en consecuencia, no puede sino contener un elemento causal –tal como enseñó I. Kant en la *Crítica de la razón pura*- característico del funcionamiento del Logos. Así pues, no cabe duda de que el Logos convive con el mito en todas sus manifestaciones,[4] a lo largo del trayecto recorrido por el espíritu humano en su infatigable búsqueda existencial del Conocimiento.

Si el mito no sólo convive con el Logos, sino que constituye un elemento sustancial e inseparable de este, lo mismo sucede al revés. El Logos es no sólo una extensión del mito, sino también su terminación en el desarrollo helicoidal de la búsqueda existencial en el tiempo. La preeminencia del mito retrocede con cada conquista del Logos, pero este también retrocede y cede su lugar al mito cada vez que su camino parece llegar a ciertos límites, y ello sucede no pocas veces. No se trata, por supuesto, de *finales*. Con el impulso que le proporcionará *un nuevo mito*, el Logos superará el límite temporal hasta encontrárselo de nuevo delante en la difícil trayectoria ascendente que sigue.

Este nuevo mito, al que llamaré *mito del Logos*, en el que se refugia el Logos, se llama *hipótesis de trabajo* o *hipótesis filosófica*. Así, mientras que el mito constituye, de alguna manera, una *filosofía metafísica primitiva*, la hipó-

---

[4] "El Logos y el mito están entretejidos (...) no existen los conceptos puros de *Logos* y *mito*", escribe Th. Veikos en *El mito del Logos* [en griego], Atenas (sin año), pág. 27 y 30.

tesis científica, pero también filosófica, no es sino un mito al que recurre el pensamiento,

Tal como se cree en general, el mito ha sido una *primera lectura poética* por parte del hombre del mundo que le rodea. En su trayectoria hacia la conquista del Conocimiento, el Logos conquistó gradualmente la primera plaza, mientras que el mito, en su forma inicial explícita o tácita, retrocedió hasta manifestarse de nuevo y muy pronto con una nueva forma, la del *mito del Logos* o *hipótesis filosófica*.

Puede parecer extraño llamar aquí mito a lo que *plebeia opinio* se considera filosofía y, tal como sucede con toda certeza, constituye la expresión culminante del Logos. Debemos recordar lo que ya hemos indicado al principio, que mito y Logos no son conceptos que se excluyan mutuamente, sino manifestaciones paralelas y complementarias del espíritu. "Es muy fácil demostrar – escribe al respecto G. Gusdorf– que la exaltación del logos por parte de los filósofos, desde Platón hasta Plotino, desde Cartesio hasta Spinoza, Malebranche o Leibniz, continúa impregnada de elementos míticos".[5]

Aristóteles también reconoció el gran parentesco que sin duda existe entre la mitología y la filosofía,[6] y lo atribuyó a la fuente común de la que ambas derivan, la incertidumbre y la admiración,[7] esto es, los espacios de conocimiento en los que se mueve la conciencia metafísica o *conciencia de lo sagrado*. Esta admiración, que constituye un sentimiento vivencial del ἔρως (amor) y de la sed insatisfecha de Conocimiento, es, desde este punto de vista, el elemento que conecta la filosofía con el mito.

---

[5] G. Gusdorf, *Mythe et métaphysique*, París, 1953, pág. 219.
[6] *Primera filosofía*, 982 b, 12, 18.
[7] En referencia a la búsqueda filosófica, Platón fue el primero en describir la *admiración* como principio y fuente de esta (*Teeteto* 115 D).

Sin embargo, ¿es la fuente común el único elemento que une filosofía y mito? En otras palabras, ¿existen características de la filosofía, comunes a las del mito, que permitan definirla como *mito del Logos*?

Antes de avanzar en la investigación de esta cuestión, tal vez debamos delimitar el significado del término *filosofía*, así como su relación con el concepto más amplio de *hipótesis*, que constituye su punto de partida y también su entera sustancia. Esta delimitación es necesaria, ya que, como es sabido, el término *filosofía* ha sido usado con diversos significados desde que fuera acuñado por Platón.

El término no se encuentra en los presocráticos. Heráclito fue el primero en hablar de "hombres filósofos" en el sentido etimológico del término, es decir *amantes de la sabiduría*.[8] En los siglos posteriores este término platónico fue usado con diversos significados. Unas veces fue identificado con la investigación del principio y la naturaleza de los seres y los fenómenos, otras veces con la consecución de la virtud más elevada (estoicos) o de la felicidad (epicúreos), y también con la piedad.[9] En tiempos modernos se ha admitido que la filosofía constituye una rama particular del Conocimiento, pero exceptuando unos poquísimos puntos de coincidencia las definiciones que se han dado son tantas y tan diversas como filósofos ha habido entregados a la labor de definirla.

Así pues, es necesario no sólo intentar dar o elegir cierta definición de filosofía, sino también, como mínimo, establecer las características sobre las que no existen, o son escasos, los desacuerdos.

En este intento comprobaremos que, actualmente, la filosofía es considerada un aprendizaje-conocimiento general, en el sentido de que se extiende por todo el abanico

---

[8] Diels-Kranz, *Die Fragmente der Vorsokratiker*, 22, B 35.
[9] Damasceno, *Capítulos filosóficos*, III.

de las ciencias y tiene como objetivo valorar las conclusiones de cada rama del saber humano a fin de aproximarse al *Conocimiento absoluto*, esto es, a la revelación de la Verdad última o suprema.

Sin embargo, una consecuencia de ello es que, cuanto más se eleva el Logos hacia la esfera de la filosofía, tanto más necesita avanzar hacia nuevas hipótesis y construir teorías, ya que los llamados *datos científicos*, es decir, los demostrables científicamente o admisibles lógicamente (no sólo admisibles racionalmente), no son suficientes o son desplazados a causa del progreso del conocimiento. Se podría decir, sin correr el riesgo de simplificar en exceso, que la filosofía, en su quintaesencia ontológica, es una *hipótesis* que reivindica la posesión de la Verdad, o al menos la aproximación a ella. Por otra parte, la construcción de una teoría, es decir la formulación de una hipótesis, constituye, en general, una herramienta habitual del Logos, usada a menudo en las búsquedas que lleva a cabo. Muy característica al respecto es la sentenciosa comparación formulada por I. Evangelou: "La hipótesis es una trampa que prepara el Logos para percibir las huellas de la realidad física, hasta que el tiempo le proporcione las municiones para dominarla".

Sin embargo, la hipótesis, por mucho que pertenezca al dominio del Logos, no deja de ser, sobre todo, un producto de su colaboración con la fantasía, que asume el mayor peso en la construcción de la hipótesis o teoría. Nos encontramos, por consiguiente, ante un caso análogo al del nacimiento del mito, en el que la fantasía toma prestados elementos del Logos para avanzar en sus propios terrenos de Conocimiento.

"La función de la filosofía –afirma G. Gusdorf– no se diferencia de la del mito".[10] La colaboración entre la

---

[10] G. Gusdorf, *op. cit.*, pág. 244.

fantasía y el Logos, con particular énfasis en la primera, no es sólo una característica común de la filosofía y el mito. La *pretensión de poseer la Verdad*, que acabamos de mencionar, sitúa al *mito del Logos* en un pedestal axiológico análogo y comparable al de la *autoridad* del mito. Y este, como sucede también en el mito en su sentido estricto, se basa en el prestigio y en el resplandor de la *verdad* que afirma poseer, no en la *verificación*. El *mito del Logos* no es analítico ni demostrativo, no argumenta, es axiomático y dogmático.

O. Gigon escribe: "La filosofía comienza con la pretensión de poseer una verdad autónoma que existe y ha de ser defendida, siendo indiferente si alguien la expresa o no y quién es aquel que la expresa. El filósofo es el portador de una verdad a la cual ha llegado y que tiene derecho a comunicar".[11] Estas palabras son también adecuadas para el mito propiamente dicho y sus portadores, y la hipótesis filosófica –es decir, la filosofía en este sentido–, siendo ella misma un *mito del Logos*, parece estar estrechamente emparentada con el mito también desde este punto de vista. Así pues, podemos cómodamente calificar como *mitos del Logos* las hipótesis que nacen en el recinto del Logos, en el borde de la superación, reconociendo que presentan muchas de las características (seguramente algunas de las más importantes) del mito en general.

Entre estas características comunes se puede contar el papel fundamental de la *imaginación*, y aun más la *universalidad* de la meta y la consideración esférica de las cuestiones últimas a las que intenta aproximarse. Finalmente, son comunes su naturaleza *extranoética* y, como ya hemos indicado, la pretensión de poseer

---

[11] O. Gigon, *Studien zur antiken Philosophie*, Berlín y Nueva York, 1972, pág. 127.

la verdad, verdad aforística y no demostrable, de origen indiferente, no sometida a valorización alguna.

¿Qué otra cosa, sino hipótesis experimentalmente indemostrables o sin argumentos (en consecuencia, construcciones de la fantasía, *mitos del Logos*), son los conceptos fundamentales de los escritos filosóficos, por ejemplo el *agua* de Tales, el *fuego* de Heráclito, el *aire* de Anaxímenes, el *infinito* de Anaximandro, el *nous* de Anaxágoras, el *esfero* de Empédocles, las *ideas* y el *recuerdo* de Platón, la *entelequia* de Aristóteles, la *voluntad* de Schopenhauer y el *élan vital* de Bergson? La filosofía ha recurrido a hipótesis integradas en su entramado discursivo, con el que ha intentado explicar el fenómeno del cosmos y revelar su verdadera esencia.

Mencionemos, finalmente, las opiniones sentenciosas de L. Brisson y F. W. Meyerstein,[12] quienes se refieren al continuo e inquebrantable comercio entre el Logos filosófico y el mito. "Toda la filosofía –afirman– jamás ha conseguido superar la fase del mito, el cual, en el mejor de los casos, es un desvío (*un détour*) entre dos mitos. De desvío en desvío y de fracaso en fracaso, los filósofos nunca conseguirán superar las fronteras de un mito del que intentan desligarse en vano".

Tomando como ejemplos tres pedestales de la filosofía, Platón, Kant y Heidegger (en el *Fedón*, en la *Crítica de la razón pura* y en *Ser y tiempo*), los autores que hemos citado se refieren a la impotencia fundamental de la filosofía para elevarse al nivel de la Verdad del Logos sin recurrir a la ilusión del mito. "El Logos –escriben– sufre una derrota tras otra a causa de su subordinación al mito, de manera que la filosofía, a pesar de los esfuerzos de los más grandes pensadores, constituye por sí misma

---

[12] L. Brisson y F. W. Meyerstein, *Puissance et limites de la raison*, París, 1955, pág. 234.

el testimonio irrebatible del fracaso de lo que realiza". "El Logos se convierte en mito –escribe también Th. Veikos– cuando se considera a sí mismo una fuerza superior y quiere alcanzar el auténtico *Ser* para revelarlo. Por supuesto, ése no es el *Ser* físico sobrenatural, sino una construcción lógica abstracta, una entidad metafísica que, en forma de logos, ocupa el puesto de la construcción mítica no ortológica".[13]

Estas opiniones en torno a la relación de la filosofía con el mito, dejando a un lado su formulación particularmente inflexible, no dejan de hacerse eco de una realidad que los mismos filósofos no vacilan en confesar. G. Gusdorf, por ejemplo, escribe: "El mito no se ofrece sólo como *ámbito intelectual* en el que cristalizará el sistema filosófico. También se encuentra en el núcleo mismo de la tentativa filosófica, cuya ambición alimenta y justifica".[14] En verdad se podría decir que toda concepción del *Ser* nos remite, desde la conciencia filosófica, a la mítica en su forma más elevada. El pensamiento filosófico, cuando intenta dar respuestas a las cuestiones últimas, cuando el Logos intenta concebir la variedad inconcebible y la complejidad de la simplicidad y la unidad últimas, la *dionisíaca* y la *apolínea* en términos de Nietzsche, cuando con el impulso de su duda es elevado hacia el *Ser propiamente dicho* y emprende lo que Platón denomina *gigantomaquia en torno a la sustancia*, en realidad intenta llegar a lugares que su naturaleza perecedera es incapaz de pisar. Lo máximo que puede lograr es escalar hasta los bordes del Conocimiento trascendental e intentar desplazar lo más lejos posible la *línea de meta*, el *terminus ad quem*, de su trayectoria racional ascendente, aunque sin poder esperar que en algún momento el peso, la carga, del Logos

---

[13] Th. Veikos, *op. cit.*, pág. 31.
[14] G. Gusdorf, *op. cit.*, pág. 247.

le permita finalmente superarla. Entonces, el recurso a la fe, ese espacio más amplio en el que el mito también se encuadra con pleno derecho, constituye no un abandono de la filosofía, sino su única terminación posible. "La historia de la trayectoria intelectual de la humanidad –observa W. Nestle– nos convence de que el Logos, esto es, el pensamiento lógico, no es apto para concebir globalmente la realidad, pues choca con enigmas irresolutos (materia, fuerza, vida), y debe definitivamente dejar de indicarnos el sentido del *Ser* y de la existencia. Así pues, queda algo fuera del proceso lógico que no es posible conocer mediante la investigación empírica y el pensamiento lógico".[15]

G. Gusdorf, a quien acabamos de citar, afirma en su monumental *Mythe et métaphysique* que "el contraste entre la razón y el mito no es radical. Inicialmente, el primer contacto entre ambos es una lucha. La lógica censura al mito a causa de sus excentricidades. Se le prohíbe ser absurdo, poniendo así punto final al imperialismo del mito prehistórico. Y si el mito sobrevive a esa depuración, el logos crítico lo limita al espacio de una verdad especial, siempre aproximada, y lo encuadra en la categoría de la *fe*, en el sentido kantiano del término. En efecto, según Kant el *Glauben* (creer) se encuentra más allá del *Wissen* (saber). De esta manera, el mito, ya reconocido y confirmado por la crítica, adquiere una importancia capital para el Logos. Interviene cada vez que los cimientos y los objetivos últimos del logos son puestos en tela de juicio. Necesariamente el mito traza las fronteras del Logos y le permite un uso último. En otras palabras, la conciencia mítica permite al Logos ocupar un lugar en la existencia, encierra el Logos en su totalidad, ya que, abandonado

---

[15] W. Nestle, *Vom Mythos zum Logos*, Stuttgart, 1942, pág. 3.

a su suerte, este último estaría como suspendido en la abstracción, sin contacto con el mundo verdadero".[16]

En referencia al *mito del Logos*, hemos hablado de *terminación* del pensamiento filosófico como podríamos hablar de *culminación* o de *puesta en marcha*, ya que se trata solamente de un punto en la circunferencia que traza la trayectoria del espíritu humano en sus búsquedas existenciales últimas. Del mito al Logos y otra vez de regreso (o hacia adelante, que es lo mismo) a lo que hemos llamado *mito del Logo*s. El pensamiento y el Logos están destinados a permanecer siempre prisioneros del círculo de su dependencia última.

Acabaré estas pocas observaciones con una frase muy significativa de un pensador griego contemporáneo que ha investigado, con especial interés, los problemas del mito: "Un aro de mitos abrazará siempre nuestros actos. Este aro hace posible nuestra existencia al fin y al cabo onírica, y dibuja con su tenue luz los bordes de la oscuridad que la rodean".[17]

---

[16] G. Gusdorf, *op. cit.*, pág. 243.
[17] Chr. Malevitsis, *La dimensión interior* [en griego], Atenas, 1975, pág. 163.

5

El concepto del amor en el cristianismo, en el pensamiento griego antiguo, en el Antiguo Testamento, en el Islam y en las religiones orientales

Mientras un milenio más desde el nacimiento del Hombre-Dios repliega sus alas para pasar al recuerdo de la historia, la humanidad rememora la herencia que le dejaron los siglos transcurridos, mira hacia las señales del camino que marcaron su trayectoria y busca los faros que la iluminaron.

Quiere recordar y tener esperanza.

Se trata de una tendencia humana, diría inexplicable, hacia la búsqueda de etapas en ese flujo imparable de la conciencia que se llama tiempo: mirar hacia atrás, al *nunca más*, e imaginarse, y tal vez idear, el mañana, el *todavía no*, interponiendo un inexistente *ahora*, una etapa, un final convencional y a la vez un comienzo que sólo sirve a las necesidades de la razón práctica.

Primer día del mes, primer día del año, cumpleaños, aniversarios... Divisiones convencionales del tiempo, etapas nacionales, sociales o subjetivas que no tienen relación real con este, ni verdadera existencia objetiva, ni consecuencia alguna.

Sin embargo, para nosotros los cristianos existe un verdadero corte en el tiempo: el de la encarnación de la sustancia divina. Es *la hora* del encuentro y de la vinculación de la Eternidad con el Tiempo, la hora en que el tiempo construido se convierte en lugar de libertad, de gusto anticipado, y en umbral de la existencia eterna. Este corte en el tiempo no es convencional. Constituye un acontecimiento de importancia fundamental y con consecuencias no sólo para todo hombre, sino para la humanidad en su conjunto.

Colocando la encarnación de Dios en sus límites, el tiempo se convirtió en lugar de salvación personal, e integrando la Segunda Presencia en la trayectoria de su flujo devino elemento de salvación para la humanidad entera. Llegó a ser, como dijo San Agustín, una "espera susceptible de cumplimiento", según la promesa celestial.

No me extenderé más en los conceptos de tiempo y eternidad, dos conceptos no en relación de superposición, sino en relación dialéctica entre sí, ya que la eternidad no es, como se considera *plebeia opinio*, tiempo infinito, sino exactamente lo contrario, es decir, ausencia de tiempo. De ambos conceptos se han ocupado el pensamiento humano y el dogma cristiano a lo largo de los siglos, tanto en Oriente, donde se proyecta luminoso el pensamiento estocástico de Gregorio de Nacianzo y de San Juan de Damasco, como en Occidente, con el pensamiento de San Agustín y de Santo Tomás de Aquino.

En las pocas palabras anteriores me he referido a estos conceptos para evocar, ahora que atravesamos el tercer milenio desde el nacimiento de Cristo Salvador, su dimensión filosófica y dogmática humana, pero también para recordar la importancia que tiene el tiempo en el conjunto dogmático de nuestra religión. Ello es así porque el tiempo está ligado a la existencia humana, una de cuyas principales características, según nuestra fe, es la temporalidad, es decir, la permanencia provisional, pero única y decisiva para nuestra salvación, en la región terrenal. Además, todos los elementos que componen el tiempo según la división tradicional que llamaría empírica, el pasado, el presente y el futuro, ocupan un lugar particular en el dogma. Tres de las principales virtudes del cristianismo, la fe, el amor y la esperanza, como enseñó el apóstol

Pablo en la Primera Epístola a los Corintios (23.13), se expanden por los espacios del tiempo, cada una de ellas con una relación particular, pero no exclusiva, con una dimensión del tiempo. La fe recaba inspiración y fuerza del pasado, el amor se expande por el espacio del presente, y la esperanza mira hacia el futuro: "Fe, esperanza, amor... Lo más grande de todo el amor" (23.14-15).

Sin embargo, y sin que sea posible una jerarquización de estas virtudes, es indudable que el amor ocupa un lugar especial en el mundo cristiano, no sólo porque constituye la enseñanza moral más elevada, sino también porque es igual al concepto mismo de Dios: "porque Dios es amor", escribió San Juan en su Primera Epístola (4.9). El amor, tal como nos enseña nuestra religión, se distingue de todos los sentimientos paralelos o parecidos, así como de los mandatos éticos que encontramos en la palabra cotidiana o en otros terrenos religiosos o filosóficos.

En el umbral del tercer milenio desde la encarnación de Dios, la manifestación y la prueba más grandes de amor que ha conocido la tierra, dedicaré unas pocas reflexiones, de manera rápida, a la grandeza de este concepto fundamental que la doctrina cristiana regaló a la humanidad, un concepto que se proyecta aún más luminoso y más dinámico al ser comparado con otros conceptos paralelos, tal como se configuraron en otros horizontes.

No citaré todos los pasajes del Antiguo Testamento que hacen referencia al mandamiento del amor. Son muchísimos en nuestros textos sagrados y conocidos por todo cristiano. Me limitaré a dos o tres que muestran la identidad y la naturaleza del amor cristiano, de manera que sea posible su comparación conceptual con otros *amores*, los que se encuentran en otras religiones, en otros cultos, y lleguemos a conclusiones útiles y necesarias.

El primer gran mandamiento de amor lo encontramos en el Evangelio de San Mateo (22.37): "Amarás al

Señor tu Dios con todo tu corazón, y con toda tu alma, y con toda tu mente". En este mismo Evangelio leemos (22.39-40): "Y el segundo es semejante: Amarás a tu prójimo como a ti mismo. De estos dos mandamientos depende toda la ley y los profetas". En el Evangelio de San Juan (3.16) se determina la naturaleza de este gran doble mandamiento: "Porque de tal manera amó Dios al mundo, que ha dado a su Hijo unigénito, para que todo aquel que en él cree, no se pierda, mas tenga vida eterna". Finalmente, en este mismo Evangelio leemos (13.34-35): "Un mandamiento nuevo os doy: que os améis unos a otros; como yo os he amado, que también os améis unos a otros. En esto conocerán todos que sois mis discípulos, si tuviereis amor los unos con los otros". De estos pocos pasajes, fundamentales para conocer la esencia y la naturaleza del amor cristiano, se deduce que este es: a) redentor en su objetivo dinámico, "en esto conocerán todos que sois mis discípulos"; b) fundamental en la vivencia cristiana mundana, ya que de él "depende toda la ley y los profetas"; c) universal y completo, con la movilización de todas las fuerzas interiores del hombre, es decir, la razón ("con toda tu mente"), el sentimiento ("con todo tu corazón") y la fe ("con toda tu alma"); d) extravertido, con dos direcciones de igual valor: una de descenso, desde el cielo hacia la tierra y viceversa, y una horizontal, del hombre al prójimo. Su modelo es el amor del Padre hacia el Hijo: "Porque de tal manera amó Dios al mundo, que ha dado a su Hijo unigénito", y "como yo os he amado, que también os améis unos a otros". Se trata, por lo tanto, de un concepto o mandamiento fundamental para el dogma cristiano, sacrificial por su naturaleza, universal en su alcance, extravertido en su dinámica, y redentor en su esencia.

Soy consciente de que una referencia filosófica al amor cristiano no puede limitarse a un espacio y tiempo tan cortos sin dejar grandes vacíos, sin referirse a ese gran texto de San Pablo en la Primera Epístola a los Corintios o al amor *endotriádico* que constituye un misterio sin par en el nivel empírico humano. Mi objetivo no es agotar el tema. Sin embargo, es necesario acercarnos a ciertos elementos básicos de este concepto para intentar compararlo con otros, paralelos o parecidos, ya que el procedimiento comparativo puede dar frutos útiles sólo si sabemos de qué hablamos, qué es lo que comparamos, y cuáles son los parecidos con aquello con lo que intentamos comparar, parecidos sin los cuales no es concebible comparación alguna.

Antes de pasar a otros terrenos, y cerrando ya esta referencia sumaria al amor cristiano, quisiera proponer, para acceder a él, una imagen, un modo *conjetural* o cualquier otra que sea su denominación, que comprenda simbólicamente toda su quintaesencia.

Me he referido esquemáticamente a dos rumbos en su dinámica: el vertical, esa línea de amor que une el cielo con la tierra, el amor de Dios por el hombre y, viceversa, el amor del hombre por Dios, y el horizontal, la línea de amor que une al hombre con su prójimo. Dos líneas, una vertical y otra horizontal, que se cortan formando una gran cruz que abraza el universo, una cruz que es el símbolo del amor, del sacrificio supremo y también de la salvación. Una cruz en cuyo empalme se encuentra el hombre como elemento central de referencia.

En la filosofía griega antigua, más allá del concepto de *filotis* (emparentado en cierto modo con el amor, pero impersonal y universal) que reconoce Empédocles y del principio del buen hacedor de Platón, encontramos, con respecto al amor de la divinidad por el hombre, algunas referencias paralelas, pero no idénticas, en Demócrito, quien enseñó que los dioses eran prestadores de bienes a los hombres: "Los dioses dan a los hombres todos los bienes" (Diels Kranz B, 175). En el *Timeo* de Platón encontramos al buen hacedor (29 A y E), al cual, como escribe en su *Político*, el universo le debe lo que tiene de bueno: "con el creador el mundo ha adquirido todos sus bienes" (273 B). Sin embargo, estas manifestaciones de amor no se acercan ni en su extensión ni, sobre todo, en su profundidad ética al amor de Dios en su expresión cristiana.

Me limitaré, necesariamente con mucha brevedad, a los tres grandes pensadores clásicos, aquellos gigantes de la filosofía griega antigua y sobre todo al *Timeo* de Platón, que es uno de los más importante textos teológicos de la literatura clásica, y a la *Metafísica* de Aristóteles. Con respecto a Sócrates, su *teología*, que constituyó un punto decisivo en el pensamiento griego, contiene referencias explícitas al *interés* de la divinidad no por la humanidad en su conjunto, sino por el hombre en particular, y sobre todo parece que enseñó que la divinidad dotó a cada hombre, por separado, de un *daimon* guardián que velaba por él. Este interés de Dios, su mensaje antropocéntrico pero también su contenido individualizado, constituye un gran salto para la época, y sin duda anuncia, de manera vaga pero bien distinguible, el amor de Dios tal como lo revelaron los Evangelios.

En el *Timeo* de Platón, el amor de dios, que deriva de la bondad intrínseca del Creador, se manifiesta y se limita a la creación del universo: "Puesto que era bueno y por este bien no nace en él envidia alguna de nada (...) deseaba que todo fuera bueno y nada malo" (29 E, 30 A). Sin embargo, tras el acto de creación, mejor dicho de construcción del universo, el dios se retira "en sí mismo" (*Timeo* 42 E) o en "su atalaya" (*Político* 272 E). Incluso cuando después parece mostrar cierto interés, cierta bondad, esta no tiene ninguna relación con el amor de Dios tal como lo enseñó el cristianismo. En Platón, el interés del Creador por el hombre, así como por todo lo que existe en el universo entero, no es ni antropocéntrico ni sacrificial, sino, por el contrario, impersonal y egoísta, falto de toda emocionalidad. El filósofo ateniense escribió en las *Leyes* (902 B): "Afirmamos que todas las criaturas mortales pertenecen a los dioses, a quienes también pertenece todo el cielo", y no es correcto que sus poseedores no se ocupen de ellas, ya sean grandes o pequeñas (902 C).

Por supuesto no se puede hablar de amor divino en el pensamiento de Aristóteles. El *primum movens* al que le condujo su búsqueda intelectual del Principio Supremo y al que llamó explícitamente Dios (en la *Filosofía Primera*), permanece encerrado en su feliz aislamiento. Un aislamiento atemporal, eterno e inalterable. Todo interés, fuera de uno mismo, por algo que no es perfecto sería *absurdo*, como escribe el gran estagirita, e indigno de su perfección. Aristóteles también excluye explícitamente el amor de entre los espíritus divinos y los hombres, es decir, aquellos seres racionales secundarios que, como el originario *immotum motens*, controlan el movimiento en las esferas celestes interiores y se identifican con los dioses olímpicos. El amor, escribe en la *Ética a Nicómaco* (1159 a 5), es imposible en este caso porque, según dice, es muy grande la distancia que los separa de los hombres.

Pasando ahora a la otra dirección del amor cristiano, la del hombre hacia Dios, observaremos que el mundo griego antiguo la desconoce. Hay, por supuesto, miedo, respecto, obediencia. También la práctica del culto tiene como objetivo apaciguar la divinidad o ganar su aquiescencia para dotarse de algo. El culto no es, por lo tanto, ni completo ni salvador, como el cristiano, sino que constituye sencillamente una ceremonia religiosa que se realiza con objetivos prácticos.

Con respecto a su dimensión *horizontal*, la que tiene que ver con las relaciones entre los hombres, salvo la *amistad* (*filotis*) de Empédocles, la cual, siendo un principio cósmico, rige, impersonalmente y en rivalidad con el *odio* (*neikos*), las relaciones de todos los seres y, por supuesto, también las de los hombres entre sí (D. K. B. 21, 8), la relación ético-social de *amistad* en el pensamiento griego antiguo es llamada a menudo φιλίη ο φιλία, del verbo φιλῶ (amar). El término neogriego ἀγάπη (amor) es casi desconocido en la literatura clásica, y el término ἔρως tiene extensiones filosófico-cosmológicas y de otra naturaleza que no ofrecen un terreno fértil para una consideración comparativa con el amor cristiano.

En la poesía trágica clásica, sobre todo en los versos que puso en boca de Antígona el insuperable Sófocles, encontramos palabras que sin duda constituyen un preludio del himno del amor cristiano. Así, en el verso 523, Antígona dice que está hecha por su naturaleza no para odiar a los demás, sino para amarlos. Más tarde, Aristóteles dedicó una gran parte de su enseñanza ética al sentimiento de la *filie* en sus diferentes formas, incluso a su expresión en diferentes regímenes políticos. De lo mucho que expone en la *Ética a Nicómaco*, cap. 9 y 10, me limitaré a indicar que el sentimiento de *filie* (amor-amistad) es visto por el gran estagirita como *recíproco* y *ecléctico*, es decir, no como algo impersonal, hacia el prójimo en general, sino hacia cierta persona, y deriva bien de la naturaleza, como, p. ej., el amor de los padres hacia sus hijos, bien de un interés material (amor inferior) o ético (amor superior entre hombres virtuosos).

Sin embargo, en un punto sus palabras nos sorprenden porque plantean una cuestión que recuerda lugares conocidos para nosotros los cristianos (1168 a 27). Se pregunta: ¿El hombre ha de amarse a sí mismo más que a ningún otro?" La respuesta que da tras una extensa argumentación sobre ambos puntos de vista es que el hombre bueno ha de amarse a sí mismo. No tengo espacio aquí para recordar cómo ve Aristóteles el *buen amor a sí mismo* al que se refiere en este texto, un amor que también beneficia a los demás en comparación con el egoísmo bajo, que daña a uno mismo y a terceros, ni los intentos vanos, en mi opinión, que hubo por parte de pensadores occidentales para hacer compatibles las opiniones aristotélicas con el mandamiento evangélico al respecto argumentando que el amor hacia uno mismo es el preludio, el precalentamiento, del amor al prójimo. Son temas para reflexiones y especulaciones filosóficas interesantes que, sin embargo, no tienen cabida en este ensayo.

Lo que se deriva claramente de la mirada rápida que le hemos dedicado es que el pensamiento griego antiguo no sólo se ocupó del amor, sino que lo estudió y además llegó, a veces vacilante, al umbral de su grandeza cristiana, pero no logró captar ni su enorme dimensión éticosocial ni, por supuesto, su dinámica salvadora.

Antes de pasar a otros espacios religiosos lejanos, echemos un vistazo a nuestras regiones vecinas, es decir, a otras religiones monoteístas como la hebrea y la islámica.

Con respecto a la primera, que constituye, si se me permite la expresión, la *prehistoria* del cristianismo, es natural encontrar ideas precursoras del amor cristiano. Sobre el amor de Dios encontramos una afirmación explícita, p. ej., en el Deuteronomio (23.6), "porque Jehová tu Dios te ha amado". Las promesas y afirmaciones de Dios, como en el Ezequiel (37.6, 9, 12), "pondré espíritu en vosotros, y viviréis", las suplicas de salvación que se le dirigen, p. ej., en los Salmos (50.15), "yo te libraré, y tú me glorificarás", y que dan testimonio del amor que une a la tierra con el cielo y su dinámica salvadora, "y todo aquel que invocare el nombre de Jehová será salvo" (Joel 3.5), así como los Diez Mandamientos, "no hurtarás, no matarás, no cometerás adulterio, no hablarás contra tu prójimo falso testimonio", ¿acaso no son mandamientos específicos, si se quiere indicativos, de amor *horizontal*, es decir social, hacia el prójimo? Estos mandamientos se resumen en el "amarás al prójimo como a ti mismo" que encontramos en el Levítico (19.18) y que es mitigado por el "ojo por ojo diente por diente" y el "golpe por golpe" que se enseñan en el Éxodo (31.24) y en el Levítico (34.20).

En el Antiguo Testamento encontramos "oscuramente por medio de un espejo" (Corint. 13 ,12), por usar una imagen bíblica, el amor que nosotros conocemos "cara a cara" tras la revelación cristiana. Pero antes de abandonar el terreno del Antiguo Testamento hemos de indicar una diferencia fundamental con respecto al Nuevo Testamento. En el primero, el amor se refiere exclusivamente a un solo pueblo, el pueblo del Señor, Israel, mientras que en el segundo comprende, benéfico, salvador, generoso y sin reservas, todo el género humano.

En la otra gran religión de la trilogía monoteísta, el Islam, que significa "sometimiento, abandono a Dios", la *misericordia* de Alá es la forma, la expresión, que adopta su amor por el hombre. La legislación, por parte de Dios, de la vida del musulmán se produce por misericordia, por consentimiento del Señor hacia el fiel sumiso para su bien. Se trata de una legislación al pie de la letra que establece el comportamiento de los fieles, su vida religiosa, social e incluso privada con todo detalle. El Corán determina cómo ha de rezar el fiel, a qué hora, con qué movimientos, con qué contenido, cómo y cuándo ha de ayunar, cómo ha de visitar los lugares sagrados, qué normas de higiene ha de observar para sus dientes, su cabello, y mil detalles cotidianos más. La conocida lista que compuso en el siglo VIII Al Bukhârî contiene siete mil trescientos *hadith* (mandamientos).

El profeta Mahoma fundó una religión que puede ser descrita como religión de la ley, una ley que aspira al bien del hombre pero que lo encierra en unos límites asfixiantes de conciencia y comportamiento, límites que establece claramente la letra de la profecía sagrada. Sin embargo, la ley, por muy detallada que sea, no puede prever todos los casos, todos los vacíos, todas las condiciones humanas concretas que genera el paso del tiempo. Siguen necesariamente, como hacen los conocedores de la ley, las interpretaciones de esta, que se convierten, a su vez, en nuevas normas de explicación de las leyes. Este es el resultado inevitable de igualar la letra de la ley a la voluntad de Dios. Precisamente este acceso legalista, que también conoció el pueblo de Israel con las leyes de Moisés, fue reformado y anulado por Jesús de Nazaret (Lucas 11, 47 y 52), y en su incomparable Sermón de la Montaña Jesús ofreció a la humanidad la clave del conocimiento. Esa clave es el amor, que es también la esencia misma de Dios y toda su voluntad. Amor "en espíritu y no en la letra", como escribe San Pablo a los Romanos (2.29). En la montaña Jesús no estableció normas, no decretó leyes ex cátedra. Se refirió a ejemplos indicativos de la vida cotidiana tal como la configura el amor de Dios y del hombre. "Hágase tu voluntad", dijo a la masa en su oración, y esta voluntad no es sino una sola cosa: el amor.

En las relaciones humanas, el Islam prescribe normas que determinan con todo detalle la solidaridad social y las maneras de expresarse de la filantropía. Entre las cinco obligaciones fundamentales del creyente, las cuales es significativo que sean reconocidas tanto por los sunitas como por los chiítas, hay cinco *columnas* (*arkân*): la oración diaria, el ayuno en el mes de Ramadán, la peregrinación a la Meca, la confesión de fe –un brevísimo credo, el *shahada:* "Hay un solo Dios y Mahoma es su profeta"–, y la caridad. Pero esta última no tiene un origen sentimental, no es un acto de amor, sino de sumisión a la sagrada ley. Todo musulmán está obligado a proporcionar a los pobres o necesitados un porcentaje del total de su fortuna determinado por la sagrada ley entre el dos y medio y el diez por ciento. Es por supuesto libre de ofrecer una mayor *caridad*, y hay creyentes que ofrecen más en forma de fundaciones religiosas o grandes donaciones. Además, la liberación de un esclavo o la compra de su libertad es reconocida por el Corán como algo que proporciona expiación de muchas culpas o delitos, p. ej., la violación de un juramento, el asesinato, etc. Sin embargo, la ley sagrada impide la tentación del rico de apaciguar su conciencia con una oferta escasa.

Creo que, con lo poco que se ha dicho hasta ahora, se han aclarado de alguna manera los parecidos y las diferencias del amor cristiano con respecto a otros conceptos similares o paralelos desarrollados por religiones o sistemas filosóficos relativamente próximos. Sin embargo, vale la pena echar un vistazo rápido a los otros mundos *al este del Edén*, como dijera un pensador griego contemporáneo. Esto es, pasar de nuestro mundo dualista al del monismo, o, por decirlo con términos religiosos más familiares, pasar del acceso monoteísta al politeísta. Pero, para intentar penetrar en espacios noéticos que en principio nos son desconocidos, necesitaremos algunas observaciones preliminares a fin de familiarizarnos con la terminología necesaria.

El termino *dualismo* se usa en teología con dos variantes: como dogma según el cual el universo está dominado por dos principios opuestos, a menudo una bueno y uno malo, p. ej., en el zoroastrismo, o como dogma según el cual el hombre y todo el universo están formados por dos elementos distintos y separados, la materia y el espíritu, dos elementos en que uno toma el carácter de la divinidad, del creador, de la *fuente*, y el otro el del origen dependiente, p. ej., dios-creador y universo-creación. Así, llamamos dualistas a las religiones o doctrinas que reconocen dos existencias verdaderas: Dios y la creación. Estas religiones son todas monoteístas. Son religiones o doctrinas monistas las que identifican a Dios con el universo, es decir, las que admiten que el universo, *todo aquello que lo constituye junto con el hombre*, es Dios. Estas religiones son todas panteísticas. A las religiones o doctrinas *panteísticas* se dirigirá ahora nuestra mirada, ya que las dos grandes religiones de Oriente son en sus fundamentos monistas. Me limitaré a las dos más importantes: el hinduismo y el budismo, relacionadas entre sí de manera análoga a la relación del cristianismo con la religión del Antiguo Testamento.

Por supuesto, en el marco de una visión cosmológica o religión monista, ahí donde lo realmente existente es *sólo uno*, es inconcebible hablar del amor de Dios hacia el hombre y viceversa. Y si bien ello es por lógica imposible, encontramos en las diversas ramas del hinduismo evolucionado, sobre todo en la forma de fe vaisnavica-krisnaitica, pero también en la del sivaitismo Sidhanta, indicaciones y mensajes sobre la protección y el interés de Dios por el universo y el hombre que está en él. Ya en los antiquísimos himnos, los que están en los Vedas –los más antiguos monumentos literarios de la humanidad–, encontramos referencias a la divinidad suprema con la significativa invocación "padre, madre". Más intensa aún es la fe en un amor tal en la rama sáktica (*shaktism*) del hinduismo, en la que se rinde culto a la divinidad superior con su atributo femenino, donde se refugian quienes buscan un amor divino en el que poder sentir confianza y seguridad absolutas, como el niño en los brazos de su madre.

Este fenómeno contradictorio, que desplaza la visión cosmológica monista a un terreno teístico dual, es excusado por quienes lo han estudiado recurriendo a la imposibilidad del hombre común para volar hasta las altas cimas intelectuales del monismo, así como a la necesidad de ofrecer una *fe accesible* que satisfaga el sentimiento de dependencia y la necesidad de protección que experimenta el hombre, incapaz de alcanzar la salvación directa, es decir, el Conocimiento. Indiquemos entre paréntesis que el no-Conocimiento, la *avidya*, con la que nace el hombre llevándola como un peso, ocupa aquí el lugar del *pecado original* de la fe cristiana Así, la salvación directa se produce con la supresión del no-Conocimiento, es decir, del pseudoconocimiento, la *maya*, mediante la adquisición de la *vidya*, el conocimiento trascendente o místico.

La protección y el amor de Dios, pero también la manifestación de amor del hombre hacia Él, el abandono de uno mismo a Su piedad, se llaman *bhakti marg*. En sánscrito, *marg* significa *camino*, y *bhakti*, *amor*, por lo tanto *camino de amor* o tercer camino *indirecto*. Los otros dos caminos de Salvación directa son el *yoga-marg* o *karma-marg*, el camino de la acción, el camino de los ejercicios psíquicos y somáticos y de las buenas acciones, que constituye la antesala del último, del *jñâna-marg*, el del dialogismo, que conduce directamente al Conocimiento.

En el marco del complejo de religiones hindús se usa una imagen muy gráfica para estos *caminos* hacia la Salvación. Se habla del *camino del simio* y del *camino del gato*. La diferencia es la siguiente: el simio recién nacido es autónomo desde el principio. Se agarra al pelo de su madre para su seguridad y para desplazarse. Por el contrario, el gato recién nacido es pasivo. Maúlla quejosamente sin intentar moverse. Espera de la madre que lo levante con sus dientes para alejarlo del peligro. El camino del abandono en el amor de dios es el camino del gato, mientras que el camino del Yoga y el del dialogismo son de una trayectoria autónoma, son los caminos del simio.

En el budismo y en sus dos grandes ramas, la más antigua hinayana y la más *moderna* mahayana, la enseñanza inicial de Buda según la cual ni el mismo dios ni la búsqueda de dios son útiles para el hombre, y que su sola preocupación ha de ser la eliminación del dolor con la toma de conciencia de la Verdad suprema que es el vacío, (*sunyata*,) el cero, el flujo imparable de un devenir sin existencia objetiva, sin tesis ni antítesis, *donde toda existencia es engaño*, no impidió a sus fieles, con el paso del tiempo, no sólo deificar a Buda, sino transformar su doctrina racional nihilista en una religión con características teístas y valores éticos, la cual evolucionó de forma paralela a las ramas hindús hacia los senderos dualistas que hemos descrito.

En particular, en la rama más moderna (Mahayana) del budismo tenemos una enseñanza sobre el amor en forma de compasión de Buda, un amor sacrificial con el mito en torno al Buda Bodhisattva. Según este, tal como reza la sagrada tradición, uno de los miles de Budas que pasaron por la existencia, el mítico Buda Avalotikeshvara, el cual, después de muchas encarnaciones virtuosas, estaba a punto de traspasar el umbral de la Verdad, es decir, entrar en la feliz inexistencia del Nirvana, escuchó de repente un terrible ruido parecido al estruendo de una tormenta universal. El gran Bodhisattva sabía que lo que llegaba a sus oídos era el llanto colectivo de todos los seres de la creación, las rocas y los árboles, los insectos y los dioses, los animales y los demonios, y todos los hombres desde las diferentes regiones del universo. Llanto de dolor y queja a la vez por su inminente retirada del *territorio de los nacimientos*. Y entonces, en su infinita *compasión* (retengamos este término), se negó a sí mismo el Nirvana hasta que todos los seres, sin excepción, estuvieran listos para entrar en éste antes que él mismo, como hace el buen pastor que procura que sus ovejas entren en el establo y después entra él cerrando la puerta tras de sí.

Aquí, el amor de dios es *salvador* y *sacrificial*. Amor de un dios que, sin embargo, enseñó que no es dios y que sólo en un mito se sacrifica por compasión a fin de salvar el universo.

Según las enseñanzas del budismo hinayana, llamado también budismo Theravada, que se encuentra en muchos países como Sri Lanka, Birmania y Tailandia, el hombre, en su marcha hacia la Salvación, está solo y sin ayuda. No hay salvador. Buda, que significa "el Iluminado", descubrió la Luz con sus propias fuerzas y enseñó al hombre lo que tiene que hacer. Fue sólo maestro y ejemplo. Sin embargo, en la otra gran rama del budismo, la mahayana (Tíbet, China, Corea, etc.), se creó el mito del Bodhisattva, como acabamos de explicar, que asume en sus fuertes hombros la obra de la salvación y la supresión del dolor del universo.

Así, el amor-adoración del hombre hacia Buda presenta diferentes aspectos en las dos grandes ramas del budismo. En el nihayana, allí donde Buda no es ni dios ni salvador, las acciones que parecen al no iniciado actos de culto hacia él no son, en realidad, nada más que un procedimiento para recordar su personalidad y su presencia en la tierra. Por el contrario, en el mahayana tenemos la figura central, en el proceso de salvación, de un dios Salvador-Redentor hacia el cual se dirigen las oraciones y el culto de los fieles.

Hablemos finalmente de las formas que toma el amor, el que hemos llamado horizontal, en estas grandes religiones de Oriente. En el complejo hindú (vaisnavismo, sivaitismo, saktismo, tantrismo, etc.), lo encontramos con el nombre de *ahimsa*. La *a*, privativa, se refiere al asesinato (*himsa*) y, por extensión, a toda forma de violencia. Por lo tanto, *ahimsa* significa literalmente *no asesinato, no violencia*, y por extensión *no mal*. Su contenido es en su base *negativo* y desde la antiquísima época védica también lo encontramos en el subcontinente indio como comportamiento redentor. Leemos, p. ej., en un texto sagrado-filosófico: "Quien es *ahimsant* (sin mal; literalmente, quien no provoca daño) llega al mundo del Brahman y se salva de la reencarnación". Sin embargo, la *ahimsa* no es una manifestación de amor, sino que resulta de la necesidad del hombre de no sobrecargar su karma, es decir, no sobrecargar *el peso de su destino*, como diríamos en nuestros términos, peso que es la causa de su regreso, después de la muerte, a las torturas de la vida. Por otro lado, el daño que no ha de provocar es, en esencia, daño a sí mismo, ya que tanto él mismo como el otro, *todo otro*, son idénticos en el marco de la cosmología monista de estas religiones.

La *ahimsa* constituye un concepto fundamental en el marco de toda la práctica brahmánica a lo largo de su historia, muchas veces milenaria, y desempeñó, incluso en nuestro siglo, un papel importante cuando Mahatma Gandhi la usó como base del arma ética con la que combatió la ocupación colonial de su país.

De lo poco que se ha dicho está claro que la *ahimsa* es muy diferente del amor cristiano. Es una disposición anímica de otra naturaleza, más pobre en los sujetos de los que deriva, ya que les falta el dios, y más amplia en su extensión porque incluye, más allá del hombre, a todos los seres. Junto con la *ahimsa* encontramos en el espacio hindú otro concepto de amor práctico hacia el prójimo conocido con el término sánscrito *dana* (de la raíz sánscrita común en el término griego δωρεά y en el latino *donum*). Es un concepto que se parece a la caridad pero que está limitado a casos especiales y a ciertas personas numeradas y descritas detalladamente en los textos sagrados. De este retengamos sólo que el *dana* se considera, sobre todo en el teísmo krisnaita, como una manifestación de *bakhti*, es decir de adoración de lo divino.

Pasemos ahora, para cerrar el círculo, a la otra gran religión de Oriente, el budismo. Aquí encontramos otro concepto, emparentado con el amor pero que pertenece casi exclusivamente al budismo mahayana y que está ligado estrechamente al mito de Bodhisattva. El mítico Bodhisattva Avalotikeshvara, del que ya hemos hablado, es el modelo para todos los Bodhisattva que le siguieron y le seguirán a lo largo de los siglos, seres altamente evolucionados que sin embargo no dieron el último paso, no traspasaron el umbral del Nirvana, sino que permanecieron en este para ayudar a otros seres a pasar a la feliz inexistencia. Este concepto de *compasión* conocido con el nombre de *karuna* ocupa un lugar central en el budismo mahayana, hasta el punto de ser identificado con la Verdad suprema, esto es, con el *vacío*. Este vacío fue percibido por el gran Bodhisattva, y su compasión (*karuna*) fue el resultado de la comprensión de la Verdad suprema del vacío (*sunyata*). La *karuna* es el reflejo del vacío, identificable, por consiguiente, con la Verdad suprema. Es muy difícil explicar en pocas palabras uno de los dogmas fundamentales del budismo mahayana, la relación de la *karuna* con el vacío. Considerémoslo como un hecho, tal como lo admite la complicada y obscura enseñanza dogmática del budismo mahayana.

La *karuna* no es una propiedad característica sólo de los Bodhisattva. Está presente germinalmente en todos los seres, como indicio de la posibilidad que tienen de llegar a ser y convertirse también en Bodhisattva. Es sobre todo la fuerza que mantiene a todo ser en *estado de manifestación*, exactamente como retiene al Bodhisattva de alcanzar el Nirvana. Por este motivo todo el universo es *compasión*, identificable con la *sunyata*, es decir, con el vacío.

La *karuna* presenta puntos en común con el amor del cristianismo no sólo porque constituye también un concepto fundamental del budismo (Mahayana), sino también porque se identifica con la Verdad budista, el vacío. Además, los dos conceptos tienen en común el elemento *sacrificial* y la dinámica *salvadora*. Sin embargo, la *karuna* es distinta al amor de Dios en el cristianismo, ya que este amor se encuentra en los fundamentos de la creación del mundo y constituye, junto con las otras propiedades divinas llamadas en teología *energías* (sabiduría, poder total, justicia, etc.), el eje del gobierno del universo y también de las relaciones de Dios con el hombre. El amor de Dios es sobre todo *filantrópico*, mientras que la *karuna* es más amplia en su extensión, incluyendo a todos los seres, pero está privada de todo elemento de sentimiento. La constatación del dolor en el mundo por parte de Buda como elemento fundamental es claramente noética, sin elemento emocional alguno. Por otro lado, ello es evidente en la posición del budismo frente a la vida en general, que apunta hacia la desaparición de todo deseo y todo acceso emocional a esta.

Indiquemos, finalmente, que en el marco de la *karuna* hay también un lugar para la *dana*, la *caridad* del mundo hindú de la que ya hemos hablado. Sin embargo, sus muchas propiedades y toda la serie de limitaciones que prescribe y que es imposible mencionar aquí la diferencian totalmente de la caridad cristiana, tanto en amplitud como en contenido psíquico-emocional.

Después de las pocas observaciones anteriores, está claro que, en el espacio religioso-filosófico humano que hemos recorrido velozmente, la relación entre la divinidad y el hombre o entre este último y sus semejantes presenta notables diferencias respecto del amor cristiano. Aquí y allá encontramos algunos indicios de este último, pero nunca el aliento, la fuerza, la grandeza y la plenitud de la doctrina evangélica. Las sociedades asiáticas, que han vivido a lo largo de milenios en condiciones configuradas por conceptos austeros y pasivos ya referidos, conocieron, en su forma más extrema, la dureza que crea el aislamiento de los hombres entre sí, y por mucho que el budismo mahayana intentara superarlo siempre continuó siendo grande e impresionante. No es, por consiguiente, extraño que bajo la influencia del cristianismo, con el que estas sociedades a lo largo de los siglos han mantenido contactos, se orientaran hacia una organización más social de la estructura y sobre todo de la dinámica de la religión. Así, en el mundo del Islam, en el hinduismo y también en el budismo hemos visto nacer, multiplicarse y crecer, fuera de los círculos cristianos, fundaciones filantrópicas de amor no ya pasivo, sino dinámico, hacia el hombre tal como lo enseñó el nazareno, p. ej., la Media Luna Roja, los diversos Ashram, etc.

Sin duda, el amor, que se encuentra en el epicentro de la vida cristiana como reflejo e imitación del amor divino, constituyó una poderosísima palanca en la configuración universal de la escala de los valores sociales. Avanzando más profundamente comprobaremos que el amor, como sentimiento de especial importancia, contribuyó a revalorizar el elemento emocional de la personalidad humana respecto de su elemento *noético*, que ocupaba un puesto primordial en el mundo antiguo. La ganancia no es poca.

Si la humanidad tiene miedo a las altas cimas por las que la mente camina como un acróbata, si los recuerdos de la dureza que los siglos trajeron consigo entumecen sus expectativas, le queda la estrella polar del amor cristiano, allá en lo alto, donde la situó el Señor para iluminar su viaje a lo largo de los milenios hasta la realización final de Su plan.

6

Poética[1]

Un amigo con el que a menudo nos perdemos en discusiones interminables sobre varios temas, me dijo una vez: "Estoy completamente seguro de que la Ciencia conseguirá un día descubrir las causas primeras que provocan los fenómenos naturales, e incluso la sustancia misma del Universo. Sin duda podrá calcular con precisión matemática los trillones de años y la edad de nuestro sistema planetario. Seguirán la revelación de la historia del sol, su nacimiento, su papel en la mecánica celestial, su lugar en el Universo infinito. El hombre sabrá qué fue el lejano ayer y cuál será el mañana de la tierra. Y cuando llegue esa hora del Conocimiento, entonces, en la esmeralda del mar, en el canto de los pájaros, en los vivos colores de las flores, en lo que es bello, en lo que vive y respira, el hombre no verá sino sólo la muerte. El flujo incesante y la transformación eterna en la forma que es la sustancia profundísima de la muerte".

La ciencia no conoce la felicidad. La serenidad del alma, que es la clave y el secreto de esta última, pertenece a otra dimensión. Aquella por la que se extienden dos funciones psíquicas emparentadas, por no decir idénticas: la Fe y el Arte.

---

[1] Conferencia pronunciada en la Sociedad Griega de Traductores Literarios. Esbozo para un libro con el mismo título.

Un pensador griego contemporáneo ha escrito de manera epigramática: "Ha llegado el momento de comprender que el fruto bíblico del conocimiento no ha de interpretarse alegóricamente, sino literalmente. El fruto del conocimiento es la caída".[2]

Esta opinión parece dura e inexorable si nos limitamos a su formulación absoluta, ya que, en su sentido más amplio, Conocimiento (conocimiento interior) es también la Fe. Conocimiento, (conocimiento emocional) es también el Arte, y ello, por supuesto, no escapa a la atención del pensador al que nos hemos referido, quien se apresura a añadir con acierto que "el Conocimiento, en el sentido de iluminación de la conciencia, tiene una primacía que de inmediato dividiríamos en toma de conciencia religiosa, vivencia estética y especulación filosófica".

En el capitulo "Los tres senderos del Conocimiento" me he referido a estos senderos paralelos que conducen al Conocimiento.[3] Aquí me ceñiré al sendero del Arte, en particular al de la poesía en su sentido más estrecho, ya que esta, tanto etimológica (en su raíz griega *poiesis*) como sustancialmente, cubre toda la gama del Arte, y difícilmente podemos referirnos al Arte de la poesía sin hablar de la poesía del Arte.

Aunque muchos han considerado que la poesía está estrechamente emparentada con la prosa, no creo que en realidad ocurra algo así. La verdad es que estas dos formas del arte de la palabra usan la palabra, la lengua, como material, pero los parecidos entre ambas no van más allá de esta constatación. La prosa usa sobre todo frases, construidas según determinadas normas de la lógica, la gramática y la sintaxis. La mayoría de veces expresa sentidos dirigidos sobre todo al intelecto. Cada vez que la prosa

---

[2] Chr. Malevitsis, *La dimensión interior* [en griego], Atenas, 1970, pág. 32.
[3] *Supra*, pág. 41.

quiere expresar sentimientos o provocar emociones, lo hace de manera indirecta mediante un proceso que llamaría, permítaseme el neologismo, *psicometabolismo*. En estos casos, el intelecto, una vez aceptado el mensaje que contiene la frase, a menudo descriptivo, lo transforma en impulso emocional y con él alimenta, por un sendero interior, el alma.

Al contrario de la prosa y la frase, que constituye su material, la poesía usa la palabra. Nadie puede ser poeta o amante puro de la poesía si no tiene pasión por las palabras, no sólo por su contenido, que es diferente en su carga emocional dentro del verso, como intentaré mostrar a continuación, sino también por su sonido, su ritmo, sus sílabas y, en general, por la armonía interior de su estructura lingüística.

"El poeta –escribe Kostís Palamás, poeta nacional de Grecia– está poseído por el encanto de las palabras, con independencia de su significado. Muchas veces la palabra lo emociona como entidad autónoma de dulce sonido, expresando, más allá de su significado, algo no explícitamente musical y difícilmente expresable", y prosigue: "El poeta quiere palabras, palabras, palabras. Palabras para atesorar y palabras para derrochar".[4]

En el poema, el papel de la palabra no es tanto expresar o trasladar un significado con su símbolo léxico como, sobre todo, provocar en quien la recibe o la oye un impacto, una explosión que se podría comparar con la aparición de un fuego de artificio en la bóveda celeste de su fantasía.

En la prosa, p. ej., la palabra *río* es el río, un río concreto y con nombre. En la poesía es mi río y tu río. Con este último está profundamente mezclado nuestro primer recuerdo de los rápidos remolinos o de las aguas

---

[4] K. Palamás, "Las primeras críticas" [en griego], en *Obras completas* [en griego], Atenas, 1913, pág. 18.

anémicas, son los juegos a los que jugábamos en sus orillas, los temores que nos provocaban las sombras de los arbustos frondosos en sus riberas, y también nuestro primer beso escondido tras las densas ramas de juncos en sus orillas. Tantas cosas, tantos recuerdos que nos son comunes y que, sin embargo, permanecen tan profunda y personalmente nuestros... Una nube, un ruiseñor, una paloma, todos nuestros y, a pesar de ello, tan exclusivamente míos y tuyos.

La poesía busca y consigue una respuesta emocional directa. En ella, la palabra recupera su papel catalizador. Despierta en nosotros recuerdos y experiencias que permanecían ocultos en el fondo del alma y que se asoman a la superficie por el impulso que provoca, como estrellas que surgen dentro de un mar oscuro.

"La palabra –escribe en un análisis paralelo de esta cuestión un pensador griego contemporáneo, E. Papanoutsos– es una criatura temible y extraña que vive su propia vida. Es un pedazo de la vida en movimiento, cristalizada y atada sobre una señal aparentemente inamovible y limitada La condensación de una grandísima masa en el pequeño espacio de esta señal simbólica, por usar el lenguaje de la física, multiplica su energía, y la palabra, con esa plétora de vida concentrada en su interior, adquiere una gran fuerza".[5]

En el verso, las palabras adquieren una nueva dimensión. Sobrepasan los límites de su significado semántico y se convierten en carruajes mágicos para un viaje interior, para una exploración y un descubrimiento de nuestro propio ser, un viaje que realizamos en compañía del poeta y, sin embargo, completamente solos y sin distracción alguna.

---

[5] E. Papanoutsos, *Estética* [en griego], Atenas, 1976, pág. 117.

La diferencia que hemos indicado entre la poesía y la prosa con respecto al uso del material lingüístico se debilita cuando a esta última la recorre un intenso estremecimiento poético, o cuando la poesía coquetea con la prosa. Desde este punto de vista debemos imaginarnos poesía y prosa, como observó P. Claudel, como "los dos extremos de una línea en cuyo centro se extiende una amplia zona imprecisa".[6]

El crítico inglés I. Richards adopta una tesis paralela, pero no idéntica, con respecto al uso del lenguaje por parte de la prosa y de la poesía: "En el caso de la prosa, escribe, el objetivo del lenguaje es mostrar las cosas con exactitud, la sucesión de los hechos y las relaciones lógicas entre los objetos. En la poesía, el objetivo es exteriorizar una disposición psíquica, una emoción".[7] Me limitaré a indicar que aquí se habla sólo del objetivo que persigue el lenguaje en estas dos formas de expresión y no de la manera de intentar conseguirlo. Podría realizar la misma observación acerca de una afirmación al respecto de I. Richards: "La poesía es la forma suprema del uso emotivo de la lengua".[8] P. Valéry sostiene, pero sin explicar tampoco el cómo, que "en poesía tenemos el lenguaje no de la verdad, sino de la creación. Con la palabra, el poeta no describe un acontecimiento, no aclara una relación, sino que construye, produce una situación".[9] Como un pequeño dios, añade E. Papanoutsos, "habló y se hizo".[10]

No resisto la tentación de citar en este punto un breve poema de la colección de un joven poeta argentino, Juan

---

[6] P. Claudel, *Positions et propositions*, París, 1928, pág. 419.
[7] I. Richards, *Principles of Literary Criticism*, Londres, 1927, pág. 57 y 216.
[8] *Ibid.*
[9] P. Valéry, *Littérature*, París 1929-1930, pág. 18.
[10] E. Papanoutsos, *op. cit.*, pág. 111.

Carlos Moises.[11] Estos versos están dedicados al conocido filósofo inglés Cummings, y se refieren a un pensamiento paralelo que formuló este último sobre la poesía:

Dos y Dos

A la poesía le preguntan cuánto
es dos más dos
y la poesía sacando
la cuenta con los dedos responde
cinco.
La poesía
no va a la escuela.

¿Lo mismo, sin embargo, no quería decir G. Seferis al afirmar que "la lengua que hablo no tiene alfabeto", o Elitis cuando escribió que "a menudo, para seguir el camino recto en la poesía, has de tomar desvíos"?[12] De modo más cerebral expresa un juicio idéntico al respecto G. Babiniotis. Al lenguaje que resulta del peculiar uso poético lo llama *lenguaje en potencia*. "Un lenguaje que aprovecha las posibilidades que le ofrece al poeta el sistema lingüístico, esto es, combinar las palabras en contextos lingüísticos adecuados de tal manera que expresen significados que convencionalmente no manifiestan, pero que deberían y podrían significar".[13]

El poeta quiere decir lo inefable, tocar lo intocable, más allá del horizonte de la visión terrenal, y, como no puede decirlo con el lenguaje de la comunicación cotidiana, intenta significarlo (en el sentido que le da Heráclito a este término) recurriendo a un lenguaje insólito que llamaría herético. Un lenguaje que sorprende para suge-

---

[11] J. C. Moises, *Ese otro poema*, Rosario, 1975.
[12] O. Elitis, "Poesía y música" [en griego], en *Letras Eólicas* [en griego], Atenas, enero 1978.
[13] G. Babiniotis, *Lenguaje y literatura* [en griego], Atenas, 1991.

rir que no intenta tanto decir como oír su eco. Este uso radical del lenguaje alcanzó su punto más extremo en diversos movimientos poéticos modernos, llegando a un delirio de palabras con la escritura automática, a una simple yuxtaposición de sonidos en el letrismo y en el dadaísmo, o al silencio absoluto. Dos extremos dialécticamente relacionados de la misma técnica. En estos casos, que no son tan escasos, "la libertad de escritura –como dice G. Babiniotis– se confunde con el caos, cada uno puede entender todo y nada. El lenguaje triunfa y se autodestruye".[14]

"Aquí –escribe un pensador francés contemporáneo en referencia no por supuesto a esos fenómenos extremos, sino a lo que solemos llamar poesía abstracta– el lenguaje del poeta se parece a un cable eléctrico atravesado por una corriente eléctrica sobrecargada. No queda sino herrumbre, trozos de metal, pero se puede percibir, entre las cenizas, el paso de un relámpago. Así son las palabras del poeta, tristes restos que marcan el paso de la inspiración".[15]

Tomemos como ejemplo los siguientes versos del poeta O. Elitis:

> De las perecederas lágrimas descendientes
> Remeros de lagos vanos
> Dejamos la piel terrenal
> Y en el susurro de los árboles palpábamos
> Nuestras palabras
> Por última vez
> Ahora en nuestras frentes se nos avecinan
> estrellas.

---

[14] G. Babiniotis, *Lingüística y literatura* [en griego], Atenas, 1991 (2ª ed.), pág. 80.

[15] J. Onimus, *La Connaissance poétique*, París (sin año), pág. 80.

Leyendo o escuchando estos versos, sentimos que quieren decir algo, algo que sin embargo permanece maravillosamente enigmático y provocativamente desconocido. Algo que puede significar cualquier cosa para mí o para los demás, y que es y se refiere a lo desconocido...

Los intentos por acceder comparativamente a estas dos formas del uso artístico del lenguaje parten, la mayoría de veces, de una definición que hace referencia al contenido de los términos *poesía* y *prosa*. Este intento de formular una definición predetermina –si no la finaliza de alguna manera– toda la empresa, ya que la delimitación que se pretende alcanzar no puede ser realizada sino sólo con la comprobación y la aceptación de la diferencia *específica* que hay entre ellas. Es decir, se trata de buscar y aislar aquellos elementos que pertenecen única y exclusivamente a una u otra forma del uso artístico de la palabra.

La pregunta *qué es poesía*, que por supuesto incluye dialécticamente la correspondiente pregunta *qué no es poesía* dentro del fenómeno más general del arte de la palabra, no tiene una respuesta en absoluto fácil. Esta respuesta es aún más difícil si tenemos en cuenta que la definición buscada hace referencia a conceptos que, como todos los que pertenecen al mundo del Arte, se extienden por una dimensión que sobrepasa los límites del frío acceso racional.

Un pensador griego ha sostenido que, ya que las definiciones de poesía, como sucede con todas las definiciones, derivan de considerar y codificar el material poético existente, y puesto que sus márgenes son inagotables, siempre habrá nuevos elementos en los que podrán basarse nuevas definiciones y nuevas teorías.

Con esta última observación, a la que llamaría catalítica, me temo que me es difícil estar de acuerdo. Los diversos géneros poéticos, las diversas normas, las diversas técnicas y, en general, los diversos accesos a la poesía, no transforman su sustancia. La poesía es una en todos sus géneros, más allá de todas las formas e independientemente de los horizontes técnicos y también teóricos (filosófico-estéticos) en los que se ha movido, se mueve o se moverá. El hecho de que la creación poética se produzca sin interrupción –como ocurre, por lo demás, con todas las artes– no impediría determinar qué es poesía si el Arte en general, y por supuesto también la poesía, no contuviera aquel elemento indeterminado que impide circunscribirla en límites racionales.

No intentaré aquí definir la prosa literaria ni por supuesto la poesía, ni mucho menos inscribirlas de manera estricta en límites infranqueables. Por otro lado, el estudio de las numerosas definiciones formuladas hasta ahora me convence de que todas ellas se parecen a las estatuas antiguas de nuestros museos. ¡Las admiramos por su perfección, pero siempre les falta algo!

Existen, por supuesto, características que a menudo predominan en una u otra forma de expresión mediante la palabra artística. Estas permiten una primera investigación acerca de la indudable diferencia que las separa. Ya me he referido muy brevemente a algunas de estas características. Hay más, pero los límites se confunden, por ejemplo en las canciones en prosa, donde la poesía coquetea con la prosa, y en la lírica *escritura llana*, donde sucede lo contrario, como en el Cantar de los Cantares, en los textos sublimes del Antiguo Testamento, en los autores latinos cristianos de los siglos III y IV, en Cicerón, etc.

Como he intentado mostrar antes, el modo especial de usar la palabra en el verso, no tanto por su contenido semántico como por su calidad estética –calidad configurada por su carga emocional interna y por elementos exteriores (materiales), por ejemplo sonido, tono, sílabas, posición en el verso, aliteración, coexistencia con otras palabras, etc.-, es lo que diferencia, *desde el punto de vista del medio expresivo*, la poesía de la prosa.

Tomemos como ejemplo una frase como la que sigue: cada momento que vivimos, cada paisaje, cada vivencia, adquiere su importancia y su color a partir de nuestra disposición interior, de cierto reflejo interior. Esta frase expresa un pensamiento con el que cualquiera puede estar o no de acuerdo pero que de ninguna manera funciona estéticamente, ni cuando la decimos ni cuando la escuchamos. Y que no nos digan que ello ocurre porque nuestra frase contiene un juicio indiferente, frío. Exactamente lo mismo contienen los versos de un pequeño poema mío del que tan sólo cito los primeros y los últimos:

> Y soplaba la brisa
> aliento fresco
> se deslizaba la barca
> y reías tú.
> ....
> Viaje, quién sabe,
> ¿iremos de nuevo?
> La barca aguarda
> ¿Dónde estás alegría?

Aquí considero -yo al menos- que, por el contrario, tenemos un uso emotivo del lenguaje, y que el mensaje vestido de forma poética excede los límites de una fría constatación para volar a un espacio inmenso donde produce en cada uno de nosotros un pensamiento menos limitado y definido, pero mucho más amplio, tan amplio que no puede caber en una formulación prosaica.

Refiriéndose a Soarez, quien escribió el año 1921 en la *Revue Musicale* que "la poesía es una música donde la idea se convirtió en sentimiento", E. Papanoutsos observa acertadamente que también ocurre lo contrario, esto es, que con la poesía el sentimiento también se convierte en idea.[16] Ello significa que la poesía, tal y como sucede con el arte en general, se mueve en un espacio en el que convergen y están en armonía todas las fuerzas psíquicas que componen nuestra vida emocional.

En este punto tal vez deberíamos abrir un paréntesis para echar un vistazo a una cuestión de la que se ha ocupado durante siglos la rama estética de la filosofía: la relación entre el contenido del poema –es decir, su tema– y su forma. ¿Qué es más importante? ¿Qué es lo que proporciona valor al poema? Más allá del problema del sentido filosófico del valor en sí mismo, del que se han ocupado –y se ocupan aún– los filósofos, y sobre el cual no me manifestaré, ya que ello nos apartaría mucho del tema del presente estudio, es evidente que la evaluación comparativa entre el contenido y la forma del poema remite a la cuestión antiquísima y más general de la supremacía de la materia o de la forma. Como es sabido, desde la antigüedad los filósofos se han dividido en dos bandos contrarios que intentan, cada uno de ellos, subrayar e iluminar sólo uno de los dos puntos de vista.

También se ha defendido un punto de vista, que llamaría sintético, admitido por E. Papanoutsos,[17] quien escribe al respecto: "Consideramos la distinción entre contenido y forma como una superstición, y la hemos inscrito en el pasivo de la antigua estética dogmática. Una investigación más profunda y una experiencia artística más rica nos han convencido de que, en toda obra de arte auténtica, ambos, contenido y forma, pertenecen al mismo orden creativo primigenio e indivisible, y de que, en consecuencia, ni el contenido de una obra de arte tiene existencia estética independiente de la forma en la que ha sido concebido ni la forma, separada del contenido,

---

[16] E. Papanoutsos, *op. cit.*, pág. 139.
[17] E. Papanoutsos, *op. cit.*, pág. 63-64.

puede darnos con plenitud la impresión estética completa. La forma no envuelve al contenido como si fuera un simple vestido; lo configura, y de algún modo es un elemento orgánico sustancial de este".

Difícilmente no se podría estar de acuerdo con estos pensamientos, expuestos, además, desde el punto de vista estético del que derivan. En otras palabras, vemos la obra de Arte –y en este caso, en concreto, el poema– como un texto que escribió el poeta y que nosotros intentamos disecar, analizando sus componentes esenciales: contenido, forma y otros elementos que la configuran. Ello significa que damos por hecho que la obra de arte (el poema) se concluye cuando el poeta pone el punto final en el último verso y que, en consecuencia, tenemos en nuestro microscopio filosófico un objeto acabado e inmutable para la observación y el análisis. Por el contrario, cuantos creen –y con ellos el autor de estas líneas– que en su quintaesencia la obra de Arte (el poema) se compone además de un tercer elemento, sobre el cual hablaremos a continuación, y que ante todo es una creación continua y sin fin, nueva y probablemente diferente en cada contacto estético suyo con el hombre, con cada hombre, llegarán sin ningún esfuerzo a la conclusión de que tal vez el problema no se ha planteado correctamente.

En este punto debería añadirse que el poema, como ocurre con cada obra de arte en general, no nace sólo de la combinación de significado y forma. Es necesario además otro elemento: la disposición estética. Es evidente que esta existe siempre en el momento de la creación, pero no es inmutable ni uniforme en cada uno de sus contactos con el receptor, con el lector, espectador u oyente; en otras palabras, cuando la obra de arte se completa y hace justicia a su existencia. Si tomamos en nuestras manos el Infierno de Dante y nos ponemos a contar las palabras y las sílabas que contienen los versos, tal como haría un tipógrafo que preparase una paginación del texto, o si nos ponemos a pesar y medir una obra de Boticelli, como haría alguien a quien hubiésemos encargado transportarla de manera segura, ni la forma, ni el contenido, ni la síntesis de ambos crearían el momento estético. Faltaría ese tercer factor imponderable, pero tan inevitablemente necesario, del momento estético, lo que llamamos *disposición estética*. Esta disposición estética, como función psíquica, es un fenómeno obviamente universal que varía en irisación y reverberación según las circunstancias. El hecho de que sea estética, y en consecuencia uniforme en cuanto a su dinamismo, no significa que deje de ser disposición en su esencia, es decir, condición psíquica, con el flujo perpetuo, las ondulaciones y las fluctuaciones de la intensidad emocional que la caracterizan pero que no constituyen su esencia. Esta disposición estética colorea de modo diferente los estímulos en una misma persona, dependiendo de su situación psíquica, y en personas distintas, dependiendo de la cultura, del momento histórico, del ambiente económico y político y de muchos otros factores.

Así pues, es bastante difícil, si no un esfuerzo vano, intentar evaluar comparativamente los elementos sintéticos de un poema, puesto que, al menos dos de ellos, a saber, el significado y la disposición estética, no son estables ni se dan por supuestos. En cada situación, en cada persona, el mismo poema significa y dice algo más o menos diferente. Esto no es un defecto, sino, por el contrario, la gran ventaja de la poesía. Esta no delimita, como hace la ciencia, no analiza, no clasifica, no atrinchera significados o ideas, sensaciones y emociones simples o compuestas, como la alegría, la pena, el odio, el amor, el miedo, la admiración, etc. Al contrario, libera todas las fuerzas psíquicas y espirituales y les permite entrelazarse en combinaciones inefables que tienen la fluidez y la fuerza del torrente o del mar en furor. "Los versos no son, como creen los hombres, sentimientos (estos se tienen bastante temprano), sino experiencias". Cito de un estudio de A. Fouriotis,[18] quien remite a las notas siguientes de Reiner Maria Rilke:

> Para escribir un solo verso, hay que ver ciudades y cosas, conocer los animales, el vuelo de los pájaros, los gestos que hacen las flores cuando abren sus pétalos al alba. Ha de poder regresar con su recuerdo a calles de barrios desconocidos, a encuentros inesperados, y a despedidas olvidadas desde hace tiempo, a días de la infancia, envueltos aún en la niebla (de lo pasado)... A enfermedades infantiles que comienzan extrañamente con tantas serias transformaciones, a días en los que se encerró en habitaciones silenciosas y aisladas, a mañanas en las costas, al mar mismo, a océanos, a noches en que viajaba en lo alto y volaba entre las estrellas... Y no basta que piense en todas estas cosas. Aún han de venir recuerdos de muchas noches de amor, cada una particular y diferente a las demás, gritos de mujeres que dan a luz o lloran en la cama del dolor de su hijo. Y aún tendrá que haberse encontrado cerca de un moribundo, haberse sentado al lado del muerto, en una habitación con las ventanas abiertas y con sonidos extraños. Y no basta con tener recuerdos. Ha de poder olvidarlos cuando son muchos y tener una gran paciencia para esperar que regresen. Porque lo que importa son las memorias. Sólo cuando se convierten en sangre dentro de nosotros, mirada y gesto, anónimas e indistinguibles ya para siempre de nosotros mismos, sólo entonces puede suceder, en un momento muy extraño, que surja entre ellos la primera palabra de un poema y que avance más allá.

Sobre estos pensamientos trata el siguiente poema, publicado en mi colección *Eterno y fugaz:*

---

[18] A. Fouriotis, *Acerca de la poesía de Vasilis Vitsaxís* [en griego], Atenas, 1977, pág. 21.

Todo junto y mezclado

Al caer lentamente la tarde
la cortina de lila dorado
los recuerdos me atrapan uno por uno
conduciéndome de la mano
a los lugares del alma
que el resplandor del día había descolorido.
¡Cuánto se parece al amanecer la tarde!
Sed por lo que apareció primero
sed por lo que se va
todas las cosas viejas son nuevas
cubiertas por el polvo del tiempo.
En la antigua higuera
(cuántas veces, con indiferencia,
he pasado por delante de ella)
reencontré el pasado temblor
de sus hojas
y vi del todo abierta como entonces
la temible palma del dragón
asomarse aterciopelada de hierro
por la mano de la rama
con el paso del viento.
Como antes me pregunté
¿Qué enloquecido gigante sopla?
¿Adónde van las nubes?
¿Adónde corren los pájaros?
Y como el abuelo ya no estaba
no obtuve respuesta
¿Qué pasa cuando el fuego se apaga?
Las margaritas hermanas del sol
las luminosas mariposas
los dulces ciruelos y las fragantes
alfombras de las camomilas
vi y degusté y olí de nuevo

y era como si pasara por primera vez
el sendero del pueblo
mil veces recorrido.
Qué alto de nuevo, me pareció,
el campanario de San Juan
que extraño eco en la iglesia
los salmos que olían a incienso.
Vastos claros de estrellas
jardines repletos de flores
palabras ocultas
la caricia alada del beso robado
pómulo enfebrecido
si fuera solo timidez
la hierba en las primeras lluvias
que olía a escuela
y la quema de la nieve
que encogía los dedos
como la cara arrugada
de la tía Kakourí.
Todo junto y mezclado
como ruidosa colmena.
Sonidos que se volvieron colores
olores que se volvieron temores
lugares que se volvieron personas
momentos que se volvieron sabores
todo junto y mezclado
como extraño en el brillo del sol
otra vez mío al atardecer.[19]

He escrito antes que el problema no ha sido planteado correctamente, puesto que el poema existe en la síntesis y por la combinación de muchos elementos variables: la disposición estética, el significado e incluso su propia

---

[19] V. Vitsaxís, *Eterno y fugaz* [en griego], Atenas, 1977, pág. 30.

forma, que cambia en una traducción acertada. El poema se encuentra más allá del contenido y de la forma que tiene el texto. Existe, como ocurre con toda obra de Arte, en un espacio de otra dimensión, inmenso e indeterminable, un espacio en el que entramos sin brújula y con temor, y que se asemeja, si no se identifica, con la presencia muda característica de un instante de oración.

Es verdad que el texto del poema tiene contenido y forma. En esta cuestión estoy completamente de acuerdo con los partidarios del punto de vista sintético, es decir, con quienes afirman que significado y forma se mezclan inseparablemente durante lo que llamaría *la primera etapa* de la elaboración creadora en el laboratorio psíquico del poeta, en el momento en que el sueño se transubstancia en fonema. Pero la creación continúa su trayecto, mejor dicho, llega a su cumplimiento en cada momento estético del disfrute. Creo que sólo en ese momento el Arte encuentra su cumplimiento y su justificación, cuando, tal como escribí en unos versos míos, *mil fuegos encenderán la primera chispa...*[20] Entonces, contenido y forma, en una combinación cada vez diferente, en el polícromo clima de la disposición estética, según el receptor, el momento y el ambiente cultural, llegan a ser tan fluidos y tan imprecisos que sólo queda el cuerpo poético de la obra, para continuar su benéfico destello en el espacio y en el tiempo.

Así pues, creo que contenido y forma no tienen existencia estética propia y que sólo los dos unidos, como en una síntesis química, y junto con la disposición estética, que desempeña un papel de catalizador, como la luz blanca que deriva de la mezcla de los colores del arco iris, crean el fenómeno estético. Todo ello, sin embargo, con la reserva de que no hablamos de un contenido o forma

---

[20] V. Vitsaxís, *op. cit.*, pág. 73.

concretos, ya que creemos que ambos son fluidos y difieren entre sí en mayor o menor medida en la irradiación del verdadero poema.

La relación de la poesía con la palabra tiene una particularidad digna de atención. Usando una imagen muy lograda del libro de Day Lewis y Yves Peres os invitaré a tomar en vuestras manos, al pasear por la arena de la orilla del mar, una vieja moneda de bronce que haya perdido su brillo por el uso y el paso del tiempo. Frotadla sobre la arena húmeda. La veréis resplandecer como el día en que salió de la casa de la moneda. La poesía hace con las palabras lo que la arena húmeda con la moneda. Palabras usadas innumerables veces brillan y resplandecen como si se ofrecieran o se oyeran por primera vez.[21]

K. Palamás usa la misma imagen: "Los poetas, escribe, se complacen en descubrir palabras".[22] Y G. Themelis escribe: "La poesía da a las palabras triviales, trilladas por el uso, el brillo de una moneda nueva".[23]

Un autor alemán casi contemporáneo, Karl Kraus, escribió: "Mi lengua es una prostituta mundial a la que he de hacer virgen", y E. Papanoutsos afirma al respecto: "La necesidad de entenderse fácil y rápidamente hizo que el hombre plantara por convención una barrera ante las innumerables resonancias de las palabras en su conciencia. El hombre práctico ciñó y fijó cada palabra sobre un determinado significado tomado de su uso principal en la vida colectiva. A partir de entonces cada palabra significa tan sólo esto y nada más. Fue una amputación por supuesto inevitable, pero también innatural, que le dio al lenguaje exactitud, pero también

---

[21] C. Day Lewis y Y. Peres, *Poésie pour tous*, París, 1953, pág. 27.
[22] K. Palamás, *op. cit.*, pág. 287.
[23] G. Themelis, *Nuestra poesía moderna* [en griego], Atenas, 1967, pág. 174.

lo condenó a una gran pobreza expresiva. Las palabras han sido drenadas y desecadas. El poeta acude para salvar la lengua de esta inflexibilidad mortal".[24] No creo que este análisis, al menos tal como está formulado, se corresponda con la realidad de las cosas. El sentido de las palabras no fue restringido por una preocupación práctica ni por un acuerdo social. Las palabras, por su naturaleza como instrumento de la mente y de la expresión, fermentadas con la vida misma, tienen dos funciones a las que les corresponden dos cargas: la semántica, que se encuentra en cualquier diccionario, y la emocional-semasiológica, que anida profundamente en la conciencia de cada persona y la hacen distinta en matices como las huellas dactilares distinguen a una persona de otra. Sobre la carga semántica y emocional de las palabras he hecho alguna alusión refiriéndome a la palabra *río*. Añadiré aquí otro ejemplo en el que ambas cargas se diferencian por un elemento aparentemente externo. La palabra de origen griego *bóreas* significa para todos "viento que procede del norte", y emocionalmente alude a un viento molesto desagradable y frío. Ello es así para quienes han formado sus experiencias y su mundo psíquico en el hemisferio norte. Para quienes viven en el hemisferio sur, en cambio, el bóreas (viento del norte) es un viento cálido y húmedo, mientras que viento que viene del sur, es decir, el que viene del Polo Sur, es helado y salvaje. Hace años, en Argentina, adonde me había trasladado por motivos profesionales, un poeta me propuso traducir algunos versos míos, y me encontré frente a este problema. Se trataba de la traducción, entre otros, de un pequeño poema mío con el título "Venganza".

---

[24] E. Papanoutsos, *op. cit.*, pág. 117.

> Por la noche
> el bóreas le habló mal
> al almendro en flor
> y este, que no sabía
> decir palabras amargas,
> inclinó la cabeza al amanecer
> y murió...
> por venganza.

Al escribir *bóreas* no quería seguramente referirme a la procedencia geográfica del viento, sino al sentido vivencial que tiene para mí la palabra, ligada, desde mi infancia, a aquel mal viento "que hiela los corderos", como lo describe un conocido poema griego de mi infancia. Además, veía el almendro sentimentalmente como un símbolo propio del recato y la modestia femenina (el árbol almendro es femenino en griego), mientras el almendro en español es masculino y, por supuesto, no remite a la debilidad.

Tales factores de diferenciación de la carga semántico-emocional (vivencial) de la palabra son obviamente muy numerosos, como el momento histórico, la religión, etc. Sin embargo, estoy de acuerdo con E. P. Papanoutsos cuando extrae la misma conclusión y escribe: "La gran fuerza del poeta, así como su debilidad, se revela en las palabras. En ellas llevará a cabo su gran batalla y en ellas es donde triunfará o será vencido". A mi parecer, y desde este punto de vista, la poesía es y ha de ser una recreación eterna del lenguaje que le abra nuevos horizontes de conquista y nuevos caminos de investigación.

¿Para qué sirve la poesía?

Esta cuestión, por extraña e ingenua que nos parezca, es real. La plantearon filósofos en la antigüedad, pero también en época moderna con otra formulación, tal vez menos intensa pero con el mismo sentido. Las respuestas que se le han dado y que se le pueden dar son múltiples, ya que son muchas y diferentes las caras de la poesía y del lugar que ocupa entre otros fenómenos sociales. En lo que a mí respecta, prefiero estar del lado de aquel que, dejando las complicadas teorías, contestó con otra pregunta: ¿para qué sirve el arco iris? Simplemente es bello, y esta es una razón suficiente para su existencia, una razón realmente importante, si no la única, que puede realmente justificar la Creación y la existencia del universo: "Y vio el Señor todas las cosas que había creado, y eran todas muy bellas". Recordemos en este punto a I. Kant, quien sostuvo que si el mundo interior fuera claramente racional le bastaría sólo la lógica, pero puesto que también es en parte extrarracional –*absurdo* es el término empleado por Kant–, necesita la belleza.

La poesía, como todas las formas del Arte, constituye una manifestación de la insaciable sed del hombre por lo hermoso, por la verdad visible, como dijo Platón. Sin embargo, los ideales, a causa de su naturaleza trascendental, se encuentran en el infinito, y cualquier tentativa humana por alcanzarlos tropieza con las debilidades de su naturaleza perecedera. El poeta nunca logrará pintar con palabras el resplandor del fuego que arde en sí y encerrar en sus versos las voces no articuladas e inauditas que resuenan en su pecho en aquellas horas especiales que llamamos, por antigua costumbre pero incorrectamente, momentos de inspiración.

Con qué belleza expresa en sus versos el poeta Giannis Lotris esa vacilación que sienten todos los que sacrifican en el altar del arte, los que se esfuerzan por someter lo intangible, esculpirlo en mármol, encerrarlo en palabras-símbolos sobre el papel en blanco.[25]

---

[25] I. Lotris, *Poemas de aquellos días* [en griego], Atenas, 1935, pág. 7.

Piensa en silencio
no digas,
no escribas, nada
en el papel en blanco.
Tienes todavía una esperanza
de un poema sobrehumano.

Se pregunta retóricamente K. Meranaios: "¿Cuáles podrían ser los símbolos que pueden representar lo indecible, ofrecernos el absoluto o convencernos de la esencia que se nos sigue escapando?"[26] Sin embargo, sin estos versos el reflejo pálido de aquel resplandor, el eco lejano de las voces secretas que cantan en el pecho del poeta, se perderían para todos nosotros y para siempre. Todo poema, toda obra de arte en general, es, por este motivo, una *aproximación,* un *espléndido fracaso* en el esfuerzo por conquistar la perfección, perfección que no alcanzamos nunca, belleza absoluta e impecable que se nos escapa cada vez que intentamos tocarla. Es nuestro lejano objetivo, que siempre se nos escapa y que perseguimos incitados por ese furor divino que anida en nuestro pecho y nos conduce, a través de la oscuridad de la existencia terrenal, hacia valores eternos e imperecederos. El verdadero beneficio de esta incansable persecución no es la meta, sino el camino. No es la Ítaca de Homero, sino la Ítaca de Kavafis. Es el trayecto poético onírico que, aunque no alcance el ideal, promete su existencia en el infinito, en el lienzo inmaculado del caballete y en el mundo inmenso de la página en blanco.

Que la visión de la belleza perfecta retroceda en la niebla mientras avanzamos con los brazos extendidos hacía la Tierra de Canaán, la Tierra Prometida y los palacios del cuento. Que tropiecen los poetas con sus innatas

---

[26] K. Meranaios, *Física y poesía* [en griego], Atenas, 1970, pág. 116.

imperfecciones humanas y que caigan... El camino, la marcha misma, es lo único factible, el único objetivo verdadero. Si todos los poemas son fracasos, la Poesía no lo es.

A pesar de sus debilidades, los textos poéticos poseen una mayor fuerza de penetración y, desde varios puntos de vista, son más potentes y más efectivos que la prosa en determinados terrenos que podríamos caer en la tentación de situar en el espacio del intelecto. Este espacio es el que está relacionado con la búsqueda de la Verdad Suprema.

Algunos estudiosos han indicado, y creo que correctamente, que aquellos seres humanos extraordinarios que buscaron esa Verdad, grandes filósofos y místicos visionarios, no usaron la prosa para transmitir a sus congéneres las experiencias que sintieron al conseguir romper la barrera de la realidad aparente y tocar un rayo de la Luz eterna. Ello no es casualidad. El lenguaje poético, mejor dicho, el modo poético, tiene mayor flexibilidad y libertad de movimiento y puede llegar más allá del lugar encerrado por los límites de la prosa.

El investigador y filósofo alemán H. Zimmer definió acertadamente el pensamiento como "tácita conversación interior".[27] Por este motivo el pensamiento se limita y se define por el lenguaje; lo que no se puede expresar con este, no puede caber o, mejor dicho, no puede existir en el pensamiento corriente. En consecuencia, se necesita un intento especial por parte de la mente enfebrecida del amante de la Verdad Suprema para superar los límites de lo indecible, y entonces se necesitará otro intento, aún más grande, para llegar, tanto como sea posible, al mundo de la expresión verbal mediante la creación de una nueva palabra, la infracción de las normas gramaticales y sintác-

---

[27] I. Zimmer, *Philosophies of India*, Londres, 1951, pág. 23.

ticas e incluso de la propia lógica, es decir, algo que sólo la poesía puede lograr.

Con la emoción que provoca la poesía, con la calidez del alma y el impulso interior que crea, prepara al hombre para escalar las altas cimas de la mente. La euforia interior que crea el sueño poético ayuda a la mente a liberarse de las cadenas de la fría lógica y permite el vuelo a las esferas puras del despertar de la conciencia.

¿Son la rima y el ritmo elementos imprescindibles en la poesía?[28] Creo que esta cuestión, que ha sido debatida con intensidad, nace de un acercamiento erróneo al problema. En mi opinión, nada es imprescindible para la verdadera poesía excepto la poesía misma.

No intentaré determinar algo que por naturaleza propia es indeterminado y supera toda definición. Vale la pena recordar la ingenuidad fingida, pero también la profunda sabiduría, de Benedetto Croce, quien empieza con la pregunta "¿Qué es arte?" y contesta de inmediato: "Arte es aquello que todos saben qué es". Y prosigue: "Porque en verdad si por cualquier motivo no se supiera qué es, no se podría ni plantear la cuestión, ya que toda cuestión presupone cierto conocimiento del objeto de la pregunta nombrado en ella".

Esta frase, que recuerda a un sofisma, no está muy alejada de la realidad. Mientras que en el ámbito filosófico la cuestión sobre la naturaleza de la *poesía* –nombre que podemos dar no a un determinado arte, sino a todas las artes en general– permanece en suspenso ante el caos, como toda cuestión sobre la existencia, sobre cualquier existencia, cada uno de nosotros puede, sin grandes dificultades, reconocer la mayoría de veces como poético un texto dado. Las definiciones son inútiles cuando estamos en contacto directo con el cuerpo cálido de la poesía.

---

[28] Véase *supra*, "La herramientas sonoras del arte poético", pág. 139.

El reconocimiento puede producirse muchas veces sólo a partir de ciertas señales externas, como la peculiar estructura lingüística, el clima particular que proporciona y crea el ritmo de las palabras, etc.

Con respecto al ritmo, podríamos preguntarnos no si es imprescindible, sino qué papel desempeña en la magia de la poesía. Personalmente creo que el ritmo es un eslabón entre la poesía y la belleza, cuya esencia secreta es el ritmo. Si es verdad, como se ha escrito y como lo creo, que el Arte en general, es decir, la inagotable búsqueda de la belleza mediante la música, la danza, la pintura, la escultura, la arquitectura y por supuesto la palabra, no es sino un intento por poner orden en cierto caos, ese orden es *ritmo*. El flujo armonioso de las sílabas con la alternancia regular de los tiempos o acentos acuna y predispone el alma a aceptar significados de naturaleza distinta, poniéndola en sintonía con el ritmo desparramado por el universo, un pedazo del cual es nuestra vida misma, el pulso y los pálpitos de nuestro corazón.

Dios fue el primer poeta: creó y dio forma y ritmo al caos. La rima, que antiguamente era usada muy a menudo y ha sido abandonada tal vez de manera provisional, pero no por completo, desempeña, en mi opinión, un papel parecido y paralelo al del ritmo.

Finalmente, dos palabras acerca del poeta.

Ha de ser un guía. En este papel tendrá que buscar nuevos senderos, allí adonde no llega la luz de la cotidianidad, y tendrá que caminar por lugares oscuros. Pero ello no significa que él mismo tenga que ser oscuro. Deberá iluminar la oscuridad y no traer oscuridad a los senderos de la belleza. La oscuridad no añade nada a la poesía. Incluso en la espesa oscuridad de la noche, la fantasía poética deberá ser una diosa con los ojos bien abiertos.

7

Las fuentes de la poesía (el laboratorio secreto)

No cabe duda, creo, de que el *poema* es un intento del poeta por exteriorizar una vivencia interior intensa y comunicarse con su oyente desconocido o con su lector, el de hoy y el de mañana. "Mi voz", escribió un poeta griego contemporáneo, Engonópulos, "estaba destinada sólo para los siglos".

Se trata del ritual místico de la transustanciación del inefable mundo interior del poeta en cuerpo y sangre de palabras, palabras que se convierten, tal como escribe Chr. Malevitsis, en "cálices repletos de una bebida mítica, embriagadora". "No despreciéis, prosigue, a los que se embriagan con la bebida del mito. Si hay algo por lo que la vida vale la pena, es por la creación de esos embriagados".[1]

Esta experiencia interior no es un sentimiento simple o compuesto, sino algo nuevo, independiente y autónomo, que ha sido llamado inspiración o θεοπνευστία (inspiración de un Dios) y que en realidad está formado por las memorias, tradicionales y personales, así como por la rica imaginación creadora de mitos –o, por recordar a Platón, "creadora de ídolos" (*Sofista* 236 C, 266 D)– del poeta.

Pero sigamos un orden.

Sobre el papel de las memorias de todo tipo en el procedimiento poético ha hablado en particular W. Scherer,

---

[1] Ch. Malevitsis, *Filosofía y religión* [en griego], Atenas, Fundación Goulandris-Horn, 1985, pág. 91

quien ha subrayado la influencia decisiva que ejercen en el poeta y en su obra no sólo sus recuerdos personales, que componen el *lienzo* de su conciencia, sino también aquellos recuerdos colectivos del pueblo en el conjunto nacional al que pertenece. Cada poeta, sostiene W. Scherer,[2] hereda cierto material de formas expresivas y temas de las tradiciones de su pueblo al que llama *capital poético*. A este *capital* le ha dado el nombre de *heredado* (*Ererbtes*), y se le sobreponen aquellos otros que el poeta ha adquirido por *aprendizaje* (*Erlerntes*) o por *vivencia* (*Erlebtes*). Estos tres *equipajes* del poeta, según W. Scherer, pueden darnos la clave para entender y valorar la obra poética. Son analizados y estudiados por E. Staiger en su libro *Die Zeit als Einbildungskraft des Dichters*.[3]

Es ciertamente curioso que el profundo y puntilloso W. Scherer, o bien ignorara en gran medida el papel de la imaginación en la creación poética, o bien lo rebajara a la categoría de un simple derivado o secuela de la memoria. La única explicación reside en el hecho de que pertenece a la escuela del pensamiento histórico-positivista. Por lo tanto, experimentaba ciertas dudas ante los elementos interiores y, en consecuencia, difícilmente determinables, dirigiendo su atención y sus preferencias hacia los criterios exteriores objetivos y fácilmente distinguibles.

Sobre recuerdos personales y colectivos, pero paralelos y de igual valor en la inspiración y la voluntad como "ingredientes iniciales del poema", también habló K. D. Dimaras: "El recuerdo de un libro, una palabra, dos, que vienen y vienen una y otra vez, insistentemente, a la mente del poeta, un ritmo vacío de

---

[2] W. Scherer, *Geschichte der deutschen Literatur*, Berlín, 1883, pág. 164

[3] E. Staiger, *Die Zeit als Einbildungskraft des Dichters*, Berlín 1897, pág. 10-16

conceptos y de palabras que da vueltas en su interior y busca un vestido... Y, además, lo que ha vivido, lo que ha aprendido, lo que ha deseado".

No negaré la estrecha relación que existe entre la imaginación y el recuerdo, pero no creo que estos dos elementos fundamentales del fenómeno poético exterior tengan que ser vistos *sólo en interdependencia* entre sí, una interdependencia que es, además, desigual.

El recuerdo es *estético* por sí mismo, como dijo también J. Alain,[4] y un objeto nos parece bello "sobre todo porque nos recuerda a otro". Se podría decir, retóricamente, que "todo el fenómeno del arte es recuerdo".

Respecto a la fantasía, ese "ojo del alma", como acertadamente ha sido llamada, que pertenece por excelencia al terreno poético, hemos de señalar que es el principal elemento que expresa pero también hace realidad la *libertad* que caracteriza y ha de caracterizar al Arte en general. Por otra parte, en las corrientes poéticas más recientes, por ejemplo el surrealismo y otros movimientos modernos, nos hallamos ante el requisito de desvincular la fantasía de cualquier limitación. Una fantasía verdaderamente rebelde que destruye todo contacto con lo *real* para moverse en un mundo elíptico, lejos de todo tipo de fronteras o barreras.

Recuerdo y fantasía se entrelazan interior y profundamente hasta tal punto que resulta imposible que puedan existir por separado.

En referencia a los pensamientos del poeta nacional griego D. Solomós, K. Palamás escribió: "La fantasía no es sino el recuerdo en su máxima intensidad".[5] Es imposible, por ejemplo, traer algo a nuestra memoria, pensar en algo, sin imaginárnoslo. También es imposible imaginarnos

---

[4] J. Alain, *Propos sur l'esthétique*, París, PUF, 1959, pág. 23.
[5] K. Palamás, *Obras completas* [en griego], Atenas, Govostis, vol.2, pág. 491.

algo de cuyos elementos al menos estructurales no disponemos en el depósito de la memoria

Así pues, el alma se encuentra siempre en el primer escalón de la creación poética (artística), y con razón S. Kierkegaard definió al poeta como "genio del recuerdo" ("genie du ressouvenir"),[6] y P. A. Michelis como "acumulador de vivencias".[7] Por otro lado, el importante papel del recuerdo en la creación artística fue reconocido y subrayado por la antigüedad griega, que llamó a la memoria "madre de las Musas".

"Sabía –escribe D. Apostolopoulos en referencia a la poesía de Solomós– qué tesoro de recuerdos e impresiones tiene que concentrarse en el mundo anímico antes de que surgiera el primer verso".[8]

Sin embargo, por sí sola la memoria, en colaboración con la imaginación figurativa que la hace realidad, no es suficiente para funcionar artísticamente. Se necesitará un elemento más para transformarla en palanca de creación poética. Este elemento añadido es la liberación de la dinámica del recuerdo y su deambular por los lugares de la llamada fantasía creativa. Esta última ha sido llamada unas veces *substractiva*, cuando en su dimensión creadora borra de la memoria determinados elementos, y otras veces *aditiva*, cuando añade a estos elementos ingredientes tomados de otras experiencias ajenas o incluso nuevos conocimientos. A veces también ha sido llamada *unitiva*, cuando resta unas cosas y añade otras para proyectar su nueva creación.

---

[6] S. Kierkegaard, *Crainte et tremblement*, París, PUF, 1862, pág. 16.
[7] P. A. Michelis, *Teoremas de estética* [en griego], Atenas, 1971, vol. 1, pág. 92.
[8] D. Apostolopoulos, *Filosofía y arte* [en griego], Atenas, Ekdoseis ton filon, 1976, pág. 40.

La fantasía creativa supera la realidad aparente y se atreve a explorar los espacios del *más allá*. Fragmenta los datos de la memoria y construye con sus pedazos lo *otro* ("ex speciebus primo conceptis alias formare", como dijo Tomás de Aquino). "Así fue creado una vez un ángel –escribe I. Evangelou– o una esfinge, así nació un centauro, una quimera, así se formo una gorgona, una nereida".[9] Es una visión interior que, tal como escribe J. Onimus, "llega hasta la dinámica oculta de las cosas y del corazón, al lugar donde desaparecen el espacio, el tiempo y la línea divisoria de demarcación entre el mundo interior y el exterior".[10]

Estos espacios no geométricos, así como la falta de temporalidad en la que se mueve la fantasía creadora del poeta, han generado a menudo críticas injustas contra la obra poética cuando esta es comentada en el marco de la lógica serena. Tal como ha escrito al respecto S. Langer, "las leyes que gobiernan la creación poética no son las de la lógica discursiva (*discursive logic*), sino las de la fantasía".[11] Estas últimas gobiernan todas las bellas artes, pero el discurso poético es el espacio en que la diferencia respecto a la lógica discursiva es perceptible con más intensidad, ya que el artista utiliza formas lingüísticas que obedecen a leyes del discurso, pero al mismo tiempo las utiliza en un nivel distinto de significado. Ello constituye el drama, pero también la *grandeza*, de la poesía. El poeta está obligado a utilizar un material, las palabras, descarnadas por su uso en la lógica cotidiana, y

---

[9] I. Evangelou, *Investigaciones filosóficas* [en griego], Atenas, Dodoni, 1976, pág. 100.

[10] J. Onimus, *La Connaissance poétique*, París, Desclée de Brouwer (sin año), pág. 188.

[11] S. Langer, *Feeling and Form*, Nueva York, Ch. Scribners and Sons, 1953, pág. 232.

debe transformarlas mediante su arte en mágicas trompetas ocultas que despertarán las memorias y prenderán la fantasía.

Así pues, el recuerdo y la fantasía creadora son dos procesos psíquicos que se entrelazan interiormente y se complementan mutuamente, constituyendo el cimiento o el presupuesto de la creación poética. Pero no bastan para traer al mundo el poema. Se necesita otro elemento que, aun siendo de una naturaleza difícil de determinar, desempeña un papel decisivo en la creación poética. A menudo se le llama *inspiración*, pero también *intenso deseo creativo* y *momento oportuno*, según el punto de vista desde el cual lo examine el pensamiento estético.

Lo que a menudo, pero ya sin base alguna, se llama *inspiración*, esto es, soplo de Dios o, según E. Moutsopoulos, *concepción espermática*,[12] es un suceso psicológico extraordinario, a menudo de duración breve y especialmente intenso en cuanto a su carga emocional, que se proyecta en la conciencia del artista (poeta) sin que intervenga la Razón. Crece en el interior del subconsciente como un resplandor: con una frase, una palabra, un ritmo o "con la forma indeterminada de una sombra", tal como dice K. Palamás.

En referencia a la inspiración, K. Dimaras ha escrito que "la provocación es a menudo mecánica. Así pues, una frase, una parte de una frase, una palabra, bastará para organizar a su alrededor el poema, de la misma manera que un pequeñísimo cuerpo sólido basta para formar a su alrededor una perla".[13]

Pero la mayoría de las veces la *inspiración* es el resultado de una fermentación y maduración exterior que se

---

[12] E. Moutsopoulos, *Problemas filosóficos* [en griego], Atenas, 1971, vol. 1, pág. 328.

[13] K. Dimaras, *Ensayo sobre la poesía* [en griego], Atenas, 1990, pág. 52.

produce en los laboratorios del santuario del alma sin que el artista sea consciente de ello. "El proceso de creación (poética) –ha escrito E. Moutsopoulos– puede ser comparado a un delirio".[14]

"El vacío que precede a la creación –escribe G. Jean– se llena de repente de algo así como un milagro verbal. Sin embargo, ese primer verso, el que es dado por los dioses, no es un milagro, sino la repentina cristalización de una larga espera. A veces ese primer verso es cierto ritmo, no un significado".[15] "La inspiración –ha escrito M. Dufrennes– es sustancialmente un fenómeno de admisión, y en consecuencia tenemos derecho a preguntarnos qué es lo que inspira, qué es ese *otro* que provoca al poeta y que viene a habitar en él y a hablar con su voz". Una primera respuesta, aunque oscura, nos la dan los poetas de la antigüedad. Dicen que es la Musa.

Vale la pena prestar atención a esta respuesta, ya que, como dice Heidsieck (*L'Inspiration*), el hecho de refugiarnos en la imagen metafórica de la Musa traiciona el intenso sentimiento de distancia que separa al artista del hombre común. La Musa es símbolo de trascendencia, y la inspiración es ese *otro* que la provoca.

Pero ese otro, ¿es algo externo, fuera de la propia alma del hombre, o, como enfáticamente, y creo que con acierto, sostiene J. Maritain, ese otro elemento idólatra, externo y ajeno al alma, no tiene derecho a existir, y lo único que existe es la experiencia poética y la intuición en el interior del alma? ¿Qué es, en fin, la Musa?

La clave de la respuesta tal vez se encuentre, como cree J. Duchemin (*Pindare, poète et prophète*), en la raíz etimológica μεν, en μένος (furor), por lo que la Musa sería hija de la μανία (arrebato), como creen hoy día muchos filólogos.

---

[14] E. Moutsopoulos, *La Mise et l'enjeu*, París, Vrin, 1991, pág. 205.
[15] G. Jean, *La Poésie*, París, éd. du Seuil, 1966, pág. 96.

La naturaleza dionisíaca de la inspiración, ese *quid divinum*, la distingue claramente de otros dos fenómenos psíquicos *apolíneos*, paralelos y emparentados: el recuerdo y la imaginación reformadora. También la distingue el hecho de que, en contraste con estos últimos, que son realidades y vivencias del pasado, la inspiración proyecta algo nuevo. Sin embargo, la diferencia con respecto a la fantasía creadora no es tan intensa. Por supuesto a la inspiración le sigue a menudo una particular carga emocional, una exaltación anímica. Esta tiene sed de lo *nuevo*, de lo que se conoce por primera vez, y extiende sus alas para llegar a las fuentes "que desprenden miel", sobre las que habló el Sócrates platónico (*Ion* 534 B). Se encuentran en lo alto, en los "jardines de las Musas", que guardan celosamente las llaves de esas fuentes. Sólo la inspiración, el aliento poético y la intensidad psíquica que la caracterizan, permitirán al hombre-poeta caminar por los espacios celestiales de aquellos jardines, volar como las abejas por sus bosques floridos y traer poemas a la tierra.

"No está de moda hablar de Musas y de inspiración", escribe M. Thiry.[16] "Sin embargo, los poetas reciben visitas de ángeles. Entre estos mensajeros celestiales hay aquellos que llevan al poeta la anunciación sustancial, esa emoción arquetípica de la que nacerá el verso, y a partir de ahí, si Dios quiere, el poema. Esos ángeles provienen de las esferas del misterio, de espacios etéreos, con el mandamiento de mediar entre el poeta y el discurso articulado, esto es, la palabra".

El poeta místico P. Emmanuel cree que la inspiración habla "dentro de la oscuridad que ofrece el silencio".[17] Escribe: "Viene hacia ti desde lo más profundo de ti

---

[16] M.Thiry, *Le Poème et la langue*, Bruselas, La Renaissance du Livre, 1967, pág. 129.
[17] P. Emmanuel, *Le Goût de l'un*, París, éd du Seuil, 1963, pág. 96.

mismo, y antes de revelarse adquiere voz, una voz extraña que, más que oírla, la presientes, una ruptura del silencio llena de ansiedad que no sabe qué quiere decir, ni siquiera si quiere decir algo... Pero quiere hablarse a sí misma. Así, al principio el mensajero que precede a la voz no es sino un estremecimiento en el espacio (interior), algo así como un fragmento más espeso de la noche que se separa poco a poco de ella, una forma indefinida que se transforma en cara, cuerpo...".

Recuerdo, fantasía creadora e inspiración combinados entre sí –tres procedimientos psíquicos cuya naturaleza y papel hemos intentado investigar, seguramente de manera muy superficial pero suficiente para los objetivos de este escrito– constituyen la fuente de la que bebe el poeta. Los tres juntos son algo así como una *materia prima* inmaterial, fragmentaria, sin forma, que requerirá mucho esfuerzo –"χαλεπὰ τὰ καλά" ("lo bueno es difícil"), recuerda Platón en su *Hipias mayor* (304 C)–, así como la intervención de la conciencia del poeta, e incluso de su pensamiento y su conocimiento técnico, para que nazca el poema *acabado*. El poeta combina el pensamiento con el sentimiento y, como dijo K. Palamás, "construye su palacio por encima de las fronteras del mundo noético, del mundo conceptual y del mundo sensible".[18]

A todo esto, es decir, a la memoria, la fantasía y el recuerdo, hay que añadir el juicio crítico, el *gusto estético* del auténtico poeta que en su pensamiento transustanciará la fugaz inspiración en *cuerpo y sangre* orgánicos, antes de que se convierta en verso y sea ofrecido al hombre para que participe en el misterio poético.

Escribe al respecto P. Claudel: "Con la percepción crítica (*intelligeance*), el poeta, que la mayoría de veces no recibe de la inspiración sino sólo una visión imperfecta,

---

[18] K. Palamás, *op. cit.*, pág. 459.

una exhortación o una palabra enigmática y amorfa, llega a ser capaz, mediante una búsqueda enérgica y atrevida, con una investigación estricta de los materiales (que tiene a su disposición) y con el rechazo de todo prejuicio ante el objetivo, de componer un mundo cerrado en el interior de sí mismo, cuyas partes orgánicas están conectadas entre sí mediante relaciones orgánicas y analogías inseparables. La crítica es algo así como una vertiente negativa de la creación".[19] Una gran parte de la creación poética ya ha sido ejecutada, como decía Y. Peres,[20] antes de que el poeta agarre la pluma.

Paul Valéry, según escribió F. G. Lorca,[21] afirmaba que "el estado de inspiración no es adecuado para componer un poema". Aunque creo en el don divino de la inspiración, me parece que Valéry se encuentra en el camino correcto. Hay que dejar que la visión de la Idea se calme y se aclare. Creo que ningún gran artista trabaja en estado *febril*. Incluso los místicos no trabajan sino en el momento en que la paloma del Espíritu Santo abandona su celda para perderse entre las nubes. Se regresa de la inspiración como se regresa de un país extranjero. El poema es la narración del viaje. La inspiración proporciona la imagen sin su vestido. Para que alguien la vista, ha de observar con calma, y sin la peligrosa pasión, la calidad y la sonoridad de la palabra.

Es significativa la siguiente confesión *de profundis* de R. Caillois: "A menudo he trabajado durante toda la noche sin que un solo verso haya quedado al amanecer. Otras veces, en horas de indolencia y descanso, han nacido en mi interior, sin darme cuenta, mis versos

---

[19] P. Claudel, *Positions et propositions*, París, Gallimard, 1928, pág. 163.
[20] Y. Perez, *Poésie pour tous*, París, Seghers, 1973, pág. 71.
[21] F. G. Lorca, "L'Image poétique chez Don Luis de Gongora", en *Art Poétique*, París, Seghers, pág. 560.

más bellos. Y sin embargo no he maldecido ni el trabajo ni el esfuerzo. Recordé que entre la lluvia y la fuente el agua tenía que hacer un recorrido largo y difícil. No me imaginaba a mí mismo como una fuente que milagrosamente desprende agua pura, sino como tierra y arcilla. Como esta y como aquella me diluía y me concentraba. Al final afloraban los versos".[22] Este mismo autor también ha escrito: "La primera palabra de un verso no es sino solamente la primera. No es de esta de donde surge la dificultad, sino de las que le siguen".

"Es posible, dice al respecto E. Mutsopulos, sostener verosímilmente la opinión de los científicos según la cual la creación es debida a una dinámica sintética más general del espíritu, una dinámica que se manifiesta primero *espermáticamente*, después *desarrolladamente* y, finalmente, *decorativamente*. La primera manifestación se corresponde con lo que llamamos inspiración, la segunda con lo que constituye la *organización* propiamente dicha de lo que se ha creado, y la tercera con lo que consideramos *finalización* del ciclo creativo".[23] Así pues, podemos decir que la poesía nace en la embriaguez dionisíaca, pero se completa en una atmósfera apolínea.

En cualquier caso, los elementos extralógicos, a los que yo llamaría *palancas extralógicas*, tienen un papel primordial, y estoy de acuerdo sin reserva alguna con H. Read cuando escribe que "poetry is spontaneous and intuitive rather than deliberate and ratiocinative" ("la poesía es espontánea e intuitiva más que pensada y raciocinada).[24]

---

[22] R. Caillois, *Art Poétique*, París, Gallimard, 1958, nota X, y pág. 97 ss.
[23] E. Moutsopoulos, *supra*, nota 12, vol. 1, pág. 398.
[24] H. Read, *Collected Essays of Literary Criticism*, Londres, Faber and Faber, 1938, pág. 120, nota 9.

Sin embargo, los que han analizado el fenómeno de la poesía no están de acuerdo sobre cuál es el elemento principal, la fuente básica, de su creación: ¿el pensamiento o la sensibilidad? ¿El elemento noético o el exterior consciente?

Hay quienes no ven la poesía sino como el resultado de una función y una búsqueda claramente noéticas, una elaboración lógica producto de la voluntad. Estas opiniones han sido expresadas, por ejemplo, en Inglaterra por E. A. Poe y en Francia por P. Valéry. Otros han sostenido que la inspiración es un producto de la sensibilidad, del entusiasmo y del impulso creativo que deriva de fuentes interiores no conscientes.

Creo que el acceso más correcto a la cuestión se halla, como sucede a menudo, en algún lugar intermedio.

8

La universalidad de la poesía[1]

¿Acaso el poema es sólo un diálogo secreto del poeta consigo mismo, como muchos lo sienten o lo creen? Es decir, ¿una inmersión en las áreas oscuras y escabrosas de la conciencia y una emersión en la luz de la confesión? ¿O tal vez, allí en lo más profundo, en las tinieblas del yo, en el momento de la soledad creativa, constituye, sin que lo pretenda el poeta, un descubrimiento y una revelación de aquellos elementos que, aunque parecen separarlo y diferenciarlo de los otros, por el contrario lo ligan estrechamente al destino común del hombre?

Estas preguntas acerca del carácter personal o universal de la poesía no son nuevas. P. Kanellopoulos escribió una vez: "Todo auténtico poeta o auténtico observador del mundo (visible e invisible), en momentos benditos, cuando un *ángel del Señor* le ayuda a hacer rodar *la piedra* que con su peso lo mantiene adherido a las efímeras cosas terrenales, habla desde las profundidades de su interior".[2] Pero casi inmediatamente añade lo siguiente: "Los elementos que habitan en las profundidades de

---

[1] Traducción de una conferencia en inglés en la Universidad de Stockton, EE. UU., leída durante la ceremonia de nombramiento de doctor honoris causa. El texto forma parte del volumen *Poética: once ensayos de acercamiento estético al discurso poético*, Granada, Centro de Estudios Bizantinos, Neogriegos y Chipriotas, 2005.
[2] P. Kanellopoulos, prólogo en el libro de D. Apostolopoulos *Filosofía y arte* [en griego], Atenas, 1976, pág. 11.

nuestro interior no son todos muy individuales. Los más individuales, los que hacen que cada uno de nosotros no sea el otro, conviven allí, en las profundidades, con los muy humanos. Así pues, ahora puedo afirmar lo contrario a lo de antes. Quien, viviendo muy intensamente la soledad, que es el destino de la profundidad humana, habla desde dentro de esa profundidad, representa a todos los hombres". Creo que en estas dos frases, en las que se manifiesta, y además se confiesa, la oposición entre ellas, se concentra toda la problemática en torno a la verdadera naturaleza de la poesía, pero también se expresa la fe en la universalidad del fenómeno poético.

La conocida máxima de Aristóteles "la poesía trata sobre todo de lo universal, y la historia, por el contrario, de lo singular" (*Poética* 1451 b-5-7) expresa exactamente, ya desde la antigüedad, la misma postura que muchos han adoptado desde entonces. Escribe, p. ej., K. Palamás: "En el verso las circunstancias particulares del poeta adquieren, aun siendo también humanas, la solidez artística de lo universal",[3] y E. Papanoutsos afirma lo siguiente: "Con lo individual, y dentro de lo individual, el poeta nos revela lo más profundamente humano en general".[4]

Sin embargo, esta no ha sido siempre la opinión de otros poetas, que con todos los medios han defendido, por supuesto no explícitamente, pero sin dejar dudas acerca del objeto de su referencia, tal como señala G. Jean, que "yo soy otro", o al contrario, replegados en su propio yo, que escriben poesía solamente para *autoinvestigarse*, es decir, en los casos en que "poeta gaudet in se et se ipse miratur".

---

[3] K. Palamás, *Obras completas* [en griego], Atenas, Biris (2ª ed.), vol. 10, pág. 569.

[4] E. Papanoutsos, *Estética* [en griego], Atenas, Ikaros, 1976, pág. 250.

Ya se ha dicho que en sus primeros pasos la poesía, religiosa, épica o creadora de mitos, hablaba a los hombres en la mayoría de los casos sobre sus miedos y sus alegrías, los conducía a lugares que pertenecían a su memoria o, en fin, se correspondía con su sed por superar el orden natural y su deambular por el mundo mágico del mito o por el resplandor heroico de la leyenda.[5] Entonces el poeta hablaba de *los otros*, era quien tenía el don de poder decir y cantar lo que los otros no podían vivir, expresar o imaginar.

Entonces el poeta no decía, y probablemente no quería dar a entender, *yo*.

Con la aparición de la poesía lírica, que siguió (?) a la épica, las cosas se muestran de manera diferente. El poeta canta su propia canción, y su voz se vuelve, y sobre todo así la quiere, personal, como una confesión, tal vez salvadora.

Así pues, ¿nos encontramos desde esta perspectiva ante dos formas distintas de poesía? ¿O tal vez la diferencia que se ha observado entre ellas, y que es perceptible, es sólo fenoménica, ya que la poesía, toda auténtica, toda gran poesía, es universal en el sentido de que siempre ha de superar todo estrecho marco personal para abrazar lo que es más profundamente humano?

Está generalmente aceptado que la poesía se manifiesta en tres formas, la *narración*, el *conflicto* y la *confesión*, las cuales configuran sus tres géneros: la épica, el drama y la canción lírica.[6] Por mucho que esta distinción sea sobre todo de carácter escolástico y didáctico en el sentido de que ninguno de estos tres géneros se encuentra claramente en la realidad, lo cierto, creo, es que podemos hablar sin miedo alguno de un cierto elemento que, en cada circunstancia, domina y caracteriza un genero poético determinado.

---

[5] G. Jean, *La Poésie*, París, Seuil, 1966, pág. 138.
[6] K. Palamás, *op. cit.*, pág. 532.

En lo que se refiere a la poesía épica (epopeya heroica o didáctica) y dramática (tragedia, comedia), en las que el poeta nunca dice *yo*, sin duda su voz tiene un alcance universal sin el cual esta sería vacía y sin sentido. Los mitos devienen portadores de la fantasía común, las leyendas, del entusiasmo común, las tragedias, de la angustia común, etc.

Las cosas se vuelven más difíciles al pasar a la poesía lírica, es decir a la referencia a sentimientos subjetivos (elegía, *melos*, yambo jocoso, etc.) que pertenecen a la peripecia estrictamente delimitada o al espacio claramente existencial del poeta.

Algunos han adoptado una posición clara al respecto. "¿Creíais, profanos mortales, ha escrito V. Poucel,[7] que escribir versos es expresarse uno mismo o intentar expresarse *hacia fuera*? Cesad de encontraros en este engaño, tenéis que decir exactamente lo contrario. Si la poesía es *estrictamente personal*, entonces es imposible expresarla. ¿Acaso expresarse no significa tal vez comunicar algo a alguien, es decir pasar de lo personal a lo impersonal?"

Es como mínimo muy difícil –Plotino lo considera en general imposible– que el poeta determine "sus fronteras personales".[8] Con respecto a un tema tan personal, diría personal por excelencia, como el amor, P. Eluard ha escrito acertadamente lo siguiente: "Hablar de ti mismo (poeta) cuando estás enamorado es como hablar para todos".[9] Algo parecido escribió K. Palamás: "La alta poesía no es ideología pura. No es un periodismo sentimental, ni palabras vacías para Eleni o Maria, para la rubia o la castaña. El poeta, cuando construye, procura abrir una puerta

---

[7] V. Poucel, "Observations autour de P. Valéry", en el núm. 3 de *Chroniques*, pág. 232 (Roseau d'Or, *Oeuvres et Chroniques*, París, Plon, 1927).
[8] En. VI, 5, 7.
[9] Tal como indica G. Jean, *op. cit.*, pág. 143.

o una ventana, incluso una abertura estrecha, a través de las cuales se puede comunicar con las estrellas. Un poema en el que no es latente, por debajo de los detalles, lo universal, es a veces una obra considerable, pero nada más".[10] "Y lo que es verdadero para el amor, añade G. Jean, es verdadero para todas las pasiones".[11]

Ha escrito G. Seferis: "La poesía no es adecuada para la confesión personal. No intenta expresar la personalidad de los poetas, sino más bien abolirla; sin embargo, al hacer esto expresa otra personalidad que pertenece a todos".[12] Escribe K. Gerogiannis: "Existe por desgracia un error generalmente admitido según el cual la poesía lírica es poesía subjetiva por excelencia, mientras que su verdadero valor reside principalmente en su más perfecta objetividad posible".[13] En otro punto de su estudio también señala (*ibid.*, pág. 45) que "no se puede considerar poesía verdadera la expresión de los sentimientos subjetivos o, mejor dicho, personales del poeta".

Sin embargo, desde la antigüedad hasta nuestros días los poetas no han dejado de estar divididos entre aquellos que sienten y quieren que su poesía sea un mensaje con dimensión humana universal, y aquellos que creen y quieren que sus versos sean un asunto estrictamente personal y su voz una redención interior.

Este acceso diferente de los poetas al problema según las corrientes poéticas, las preferencias personales, la idiosincrasia de cada uno, etc., no altera el hecho, creo, de que cuanto más grande, cuanto más pura, cuanto más

---

[10] K. Palamás, *Los primeros escritos de crítica* [en griego], en *Obras completas* [en griego], vol. 2, Atenas, Govostis, pág. 144.
[11] G. Jean, *op. cit.*, pág. 143.
[12] G. Seferis, *Días de 1945-1951* [en griego], Atenas, 1973, pág. 168-169.
[13] K. Gerogiannis, *Qué es poesía* [en griego], Atenas, Dimitrakou, 1931, pág. 33.

verdadera es la poesía, más universal y más humano es el mensaje que transmite.

Señala G. Flaubert: "En el arte cuanto más personal seas, más débil serás",[14] y E. Papanoutsos añade: "El artista está perdido cuando se ahoga en los hechos fortuitos de su experiencia psíquica personal".[15]

Aristóteles escribió: "La poesía trata sobre todo de lo universal (...) y habla en universal cuando dice qué cosas verosímil o necesariamente dirá o hará tal o cual por ser tal o cual, meta a que apunta la poesía, tras lo cual impone nombre a personas; y en singular cuando dice qué hizo o le pasó a Alcibíades" (*Poética* 1451, b 11).

Queda por investigar de manera más particular la cuestión de la llamada poesía hermética, la que P. A. Michelis ha denominado "nuevo tipo de monólogo" o "introspección imprecisa en las tinieblas del subconsciente";[16] es decir, si en sus mejores momentos esta también posee universalidad o sigue siendo estrictamente individual.

A primera vista parece que la tendencia fundamental misma de esta poesía se opone a la universalidad. En ella el poeta rompe todo vínculo tanto con el canto *apolíneo* como con la embriaguez dionisíaca, se sumerge en sí mismo, se aleja de toda forma convencional y derriba lo viejo para deambular por un mundo nuevo, en el que el pensamiento y el sentimiento, los tradicionales fundamentos de lo viejo, han cedido su plaza a un misticismo sui géneris e intenta erigir, por encima de las ruinas de la catástrofe, su nuevo mundo personal de *negación* personal con formas de la abstracción y con *formas sin contornos*.

---

[14] G. Flaubert, *Correspondance*, París, 1990, vol. 2, pág. 82; véase también Papanoutsos, *op. cit.*, pág. 343.

[15] *Ibid.*

[16] P. A. Michelis, *Cuestiones de estética* [en griego], Atenas, 1971 (2ª ed.), vol. 1, pág. 106-107.

He escrito *intenta* porque no estoy seguro de si consigue, o si consigue alguna vez, moldear el *antimundo* con nuevos materiales, con sus propios símbolos, con el impulso de una *antipoesía* que establece un monólogo en la soledad de su fiebre creativa.

Por supuesto no nos hallamos frente a un fenómeno aislado, sino frente a una corriente poética que arrastró a poetas puros y sin duda grandes, y que aún tiene fieles adeptos, si bien en los últimos años ha comenzado a agotarse y a ser abandonada ante la crisis que provocó en la poesía la indiferencia del gran público, que no la sentía o no la entendía.

Pero si esta poesía perdió en gran medida el contacto con el mundo, si el lector u oyente medio volvió la espalda a las voces que en sus oídos no tenían articulación, ello no significa, creo, que esta poesía, siempre que sea grande y pura, se limita a una introspección sin interés general, sino que, por contra, intenta llegar al fondo de la conciencia, más allá de los horizontes de la visión y por detrás de las barreras del tacto, a la Verdad inefable y universalmente humana, al verdadero *Ser*, e intenta expresarla con modos que le son adecuados y se encuentran más allá de aquellos que en vano quisieron verla con sus ojos terrenales y tocarla con sus manos carnales.

Escribe P. A. Michelis: "Se desarrolla un nuevo tipo de *dionisismo* que en sus primeros pasos destruye los mitos y los símbolos de la tradición social y priva las formas del mundo sensible de su significado convencional. El arte abstracto intenta concebir los ritmos y la estructura armónica del mundo por sí mismos, e intenta representarlos con formas abstractas".[17]

Es cierto que el poeta modela supuestamente sus propios mundos, pero en el fondo, cuando su arte es digno del gran nombre que es sinónimo de la Creación

---

[17] P. A. Michelis, *op. cit.*, pág. 4.

simplemente rehace nuestro propio mundo. "Si *yo* se ha convertido en otro, el poeta no podrá encarnarlo sino desde el momento en que comenzará a volver a ser él mismo", como dijo André Frenaud,[18] y en referencia a sus *Altares* K. Palamás escribió*:* "Un poeta, cuando dice *que no te asuste mi yo*, ¡mi yo eres tú!; un poeta, cuando dice *sólo nosotros hablando de nosotros mismos, sabemos hablar de la humanidad,* de igual manera también el poeta con sus *Altares* (poema muy conocido de K Palamás) podría decir *en lo que os confío soy yo y a la vez no soy yo".*[19]

Así, cuando el poeta dice *yo,* habla para *ti,* para todo el mundo. Canta con su propia voz personal pero también con la voz de los otros. "El poeta no tiene identidad, no tiene yo, es un camaleón", tal como cita G. Seferis en el *Monologo sobre la poesía* estas frases (un tanto absolutas) tomadas de una carta de J. Keats. "Ese sentimiento del universo que es característico de la poesía",[20] como también escribió P. Valery.[21] Y un poeta místico francés confiesa: "Cuando escribo poesía es como si desaprendiera a existir para unirme con la totalidad del *Ser* en la ósmosis nocturna, allí donde soy el otro y el otro es yo".[22]

La universalidad combinada con el elemento personal es la naturaleza de la auténtica poesía, que se dirige a todos pero también a cada uno de nosotros en particular. A los que están y a los que vendrán. A este respecto, B.

---

[18] Citado por G. Jean, *op. cit.,* pág. 96.
[19] K. Palamás, *op. cit.,* pág. 548.
[20] G. Seferis y K. Tsatsos, *Un diálogo sobre la poesía* [en griego], Atenas, Ermis, 1988, pág. 111.
[21] P. Valéry, *Propos sur la poésie*, París, Maison du Livre Français, 1930, pág. 4.
[22] P. Emmanuel, *Le Goût de l'un*, París, Le Seuil, 1963, pág. 41.

Croce escribió lo siguiente: "La poesía combina lo particular con lo universal".[23] Y añade: "Este sello de universalidad y totalidad es su principal característica".[24]

Algo parecido dice, afrontando el mismo tema desde otra perspectiva, el académico francés, poeta y filósofo R. Caillois: "En el rey he visto la dignidad, en el sacerdote el sacerdocio. No he concentrado mi atención en los relieves del cetro ni en los vestidos bordados en oro. No he visto las cosas desde su lado pequeño".[25]

Hablando de su poesía, K. Palamás la describe como una "canción sometida a la ley de la Santísima Trinidad".[26] Trinidad que es una combinación de lo temporal, lo personal y lo general: "Lo temporal lo lleva a encontrarse con los otros hombres, lo personal lo separa de estos, y lo universal lo acerca a toda la humanidad". Estos tres aspectos de su poesía, "la triple dimensión de su poética", tal como la describe, el poeta la bautiza con los nombres de *tirteísmo* o lírica del nosotros, *casianismo* o lírica del yo y, finalmente, lírica de todos.

Sin embargo, la tripartición de la poesía consustancial, por utilizar también la terminología teológica metafórica del poeta, en el fondo no es sino otra expresión de su doble dimensión fundamental, y lo que K. Palamás denomina en su poesía *tirteísmo* o lírica del nosotros no es un sendero particular, sino un puente que une el *yo* con el *todo*, es decir "los materiales con los que la poesía teje su púrpura". K. Palamás ha escrito: "Línea a línea, la aparición ora de este, ora de aquel elemento. Sin embargo, mi canción, himno, lamento o ensueño, confesión o sermón,

---

[23] B. Croce, *La Poésie. Introduction à la critique et à l'histoire de la poésie et de la littérature*, trad. D. Dreyfus, París, PUF, 1951, pág. 112.
[24] B. Croce, *op. cit.*, pág. 8.
[25] R. Caillois, *Art Poétique*, París, Gallimard, 1958, nota xiv.
[26] K. Palamás, *op. cit.* en nota 3, pág. 496.

ante personas y cosas de algún modo establecidas por sentimientos y problemas que no dejan de bailar danzas circulares en mi verso, unas veces se oyen como monólogos bajo las estrellas y otras veces como discursos a las masas. Oraciones o sermones. Y las dos cosas a la vez".[27]

Así pues, podemos admitir, sin correr el riesgo de hallarnos lejos de la verdad, que la universalidad de su mensaje es característica de toda la poesía, al menos de la gran poesía, y podemos admitir sin reservas lo que escribió Víctor Hugo en el prólogo de las *Contemplations:* "El mundo se queja a veces de los poetas que dicen *yo*, y les grita *habladnos de nosotros.* ¡Por Dios! Cuando os hablo de mí mismo, os hablo de vosotros. ¿Cómo es posible que no os deis cuenta? ¡Ay! Cuánto te equivocas cuando crees que yo no soy tú".

Yo también quise expresar esta verdad general en forma poética, en un soneto que de alguna manera constituye el prologo de mi colección *Eternos y Transitorios* con el título *Sólo para ti:*

> Abre tus ojos hermano
> y escucha esta voz
> riendo o sufriendo
> susurra sólo para ti.
> Nos abrazamos hermano
>
> en el verso tú y yo
> y juntos bebemos vino
> que te ofrezco sólo a ti.
> Estas palabras en el papel
>
> –comunión susurrada–
> magia, me unen contigo.

---

[27] K. Palamás, *op. cit.* en nota 3, pág. 497.

Y cada vez que digo yo
–perdóname hermano desconocido–
hablaré para nosotros dos.

"Porque el *yo* del poeta lírico –ha escrito G. Sfakianakis– no es un *yo* empíricamente subjetivo, sino un *yo* lírico, un *yo* universal. El poeta es una caña que hace resonar el infinito".[28]

---

[28] P. Sfakianakis, *Introducción al mito lírico* [en griego], Atenas, Antonopoulos, 1939, pág. 20.

9

Las herramientas sonoras del arte poético (rima y ritmo en el original y en la traducción)[1]

El sofista y orador de Mitilene Lesbonax llamó χειρίσοφους ο χειρέσοφους (sabios de las manos) a los bailarines, según una noticia conservada por Luciano en su obra Περὶ ὀρχήσεως (*Sobre la danza*). El orador se expresa así porque la creación artística del bailarín, la oferta de su *sabiduría*, se expresa con los movimientos de sus brazos y piernas y con las posturas de su cuerpo en general.

Con sus movimientos, los bailarines crean ante nuestros ojos mares que se estremecen por el soplo del céfiro, olas espumosas a las órdenes del viento, cantos amorosos de aves imaginarias, troncos de árboles que se doblan con el impacto del rayo, follajes tupidos que tiemblan con el paso del viento... Para tantos movimientos tantas imágenes, tantos mensajes, tanta *sabiduría*...

Sin embargo, en este sentido son *sabios de las manos* todos los artistas sin excepción. Los escultores, los pintores, los músicos, los poetas, todos recurren de algún modo a un medio material, ya sea el mármol, el color, el sonido o la palabra... A un elemento material que cada uno transforma con su *hacer* y que constituye el presupuesto y el medio expresivo de su *sabiduría*. Porque el Arte, en contraposición a la filosofía, con la que avanza de forma

---

[1] Conferencia en el Seminario de Filosofía del profesor y académico E. Moutsopoulos. Publicada de forma resumida en la revista *Nea Skepsi*, setiembre de 1999.

paralela en la búsqueda de la verdad, no es *teoría*, sino *acto*. Como dijo Paul Valery,[2] "en la creación de la obra de arte el acto entra en contacto con cierta verdad". Por otro lado, sabemos que en la Grecia antigua se denominaba τέχνη (arte) toda creación manual, sin referencia necesaria a fines estéticos, significado que posee en la actualidad el término en cuestión.

El *homo faber*, el *hombre artista*, se encuentra al mismo nivel que el *homo sapiens*, el *hombre sabio*, y no es casualidad que los grandes pensadores llamaran al Arte *filosofía del hacer*.

La creación poética, como arte y desde luego como arte por excelencia, también es, como todas las otras artes, *acto*. Es *acto de la palabra*, y como tal tiene los dos elementos característicos de todo acto: el *dinámico* y el *material* o *estático*. Aquí no nos ocuparemos del elemento dinámico de la poesía, esto es, la fiebre interior, la sed por la búsqueda, la heroica osadía de la conquista y de la expresión de lo inefable. Es un terreno infinito por el que se han paseado desde la antigüedad filósofos y poetas, y se extiende por horizontes sucesivos sin fin.

Aquí nos detendremos en el elemento material, y de este sólo en una parte mínima, la constituida por los artificios sonoros del arte poético, es decir, los medios expresivos que usa la palabra poética para llevar a cabo el resultado estético al que aspira. Son considerados por lo general artificios sonoros o *medios expresivos* el ritmo, la rima, todas las clases de recursos sonoros, las diversas combinaciones eufónicas etc.

No sólo la poesía usa medios expresivos. Todo arte tiene su *armamento técnico*. Por este motivo, un acercamiento satisfactorio a este objeto ha de abrazarlos a todos y buscar su común denominador, esto es, el elemento

---

[2] P. Valéry, *Introduction à la poétique*, París, 1938, pág. 40.

común que los distingue y los hace adecuados para alcanzar el objetivo estético. Sin embargo, está claro que un acceso tal abre un campo infinito de investigación que se extiende por casi toda la rama de la *filosofía del espíritu*, como se denomina la rama de la estética, ya que tiene que ver con la cuestión fundamental de las causas del fenómeno estético.

Por supuesto, un acercamiento tal supera en mucho los fines de una investigación limitada como la presente, que sólo se refiere a la poesía y a los medios sonoros que esta utiliza. Sin embargo, caeré en la tentación de formular algunos pensamientos muy generales en torno al problema estético, que tiene que ver con la poesía y en general con uno de los medios expresivos sonoros que usa, la rima, la cual ha planteado una cuestión muy debatida sobre su papel, tanto entre los filósofos, que examinaron la poesía desde su propia perspectiva, como entre los traductores, que se han enfrentado a la rima en su labor. Este problema es sólo en apariencia diferente en los dos casos y es fundamentalmente idéntico en su esencia más profunda, ya que su respuesta tiene siempre el mismo parámetro: el papel de la rima en el resultado estético.

Así, si es verdad, como creo que lo es, que el Arte, todo arte, la búsqueda de lo bello (utilizo aquí el término general *bello* por motivos de brevedad en lugar de *todas las categorías estéticas*), en el fondo no es sino un intento del artista por *poner orden en un caos* (como dijo Aristóteles, "de la belleza, grandísimos géneros, orden y simetría"),[3] ese *orden* es sin duda la forma, lo perceptible del espacio, y el ritmo, lo perceptible del tiempo. Por otro lado, ambos elementos son de alguna manera

---

[3] La palabra creadora de Dios, la primera y gran *creación poética* en el universo, ¿acaso no fue una superposición de ritmo y de forma al caos, "la creación de lo visible y lo invisible"?

idénticos, ya que la forma es ritmo, un ritmo en el espacio, y el ritmo es forma, una forma en el tiempo. La forma, o mejor aún *la forma dada de la materia*, constituye una expresión arquetípica del espacio organizado, del mismo modo que el ritmo constituye una expresión del tiempo organizado. Se trata de dos fines por los que sin duda es atraída el alma humana.

Son muchas las respuestas y las teorías que dio el pensamiento humano a la cuestión de por qué sucede esto, cómo funcionan forma y ritmo estéticamente, y también si toda forma y todo ritmo son fuentes del fenómeno estético.

A esta última cuestión la experiencia cotidiana común le da seguramente una respuesta negativa. Por sí solos, forma y ritmo no son *estéticos*, es decir, *bellos*. Por otro lado, nada es *estético* más allá y fuera del juicio estético. Pero si ambos no configuran, no crean, el fenómeno estético, lo cierto es que constituyen los ingredientes del juicio estético.

En referencia a las cuestiones generales que he mencionado antes, me limitaré necesariamente a la investigación de una parte muy pequeña de estas que tiene que ver con el ritmo de la creación poética, en el que también se encuadra, como explicaré a continuación, la rima.

Ya en la antigüedad el hombre observó que la palabra rimada ejerce un extraño encanto en quien la escucha y provoca una euforia inexplicable, de tal manera que la hace agradable para el oyente y en consecuencia bien recibida. Es conocido el apóstrofe de Gorgias de Leontino (de Sicilia) a los atenienses para que usaran la rima a fin de obtener una mayor eficacia en sus empresas retóricas, de ahí la expresión γοργιάζειν (hablar como Gorgias), que significaba el uso de combinaciones de palabras por su eficacia sonora con el mismo valor que por el alcance de su significado.

La rima, cuya importancia e influencia fueron subrayadas primero por Gorgias, como dice Diodoro, se usó en la antigua Grecia sobre todo en el discurso judicial, como se deduce de la referencia de Aristóteles a los *omoioteleuta* (con finales idénticos) en su *Retorica*. A pesar de que también encontramos ciertas rimas en textos poéticos de la antigüedad griega, ello parece ser algo sin especial importancia. Un distinguido helenista húngaro, J. Telfy, quien menciona numerosos ejemplos, sostuvo lo contrario en un extenso estudio publicado en el siglo XIX; esto es, que la técnica de la rima no sólo se usaba en la Grecia antigua, hecho que por otro lado nadie pone en duda, sino que, tal como escribe, "Grecia puede considerarse la madre y la patria de aquello conservado por tradición de generación en generación".[4] Sin embargo, las tesis de J. Telfy no tuvieron, en general, gran aceptación por diversos motivos que derivan de la investigación filológica, pero sobre todo porque los ejemplos invocados no eran convincentes, ya que las rimas a las que remitía no eran tales en la antigüedad griega, pues las palabras se pronunciaban de forma distinta a la que creía este autor.

Sin embargo, si la poesía de la antigua Grecia no parece que usara la rima, en cambio la bizantina, no sólo la himnografía, sino también la poesía popular, la usó de manera intensa. Un vistazo a los textos de Gregorio el Teólogo, de San Romano el Melodo y otros autores nos convence fácilmente de ello.

No me extenderé en lo que es bien sabido acerca del progresivo recurso del discurso poético al verso rimado, algo que se produjo al principio con cierta vacilación en tiempos de los romanos y más tarde, de modo más decisivo, en la poesía latina medieval, ni insistiré en su uso

---

[4] J. Telfy, "Hacia una historia de los versos griegos" [en griego], *Pandora*, vol. 13, 1892, pág. 169-251.

generalizado posteriormente en la poesía tónica hasta nuestros días. Me centraré en la constatación del estrecho vínculo, o mejor aún de la identidad estética, entre rima y ritmo.

Al principio se utilizó el término italiano *rima*, o el francés *rime*. Dicho término procede del latín *ryhtmus*, formado a partir del griego ῥυθμός, y cuando fue usado por primera vez no significaba lo que entendemos actualmente por rima, sino el *ritmo* que deriva del metro y más tarde del verso, hasta que en la Edad Media los versificadores latinos introdujeron el término *versus* (que dio lugar al italiano *verso* y al francés *vers*) y conservaron *rythmus* para la rima en sí. Lo que debemos señalar aquí, ya que subraya e ilumina el estrecho vínculo entre rima y ritmo, es que después de esta sustitución el quid pro quo continuo, pues el término *rythmus*, que como ya hemos indicado significaba ritmo, evolucionó hasta convertirse en *ritimus* y finalmente en *rima*. Por el contrario, el término *versus* (*verso* en italiano y *vers* en francés), que deriva del verbo latino *verto* o *verso* (girar o girarse, algo que caracteriza a la rima), se usó en vez de *ritimus*, que significaba ritmo. "Es totalmente vana –señala el filósofo italiano Benedetto Croce– la distinción entre ritmo y rima, puesto que el añadido de ritmo (*ritmare*) es siempre un añadido de cualquier rima exterior o interior".[5] Por otro lado, la confusión que hemos observado en la terminología al respecto no se debe sólo a que el ritmo y la rima caminan juntos casi sin interrupción en la poesía tónica tradicional, sino tal vez a que su impacto estético en el alma humana pasa por senderos paralelos del subconsciente.

Pero, ¿qué es lo que proporciona al ritmo, y especialmente a la rima, ese encanto a primera vista? Sin excepción, todos los que han investigado el fenómeno poético

---

[5] B. Croce, *La Poésie* [trad. francesa], París, 1951, pág. 242.

lo han constatado y han intentado explicarlo. Un filósofo contemporáneo escribe al respecto: "El ritmo y la rima provocan en el oyente un sentimiento de expectativa que hace posible la sorpresa. Una gran parte de la atracción que produce el poema deriva de la realización-satisfacción de esa expectativa. Otra parte ha de ser atribuida a la sorpresa que provoca en el oyente. Sin sorpresa tenemos monotonía y sin realización no hay ni expectativa ni sorpresa".[6] Son parecidas las constataciones de muchos otros pensadores. Escojo al azar dos ejemplos:

"El ritmo y la rima –escribe R. Caillois–, anuncian un eco que, cuando llega al lugar que promete, satisface una voluptuosa impaciencia".[7]

"El oído del hombre –explica un esteta francés, Y. Peres– espera con impaciencia la rima, y siente agrado-satisfacción al oír la repetición de un sonido, como cuando reconocemos, entre la masa desconocida, una persona conocida".[8]

Estos ejemplos pueden multiplicarse cómodamente con la constatación de que cuantos han intentado explicar este fenómeno han hablado de la sensación de cierta expectativa y de la alegría de cierto *encuentro*. Entonces tal vez sería posible ir por el camino trazado por la observación común y buscar con más insistencia y detenimiento la esencia interior de esa *expectativa*, así como las fuentes universalmente humanas de esa *alegría del encuentro*. En este intento deberíamos acudir, para una claridad total, al *lenguaje filosófico*, o mejor aún al *dialecto filosófico*, el cual, sin embargo, no lo habla todo el mundo. Así pues, me limitaré a exponer sólo una hipótesis, sin prologarla

---

[6] P. C. Chatterji, *Fundamental Questions in Aesthetics*, Simla, 1968, pág. 168.

[7] R. Caillois, *Art Poétique*, París, 1958, pág. 132.

[8] Y. Peres, *Poésie pour tous*, París, 1953, pág. 64-65.

ni cimentarla filosóficamente, ya que lo contrario exigiría extendernos por investigaciones filosóficas generales que no son adecuadas para el presente texto.[9]

Esta hipótesis, que con certeza puede ser estructurada filosóficamente, es que tal vez la *alegría del encuentro*, de la que nos han hablado tantos y tantos autores, la euforia y el bienestar que produce el encuentro con el sonido conocido, denote un alineamiento del alma con la eterna Verdad mística del movimiento cíclico y del *eterno retorno*, una Verdad de la que nos han hablado numerosos sistemas filosóficos en Grecia, en Occidente y en Oriente, y de la que da testimonio el universo que nos rodea, ya que todo él gira alrededor de un eterno y continuo retorno. El macrocosmos, en la altura de las galaxias, y el microcosmos, en el corazón de la materia, y a nuestro lado, por encima y alrededor de nuestro planeta, las fases de la luna, el día y la noche, los inviernos y los veranos, todas las estaciones... ¿Qué debería mencionar en primer lugar? En consecuencia, el *placer* del sonido que se repite tal vez transmita un mensaje a través de los senderos ocultos de la conciencia, el mensaje de la armonía entre los varios estímulos materiales de la experiencia estética y la esencia inmaterial de las leyes cósmicas que rigen, invisiblemente, al ser humano. Pero el retorno del sonido, ¿puede que despierte en las profundidades del subconsciente el símbolo eterno del círculo y en general de la curva, símbolos y representaciones gráficas de *protección* y *seguridad*, de la cueva, de la fortaleza, del puerto y del abrazo materno, de la seguridad que niegan la forma parabólica y la línea recta y que ofrece la curva protectora? Me atreveré a avanzar un poco más y supondré que lo que siente el hombre como *gozo estético* –y ello es válido para todo

---

[9] Para un tratamiento más detallado de este tema, véase mi libro *Poética*, Granada, Centro de Estudios Bizantinos, Neogriegos y Chipriotas, 2005.

el espectro del Arte– no es sino una señal, un *presagio*, de un contacto y un encuentro del alma con cierta Verdad a la que el hombre no ha llegado con la mente o no *puede* alcanzar con la mente.

Si los senderos del Conocimiento son distintos,[10] en el laboratorio de la mente, en el vuelo poético o en la oración, la estrella polar del alma, la Verdad última, es y no puede ser sino sólo una.

Soy consciente de que me he dejado llevar por pensamientos metafísicos y por posturas místicas no demostradas que, sin embargo, creo que pueden constituir un acceso, si no satisfactorio, sí lógicamente posible al enigma de la fascinación por el ritmo y la rima, así como por la incuestionable influencia dionisíaca que ambos ejercen sobre el hombre. El ritmo y la rima, allí donde se han usado, están profundamente ligados a la esencia de la poesía. Por otro lado, la poesía no es sólo esencia, sino también forma. Es *soplo divino* y *palabra divina*. Ambas cosas no constituyen dos elementos distintos añadidos a la poesía. Son realmente dos formas de su esencia única. Por supuesto, el ritmo y la rima no constituyen ni agotan la poesía. Las nuevas corrientes poéticas, sobre todo las que se desarrollaron después de la Primera Guerra Mundial en Francia y en general en Occidente, buscaron sinceramente una poesía que despreciara la métrica y la rima. De ello también tenemos testimonios de la antigua Grecia, así como de épocas posteriores en que la métrica y la rima (menos la primera que la segunda) estaban ausentes de la creación poética. Recordemos al poeta y dramaturgo inglés Christopher Marlow, quien intentó con éxito suprimir el verso rimado.

Esta constatación pone a todos los investigadores, sobre todo a los traductores, frente a otra cuestión: ¿qué

---

[10] Véase *supra*, "Los tres senderos del Conocimiento", pág. 41.

postura deben adoptar frente a la traducción del verso rimado? Creo que todo lo que acabamos de decir sobre la rima demarca la respuesta a esta pregunta. El papel estético de la rima está claro y establecido. Su explicación, sea cual sea, filosófica o psicológica, metafísica o mística, no altera el hecho de que a menudo es un acompañamiento del verso, y por este motivo constituye un problema para los traductores de poesía. Sin embargo, también es un hecho, como ya lo hemos subrayado, que la poesía existe y puede lograr su efecto estético sin sus medios expresivos técnicos, entre los que se cuentan la rima y la métrica, pero también las diversas combinaciones fónicas, las palabras eufónicas, las de *bellos sonidos* de Demetrio de Fáliro, las palabras nuevas o compuestas y muchos otros. Estos son *ornamentos*, y no sólo, de la poesía. Muchos han ido más lejos y los han llamado *elementos servidores*, y han basado su postura un tanto desdeñosa en el hecho de que la poesía existe también sin ellos. Sin embargo, me temo que esta opinión no se corresponde con la realidad. Los brazos y las piernas no son ornamentos de nuestro cuerpo, a pesar de que podamos existir sin ellos. Sin brazos y piernas nuestra existencia es posible pero más difícil, y lo mismo sucede con la poesía sin ritmo y sin rima, que no es *más fácil* –y me refiero aquí a la poesía auténtica– y que necesitará otros medios, pertenecientes también a su laboratorio, para alcanzar su objetivo. Lo mismo es válido para la traducción del verso rimado. Es posible realizar una buena traducción sin imitar la musicalidad del ritmo y la rima, pero es mejor y mucho más difícil, aunque no imposible, traducir con rima. Esta se encuentra más cerca de los modos expresivos que escogió el poeta del original, es decir, de un objetivo que no ha de perder de vista el *segundo poeta*, el de la traducción.

En conclusión, con respecto a todo lo que he considerado útil mencionar en torno a la rima y el ritmo, quisiera repetir la constatación, con la que no creo que nadie esté en desacuerdo, que ni la versificación perfecta ni la rima rica *hacen el poema*, pero tampoco su ausencia, pensando que el poeta se libera así de sus ataduras. Sólo la falta de inspiración y la pobreza interior impiden el vuelo poético.

10

Poesía y misticismo
(los horizontes interiores)[1]

El término *misticismo* no posee un contenido del todo claro, no sólo porque se le han dado diferentes significados a lo largo de la historia, sino también porque se extiende por terrenos psíquicos que son difíciles de definir. Sin embargo, se le podría dar una definición que, aun contando, por supuesto, con las imperfecciones de todas las definiciones, haría posible un intento de aproximación a este fenómeno psíquico-religioso. Podría decirse que misticismo es "una tendencia psíquica, pero también un estado, de experiencia directa de la Verdad metafísica, es decir, del Absoluto (de Dios o de la *divinidad*), y una vivencia de la unión con Ella". Entre las muchas definiciones que diversos pensadores han intentado formular, N. Louvaris ha escrito: "El misticismo es la negación de la diferencia que existe entre sujeto y objeto. Entre el Yo y el no-Yo. En el terreno de la religión, es la unión del alma con la sustancia divina del todo, o su fusión con lo divino hasta su total aniquilación".[2] Y en uno de sus estudios, el profesor D. Dakouras se acerca a este tema desde un punto de vista estrictamente teológico: "El misticismo, como

---

[1] Texto que constituye el borrador de un capítulo de mi libro *Poética*, Granada, Centro de Estudios Bizantinos, Neogriegos y Chipriotas, 2005.

[2] N. Louvaris, *Rilke el peregrino, el místico, el visionario* [en griego], Atenas, 1942, pág. 86.

fenómeno religioso, significa la experiencia directa de la realidad divina o metafísica, o la unión vivencial con ella".[3]

Está claro que cuando N. Louvaris habla de "unión del alma con la sustancia divina" se refiere al acceso dualista *teísta*, característico sobre todo de las religiones monoteístas, en contraposición a la *fusión con lo divino*, característica del misticismo de las confesiones panteístas. En el dualismo (o sea, en el espacio monoteísta) del misticismo tenemos *unión* con Dios, mientras que en el monismo (o sea, en el espacio panteísta) tenemos *divinización-identificación* del místico con el Absoluto.

El hombre está rodeado por todo tipo de *horizontes*, tras los cuales desciende la *otra vertiente*, la *oculta*, que intenta ver, adivinar o entrever: horizontes cognitivos, exteriores o interiores, que con insistencia le ocultan la visión. Cuanto más se aproxima a ellos, con las manos de la mente extendidas o con las alas del alma, tanto más retroceden estos por detrás de sus propias imágenes, ocultando el secreto que prometen y que nunca descubren, o que al menos nunca llegan a descubrir del todo. Ese deseo ardiente por los lugares ocultos más allá de los horizontes, por la otra dimensión, es a la vez cruel destino y privilegio único del hombre, puesto que ningún otro ser nace y siente dentro de sí, a lo largo de toda su vida, esta sed divina que lo tortura pero que también lo inspira. Sobre estos horizontes sucesivos, sobre estas *jaulas continuas* en las que el alma humana, prisionera, bate sus alas en vano, compuse una vez unos cuantos versos:

---

[3] D. Dakouras, "Religiones y experiencia espiritual" [en griego], *Revista de la Facultad de Teología de la Universidad de Atenas* [en griego], vol. 37, Atenas, 1988, pág. 25.

Jaulas

Se acabaron los discursos y las melodías.
En la ventana, al lado del campanario,
Según una vieja costumbre,
Abrieron de golpe las jaulas
Y, enloquecidas, las palomas emprendieron el vuelo.
Alguien me preguntó:
Por qué han encerrado a los pájaros en el cielo.
Incliné la cabeza y me fui...

Por muy infinitos e insuperables que sean los horizontes exteriores, naturales, otro tanto ocurre con los del espacio interior, el de la conciencia, horizontes hacia los que tienden tres formas de esta última que Chr. Malevitsis denomina *mística*, *profética* (religiosa) y *estética* (poética).[4] Se trata de tres formas de la dinámica de la conciencia, introspectivas en su orientación o sentido, extrarracionales en su sustancia, superiormente emocionales en su naturaleza, y unitivas en su funcionamiento. Todas estas propiedades comunes, de las que hablaremos más adelante, muestran el estrecho vínculo que las une y los caminos interiores paralelos que sigue cada una de ellas. Se trata, por lo demás, de un hecho natural, ya que la conciencia humana es unitaria y, en consecuencia, también es unitario el *horizonte acuífero* de estas tres fuentes del conocimiento interior.

Sobre la estrecha relación que existe entre la poesía, la contemplación mística, la elevación religiosa del espíritu y la profecía, también habló Novalis: "El sentido para la poesía tiene mucho en común con el sentido para el

---

[4] Chr. Malevitsis, *La dimensión interior* [en griego], Atenas, Dodoni, 1970 y 1975, pág. 66-68; *Filosofía y religión* [en griego], Atenas, Fundación Goulandri-Horn, 1985, pág. 97 ss.

misticismo, y tiene un parentesco cercano con el sentido para la videncia y lo religioso, el sentido de la visión por excelencia".[5] K. Dimaras escribió algo parecido al respecto: "Esas similitudes nos dan derecho a considerar la poesía como algo estrechamente unido al fenónemo religioso, a considerarla una variante litúrgica de la vivencia religiosa".[6] Ello no significa que no las separen diferencias sustanciales. Entre estas últimas, sobre las que hablaré más detalladamente a continuación, está también el *mundo*, o el *objetivo* al que apuntan. El mundo del místico es el del Absoluto, la realidad absoluta, mientras que el del poeta es el mundo exterior de alrededor o *aparente*.

Así pues, no es casual que el mismo término *vates* se usara en la antigua Roma para designar tanto a los sacerdotes adivinadores y profetas como a los poetas e incluso a los maestros, y que a su vez el término *carmen* designara al oráculo divino y al poema. Inicialmente, la emoción poética se confundía con la religiosa: ἔνθεον γὰρ ἡ ποίησις, dice Aristóteles en su *Retórica*. Puede incluso que la μαντεία (adivinación) tenga una raíz etimológica común con la μανία (locura), como dice el Sócrates platónico (*Fedro* 244 c). Según nos informa Cicerón, Demócrito negaba la posibilidad de que alguien fuera un gran poeta sin estar loco: "negat enim sine furore Democritus quemquam poetam magnum ese posse" (Diels *VS* 68 B 17, 18). Platón llama al poeta *profeta de las musas* (*Fedro* 262 D) y Píndaro habla de *portador de oráculos divinos*.

También es significativo que Platón hablara de cuatro tendencias interiores o, mejor aún, de cuatro formas de la

---

[5] Novalis (Friedrich von Hardenberg), *Schriften (Fragmente)*, im Verein mit Richard Sammel, ed. Paul Klughorn, Bibliogr. Institut A. G. Leipzig, 1923, vol. 3, pág. 349.

[6] K. Dimarás, *Ensayo sobre la poesía* [en griego], Atenas, Nefeli, 1991, pág. 58.

manía que infundían los dioses en las almas humanas: la *profética* o *adivinatoria* de Apolo, la *telestiké* de Dionisos –que hoy podríamos denominar mística–, la *poética* de las Musas y la *erótica* de Afrodita. Veamos desde más cerca las características que tienen en común.

Las hemos denominado introspectivas porque el misticismo y la palabra poética aspiran a alcanzar su objetivo no mediante pasos exteriores, provocados por causas externas, sino mediante la indagación y el uso de procedimientos *interiores* tales como la memoria, la imaginación, la oración y la introspección. Tal como ya hemos señalado, existe una gran confusión acerca del contenido del término *misticismo* y del adjetivo *místico*. Ambos vocablos están relacionados con los verbos μύειν y μυεῖν. El primero significa distanciamiento de los estímulos externos, y el segundo hace referencia a una acción que tiende a revelar y a comunicarse con algo inefable. A partir de la combinación de ambos términos podría decirse que el misticismo es una postura de alejamiento frente a lo terrenal (camino ascético de purificación, *via purgativa*) y una elevación psíquica hacia a una cierta Verdad oculta. Sin embargo, no deberíamos pasar por alto otra forma de misticismo, la *orgiástica*, es decir, la que consiste en llevar al hombre, a través de procedimientos diversos, a un estado de *locura* o delirio. Se cree que esos estados contribuyen a que el hombre se desprenda de la realidad profana y se aproxime a lo *sagrado*. Este tipo de misticismo se encuentra no sólo en la Grecia antigua, con las conocidas ceremonias dionisíacas –pero a su vez con el conocido culto de naturaleza orgiástica a la Artemisa de Éfeso–, sino también en el antiguo mundo judío, que al principio era sexualmente orgiástico, alrededor del *becerro de fundición* del Éxodo 42, 4, o los *terneros de oro* de Reyes 3, 23 24, la *serpiente de bronce*, etc., y también más espiritualizado, con ceremonias que incluían danzas, golpes de timbales, melodías, etc. (Reyes 1, 20, 5, Reyes 2, 14 ss.).

El misticismo es siempre *unitivo* en el sentido de la supresión de la diferencia entre sujeto y objeto (la conocida *unio mystica*), y desde este punto de vista puede ser dividido en *monístico*, de contenido panteísta, y *dualista*, de acceso teístico (unión con Diós). Este último se divide en dos *tendencias* principales que podrían ser descritas, la una como *ascendente* y la otra como *descendente*, pero que en su contenido más profundo son idénticas, tal como sucede con el *camino arriba* y el *camino abajo* de Heráclito. En la primera, de origen neoplatónico en el mundo cristiano, domina la elevación espiritual, la *ekstatische Mystik*, tal como ha escrito significativamente al respecto A. M. Haas,[7] y se contrapone a la *enstatische Mystik*, de origen dominico, que se caracteriza por la inmersión, el *mouvement de descente en soi*, según L. Gardel.[8]

La bibliografía distingue dos fases básicas en la inmersión psíquica, es decir, en el estado que alcanzan los místicos: la visión y el éxtasis (*alienatio mentis*). Esta última se distingue de la primera por la intensidad de sus resultados. Sin embargo, esta diferencia es importante según Santa Teresa de Ávila porque el éxtasis no es sólo de mayor duración, sino también más fácil de percibir exteriormente. Una tercera fase es la del rapto extracorporal (*raptio extra corporem*).[9] Esta fase es menos frecuente: "raptado yo mismo en el aire e ignorando por completo

---

[7] A. M. Haas, *Typologie der Mystik* (separata de *Transzendenz*, de Ludger, Honnefelder, Werner, Schüsser, *Zu einem Grundwort der klassischen Metaphysik*, ed. F. Schöning, Munich, Viena y Zurich), pág. 289.

[8] L. Gardel, *Études de philosophie et de mystique comparées*, París, 1972, pág.207.

[9] "Raptio extra corporem", p. ej. en Corintios 2.12.5 y Hechos de los Apóstoles 39, 40.

mi cuerpo", escribe, p. ej., Nikitas Stithatos al referirse a la experiencia de Simeón el Nuevo Teólogo, tal como es citada por D. Stathópulos.

Santa Teresa de Ávila (Teresa de Cepeda y Ahumada), una de las más conocidas figuras místicas que han pasado por la tierra, escribió en *Mi vida* que sus visiones no se confundían con el éxtasis en el que caía, durante el cual no veía ni oía ni sentía nada excepto una beatitud infinita. Sin embargo, sus visiones estaban ligadas temporalmente al éxtasis. Sucedían o antes o después. Sin embargo, antes de las fases místicas o los *valles*, tal como las denominan los que pasaron por esos senderos oscuros de la conciencia, se hace perceptible la necesidad de la *purificación* en el momento en que el hombre reconoce el vacío metafísico en el que vive y es consciente de su separación respecto de la Verdad. Antecede el valle o el sendero de la purificación (*via purgativa*). Le sigue el *valle* o el *camino de la iluminación* (*via illuminativa*), en sus dos niveles, el de la visión y el del éxtasis, llamado también *unitivo* (*via unitiva*). Otros autores hablan de *siete valles*: el de la purificación, el del amor, el de la iluminación, el de la separación, el de la unión, el del resplandor y, finalmente, el de la aniquilación.

El número cabalístico 7 nos remite a las antiquísimas creencias místicas, las pitagóricas y otras, que llegan hasta los tiempos modernos, acerca de las fuerzas ocultas de los números. Recordemos de paso que los teólogos de Mitra hablaban de siete puertas antes las que el alma pasa por desnudamientos sucesivos hasta llegar a la Verdad. También son siete los sellos, los ángeles y las trompetas, los candiles de oro y las plagas de la ira de Dios, en el *Apocalipsis* de San Juan.

Acerca del poeta, J. Maritain ha escrito lo siguiente: "La experiencia poética transporta al poeta por detrás del espacio oculto, hasta la sola y única raíz de las fuerzas del alma, donde se concentra toda la subjetividad en estado de espera y *en potencia* de creación. El poeta no penetra en este espacio tras haber intentado una (auto)concentración voluntaria, sino con la memoria, evitando todos los mensajes de los sentidos y descubriendo una calma parecida a un estado de gracia –un don arquetípico– que ha de aceptar y puede cultivar, alejando primero todos los obstáculos y acallando todos los conceptos (*concepts*)".[10]

No creo que sea necesario insistir aquí en que tanto la inmersión mística como el vuelo poético siguen una senda interior que conduce directamente a ese conocimiento superior. Pero ¿cuál es esa senda interior? Es evidente que la categoría *interior* no hace referencia a un espacio real o material. No es geométrica, sino dialéctica. Contrapone esquemáticamente el conocimiento analítico-discursivo a la contemplación unitiva directa. El primero –dualista en su quintaesencia– sitúa al hombre observado frente al (fuera del) objeto cuyo conocimiento busca. Incluso cuando se dirige discursivamente hacia la indagación de sí mismo, la escisión dualista permanece intacta. Por el contrario, la contemplación directa suprime la distinción (dualista) entre sujeto y objeto. En este caso, la conciencia, que solemos denominar *luz interior*, es depósito de la *totalidad* y lugar común de la existencia, desde la cual el hombre intenta alcanzar directamente el *otro* conocimiento ("de his quae sunt supra rationem", como decía Tomás de Aquino) del que hablaron los iniciados y visionarios y al que cantaban los poetas poseídos por un dios.

Así pues, este espacio *interior* no ha de ser entendido en oposición espacial al *exterior*. Por supuesto el mundo de la conciencia está compuesto por impulsos externos pasados y recuerdos, por realidades y experiencias que

---

[10] J. Maritain, *Creative Intuition in Art and Poetry*, Nueva York, Meridian Books, 1960 (9ª ed.), pág. 179.

fueron adquiridas en momentos de vigilia apolínea. Pero en horas dionisíacas de embriaguez creativa o de éxtasis místico, ese mundo pasa de la presencia temporal de una cierta *visión* a la dimensión intemporal de la intuición, donde se confunden las trayectorias del poeta y del místico, en busca de la realidad verdadera.

"La experiencia poética es una experiencia de naturaleza mística, o, para ser más exactos, es comparable a la experiencia mística", ha escrito H. Brémond,[11] y el Rev. P. De Grand Maison también ha escrito: "La experiencia poética ha de ser clasificada con los estados *profanos* naturales, donde (sin embargo) se pueden descifrar las grandes líneas, reconocer la imagen y el esbozo de los estados místicos".[12]

"El misticismo –tal como ha escrito P. Trahard[13]– es una necesidad de comunicación que intenta suprimir las fronteras entre el mundo exterior y el interior, reconstruye el universo a su manera y concibe la unidad cósmica junto con la psíquica. Pero la poesía también expresa esa misma necesidad y actúa con los mismos mecanismos espirituales. Ambos son la negación de la cotidianidad, ambos son gritos lanzados al universo y conforman un intenton de recreación de la unidad inicial, un retorno a la mentalidad primigenia, una tendencia vital que quiere concluir la creación y liberar al hombre".

"Analicemos la experiencia poética con suma atención –ha escrito H. Brémond– y entonces podremos comprender mejor la imagen del preludio místico de que hablan los teólogos. Sentados ante la hoja de papel en blanco, sentimos a veces que ha llegado por fin la

---

[11] H. Brémond, *Prière et Poésie*, París, B. Grasset, 1926, pág. 83.
[12] Rev. P. De Grand Maison, *Études,* París, 1913, p. 7.
[13] P. Trahard, *Le Mystère poétique*, París, Boivin et Cie, 1940, pág. 97.

inspiración. Ese momento nos transforma en místicos".[14] "El estado poético (anímico) –ha escrito este mismo autor– parece consistir en una percepción ascendente, en una tendencia hacia la comprensión de un mundo o de un sistema completo de relaciones donde los seres, las cosas, los acontecimientos y los hechos, si (bien) se parecen mucho a los que configuran el mundo sensible, el mundo directo del que han sido tomados en prestamo, se hallan sin embargo en una relación indefinida pero admirablemente correcta con el mundo y con las leyes de nuestra sensibilidad general".

Sobre una trayectoria *interior* paralela del poeta y del místico ha escrito el filósofo inglés M. Sharp: "Este paralelismo es evidente e inevitable. Existen parecidos impresionantes entre los relámpagos de la inspiración, por los que se pone al descubierto el genio, y la presencia divina que se le da (por consenso divino) al místico".[15]

Al estado consciente del místico y del poeta también le hemos dado el nombre de conocimiento extrarracional o indirecto. Todo lo anterior acerca de la *interioridad* del procedimiento poético y del éxtasis místico aporta algo de luz a esta afirmación. Pero avancemos hacia un análisis más detallado del conocimiento extrarracional (indirecto) que saborean privilegiadamente el poeta inspirado y el místico en el momento del éxtasis, un conocimiento que se extiende a terrenos prohibidos o al menos difícilmente transitables para el intelecto. Sobre ese conocimiento extrarracional (*no sabiduría*) tambien habló el sócrates platónico en la *Apología* (22 c), traduciendo el *momento poético* por *enthousiasmos*, es decir, el estado de divinización comparable al de los adivinadores y profetas

---

[14] Véase *supra*, pág. 159, nota 11.
[15] M. Sharp, *Mysticism. Its True Nature and Value*, Londres, 1910, pág. 37.

de todo tipo. Aquí recurriré a una parábola, creo que todavía no superada, que tomo prestada del poeta místico francés Paul Claudel y que en justicia ha sido considerada "la descripción más luminosa hecha jamás de la creación poética".[16]

Los personajes de esta parábola son el *Animus* i el *Anima* (nombres homónimos pero de género distinto en latín), y representan, tal como indica Claudel, el primero al *Espíritu* (el acceso racional) y el segundo al *Alma* (la visión poética y mística). Claudel aprovecha la homonimia y la diferencia para indicar la diferencia en la identidad:

> En la familia del Animus y del Anima las cosas
> no van bien. El tiempo ha transcurrido y se acaba
> el mes de la miel, cuando el Anima tenía derecho
> a hablar cuanto y de lo que quisiera y cuando el
> [Animus
> escuchaba maravillado. *¿Acaso no era el Anima*
> *la que aportaba la dote que mantenía a la familia?*
> Pero el Animus no toleraba permanecer durante
> [mucho tiempo
> en situación de inferioridad, y he aquí que
> [descubrió
> su auténtica naturaleza, *vanidosa, insistente,*
> [*tiránica.*
> El Anima es ignorante y estúpida. Nunca ha ido
> a la escuela, mientras que el Animus *sabe un*
> [*montón de cosas*
> *que ha leído en los libros...* Todos sus amigos dicen
> que nadie habla mejor que él. El Anima *ya no tiene*
> *derecho a articular una sola palabra... Él sabe*
> [*lo que*

---

[16] P. Claudel, *Positions et propositions*, París, Gallimard, 1928 (5ª ed.), vol. 1, pág. 55.

*ella quiere decir, mucho mejor que ella misma.
El Animus no es Wel, pero ello no le impide
ser celoso,* porque en el fondo sabe bien (o tal vez
lo haya olvidado al final) que el Anima posee
[todo el patrimonio
y que él es un pobre que *vive de lo que
ella le da*. Sin embargo, no cesa de aprovecharse
[de ella
y de martirizarla para quitarle dinero... Ella
permanece callada en casa. Cocina y limpia todo
como puede. En el fondo, el Animus es un
[pequeño burgués
de análogas costumbres, a quien le gusta
que le sirvan siempre el mismo plato. Pero he aquí
[que ocurrió algo
extraño. Un día que el Animus regresó de repente
a casa, oyó por detrás de la puerta cerrada al
[Anima,
que estaba a solas, cantando una canción
[extravagante
que no conocía, y *de la que no distinguía ni las*
[*notas
ni la letra,* una canción extraña y maravillosa.
Desde entonces, intenta de modo indirecto que
cante de nuevo. Pero el Anima finge
no entender. Apenas él la mira, ella calla.
El alma calla apenas la mira el espíritu. Entonces,
[el Animus
ideó una trampa consistente en hacerle creer
que no estaba en casa... Poco a poco el Anima se
[relaja,
mira a su alrededor, escucha con atención,
[respira, cree
estar a solas *y sin hacer ruido va y abre la puerta
a su amante divino*.

Las cursivas del propio Claudel en el texto son lo bastante elocuentes como para que haga falta comentario alguno. Las diferencias que separan al *Anima* del *Animus* muestran en negativo la identidad de la primera (qué *no* es). Son pocos los elementos del *alma* que la parábola cita en positivo. El *Anima* "trajo su dote a casa", e incluso "conoce una canción extraña y admirable sin música ni palabras". Con respecto a la dote, la riqueza del *Anima*, es común el reconocimiento de que sólo ella, a través de los caminos ocultos que conoce, puede aproximarse a los tesoros de la Verdad, ya que sus ojos pueden ver las *apariciones* y sus oídos pueden escuchar aquellos *verbos inefables* de los que habló el apóstol Pablo,[17] así como aquellas melodías y las palabras del silencio que el intelecto lúcido no puede distinguir.

A la visión extrarracional del alma y al conocimiento directo que esta proporciona se han referido innumerables místicos y guías religiosos, filósofos y poetas, a lo largo de los milenios transcurridos. La lista es muy extensa. En el ámbito intelectual y religioso de Oriente, sobre todo monístico, desde los *Upanisads* y Buda hasta Annie Bésant, Krishnamurti, Tagore y Ramakrishna. En la antigua civilización griega, toda la corriente órfica desde Pitágoras y Platón (cuyas *ideas* no se hallan ontológicamente lejos de los *números* pitagóricos) hasta sus continuadores y Plotino. En el mundo dualista cristiano, desde San Juan, el apóstol Pablo y Dionisio Areopagita hasta Máximo el Confesor, Simeón el Nuevo Teólogo, San Gregorio Palamás (hesicasta), Nikita Stithato (néptico), e incluso desde Alonso Álvarez (San Juan de la Cruz) y Santa Teresa de Ávila hasta Hugo (de San Víctor). En el también dualista Islam, desde las corrientes místicas

---

[17] Corintios II, 12, 5.

sufistas *(tasawuf)*, las de los rifaítas y los isavitas, desde Housein Al Hellads (Housain Al Hallag o Al Hallaj), hasta Dschellaledin (o Jalalu'd Din). Finalmente, desde J. (Meister) Eckhart (1260-1327) y sus discípulos, J. Tauler y H. Seuse (Suso), E. Svedenborg y J. Boehme, hasta Reiner Maria Rilke, etc. La lista es interminable, y en vano intentaríamos enumerar a quienes han experimentado esta visión y no nos la han podido *decir*.

El poeta y el místico, si trataran de explicarnos estos movimientos de visión hipercósmica, se hallarían en la situación de un delfín imaginario que intentara participar en una interesante discusión entre constructores de naves acerca de los mecanismos del movimiento en el mar.

He escrito *decir* porque la referencia a la visión poética o mística y el intento de describirla es un fenómeno que se encuentra –en grado ciertamente distinto– en todas las formas en que se manifiesta la dinámica introspectiva y extrarracional de la conciencia. Ello es así porque la descripción de la visión mística difiere de la experiencia interior en sí misma tal como la vive el místico, que es "pura contemplatio divinae essentiae atque immediata". Esta última pertenece al terreno de lo trascendental, lo inefable y lo atemporal, mientras que su descripción constituye un intento de trasladarla, y en cierto modo incorporarla, al espacio discursivo temporal y a los esquemas existenciales terrenales. Para realizar esta traslación la experiencia mística ha de rebajarse hasta el conocimiento noético; ha de incluir, por lo tanto, elementos extraños a su naturaleza tales como el lenguaje humano, las creencias tradicionales y religiosas, el nivel cultural, etc., del místico que intenta describir su vivencia. Esta es, además, la razón por la que surgen las diversas "formas" en que se dividen las experiencias místicas. Sin embargo, la realidad es que el éxtasis místico es en sí mismo uniforme e idéntico en todos los hombres, y va más allá de cualquier límite de tradición, religión, nivel cultural, etc. Simeón el Nuevo Teólogo, por ejemplo, describe (con el pseudónimo [?] de Jorge) su experiencia mística con las siguientes palabras:

> Que el Señor se apiade de mí, pecador (...). Hablando con la mente más que con la boca,[18] un rico resplandor divino apareció de repente en lo alto e inundó todo el lugar. El joven (Simeón) no se dio cuenta de lo que pasaba, y olvidó si estaba en una casa o si se hallaba bajo techo (...). Pues sólo veía luz por todas partes y no sabía siquiera si tenía los pies en tierra. No tenía miedo a caer, y no le preocupaba ni el mundo ni nada de lo que preocupa a los hombres y a los seres corpóreos; al contrario, unido a una luz, como si él mismo fuera luz, y habiéndose olvidado de todo lo mundano, lo colmaron las lágrimas, una alegría inexpresable y un gran bienestar. Despues su mente ascendió al cielo y contempló otra luz.

He descrito estas formas como *superiormente emocionales* porque, a pesar de que sin duda pertenecen al mundo psíquico, emocional, de la naturaleza humana, difieren significativamente de las simples emociones comunes (miedo, alegría, tristeza, etc.). La emoción poética estética, y también, por supuesto, la mística, dan movimiento, se diría que proporcionan impulso, a todo un mundo psíquico, de tal forma que no es posible darles una denominación específica. Se trata de un estado formado por muchos sentimientos, tal vez por todos. No se trata de una suma de estos, sino de una disposición diferente, siempre psíquica, superior y luminosa, como la luz blanca que forman todos los colores del iris sin ser ninguno de ellos, o, desde otro punto de vista, la luz tan profunda y opaca como la oscuridad de la que nos han

---

[18] Cuando un místico declara que sus experiencias son inefables, quiere decir que el lenguaje corriente no puede expresarlas. De esta debilidad se deriva el intento de crear otra forma lingüística más adecuada, así como el fenómeno de la glosolalia.

hablado insistentemente los místicos y los poetas,[19] la luz que forma la presencia (ausencia) negativa y dialéctica de todos los colores. Dionisio Areopagita llama a Dios "rayo oscurísimo" en sus textos místicos, y P. Claudel escribió en *La Grande Ode:*

> ¿Quién ha gritado?
> Oigo una voz en la noche profunda
> Oigo a mi antigua hermana de las tinieblas
> que asciende de nuevo hacia mí...

Claudel llamó a la experiencia mística estado *de gracia*, y el poeta místico bizantino habló de *éxtasis:*

> ...y como fuera de mí en éxtasis
> así era mi vida...[20]

Esta situación de la conciencia R. Bastide la ha descrito como "perversión del instinto de autoconservación que conduce a la autodisolución de la personalidad".[21] Sea cual sea su nombre, se trata con certeza de algo diferente pero consustancial a las emociones comunes. Así pues, el desacuerdo que manifestó Seferis,[22] el hecho de que la emoción estética (poética) no difiera de las demás emociones, como parece creer P. Valéry, es simplemente verbal, ya que esta emoción es igual a las emociones comunes en lo que a su naturaleza se refiere, y es diferente en su nivel o *calidad*.

Nadie niega la naturaleza emocional del momento estético, de la creación y del disfrute artístico, con sus

---

[19] P. Trahard, *op. cit.*, pág. 159, nota 13, pág. 97.

[20] Simeón el Nuevo Teólogo, himno XVII, verso 371 (Koder, *Symeon le Nouveau Théologien Hymnes*, París, éd. du Cerf, 1971, vol. 2, pág. 38).

[21] J. Bastide, *Les Problèmes de la vie mystique*, París, Libr. Armand Colin, 1931, pág. 9.

[22] G. Seferis, *Ensayos* [en griego], Atenas, Ikaros, 1974, vol. 1, pág. 484.

particularidades, su espiritualidad y, en general, su calidad. Sin embargo, con respecto al estado místico de la conciencia, la bibliografía tiende a destacar de forma un tanto exagerada su sed metafísica, el rapto onírico de la vigilia lúcida y su tendencia unitiva, sin analizar más en profundidad su fisiognomía psicológica. Sin embargo, es ahí, en el fondo mismo del alma humana, donde nacen todos los estados de la conciencia, ya sean vuelos poéticos, visiones proféticas o elevaciones místicas. "Por muy diferentes que sean en su naturaleza, las experiencias poética y mística –ha escrito J. Maritain[23]– nacen cerca la una de la otra, cerca del centro del alma, en las fuentes vivas de la vivencia *extranoética* o *supranoética* del espíritu. No es (por lo tanto) sorprendente que se entrecrucen y se comuniquen entre si de infinitas maneras".

La trayectoria mística, al contemplar y ansiar el Absoluto, sigue durante mucho tiempo, junto con el estado febril de una intensa emoción, el sendero de la poesía hasta el momento en que, tal como veremos a continuación, ambos caminos se bifurcan; mejor dicho, hasta el momento en que la poesía se detiene para *mirar hacia atrás*, dejando que el místico avance solo entre tinieblas hasta el extremo inalcanzable del *Ser*. Sin embargo, no hay que pensar que ambas trayectorias, la de la poesía y la del misticismo, a pesar de todas sus características comunes, su naturaleza extrovertida y su tendencia unitiva, coinciden necesariamente en los sujetos. Si ha habido grandes poetas que han sido también místicos, y si entre los místicos más conocidos ha habido también poetas consagrados, ello no significa que todos los poetas sea místicos y viceversa.

---

[23] J. Maritain, *op. cit.*, pág. 158, nota 10, pág. 173.

Muchos pensadores han subrayado Esta soledad de la experiencia mística, en la que el hombre, envuelto por la visión hipercósmica, experimenta la presencia invisible y cercana del *Uno* más allá del recinto de la palabra. Sobre el espacio "más allá del recinto de la palabra", sobre el mundo del silencio, ha escrito el teólogo místico español M. de Molinos: "Hay tres tipos de silencio. El primero es el de las palabras (con el que se llega a la virtud), el segundo es el de los recuerdos (con el que se llega a la calma), y el tercero es el de los pensamientos (con el que se llega a la [auto]concentración interior). Sin hablar, sin recordar, sin pensar, (el hombre) alcanza el verdadero y perfecto silencio místico, con el que habla Dios al alma, se comunica con ella y le enseña la más alta y más perfecta sabiduría".[24] Sobre esta soledad y silencia, nos habla de forma turbadora Simeón el Nuevo Teólogo:

> Yo estaba más allá del espíritu y de la razón
> por encima de todo pensamiento
> Solo con el solo, solo...[25]

Son parecidas las palabras del místico K. Tersteegen, transmitidas por G. van der Leeuw:

> Algo me arrastra irremediablemente hacia el
> [desierto
> allí donde solo Dios y yo estamos solos
> allí donde espíritu se encuentra con el Espíritu,
> Ah, soledad, tan lejos, tan lejos
> de la creación, del espacio y del tiempo.[26]

---

[24] M. de Molinos, *Guía espiritual* I, I, cap. 17.
[25] Simeón el Nuevo Teólogo, himno XXXV, versos 36-39 (*supra*, pág. 166, nota 20, vol. 2, pág. 442).
[26] K. Tersteegen, *Geistliche Lieder*, tal como se incluyen en el libro de G. van der Leeuw *Phänomenologie der Religion*, Tübingen, 1956 (2ª ed.), pág. 569.

Acerca de la intensidad de la emoción mística, el reverendo De Grand Maison ha escrito lo siguiente: "La (trayectoria) mística (hacia el conocimiento) posee una riqueza emocional y una fuerza de irradiación y penetración que no puede ser comparada con nada".[27] Sobre la trayectoria emocional paralela del poeta y del místico también ha escrito H. Brémond: "La actividad poética es un esbozo fisiológico y profano de la actividad mística, un esbozo sin embargo confuso y torpe, repleto de vacíos. El poeta no es sino un místico efímero o fracasado". Y añade: "El místico es quien, en sus más extraordinarias elevaciones, nos ayuda a penetrar en el misterio del poeta".[28]

Como fenómenos de la dinámica de la conciencia, de "esta incansable tejedora de unidad", tal como la denomina con mucho acierto Chr. Malevitsis,[29] la poesía y el misticismo presentan otra característica en común: la *tendencia unitiva*, en grado y nivel diferentes.

Con respecto al misticismo, la trayectoria unitiva y su final son sin duda sus rasgos más destacados, más característicos. La eliminación de la antítesis entre el *yo* y el *no yo*, entre el sujeto y el objeto, y la vivencia de esta identificación final, siguen siendo, a lo largo de los siglos en Oriente y en Occidente, los objetivos de toda experiencia mística, ya esté directamente relacionada con una elevación religiosa o se encuentre, con mucha menos frecuencia, más allá y fuera de ella. Un ejemplo característico de esta última lo constituye el conocidísimo apóstrofe de uno de los textos filosóficos fundamentales de la antigua India, el *Chandogya Upanisad* (IV, IX, 4): "Tat tvam asi"

---

[27] *Supra*, pág. 159, nota 12, pág. 223
[28] *Supra*, pág. 159, nota 11, pp.207-208.
[29] *Supra*, pág. 153, nota 4, p 75

Según una antiquísima tradición, tras un aprendizaje duradero y una preparación psíquica (y somática) atormentadora, llegará la hora en que el maestro descubrirá al discípulo el gran, el único, "misterio de todos los misterios", y pronunciará las tres palabras de dimensiones infinitas: "Esto eres tú".

Entonces, inmerso en la autoconcentración, el iniciado intentará alcanzar la contemplación y la conciencia de la identidad de la fuente extrema de la realidad exterior e interior, del Brahman y del Atman; el éxtasis, que en los antiguos textos se denomina *samhadi* o *turiya*; es decir, la vivencia de la desaparición de todo discernimiento, que es a la vez dolor y beatitud, aniquilación y liberación, *nirvrtti* y *turya*, *moksha* y *apavarga*.

> Lo que está aquí, lo mismo está allí
> Lo que está allí, lo mismo está aquí.
> De muerte en muerte avanza quien
> Ve lo múltiple, como si existiera.
> (*Katha Upanisad* II, i, 10)[30]

En el mundo griego y, en general, en Occidente, la corriente unitiva mística parte primitivamente de la adoración tracia orgiástica de Dioniso, que se extiende con la corriente religiosa y filosófica del Orfismo y del Pitagorismo, y con los *misterios*, por toda la Grecia clásica y posclásica hasta difundir su luz en el mundo cristiano y avanzar hasta nuestros días junto al movimiento paralelo y análogo del Judaísmo y el Islamismo.

No creo que sea necesario extenderse aquí en las grandes figuras místicas del mundo occidental y también del bizantino, tal vez con la excepción de unas breves y

---

[30] La *Katha Upanisad* (del siglo VIII a.C. aprox.) pertenece a la corriente filosófico-religiosa de la llamada Veda negra, *Yajur Veda*, y es considerada la más filosófica de todas la *Upanisads*.

significativas referencias a este último, ya que se encuentra mucho más cerca de nuestro entorno histórico y de la Ortodoxia, e incluso del Islam, que no nos es tan conocido a pesar de que muchas veces los caminos de nuestra historia se han cruzado con los suyos.

De la *Oración mística de nuestro Padre entre los Santos Simeón el Nuevo Teólogo* (949-1022) tomo la siguiente invocación de este gran místico bizantino, que expresa la agonía y la sed por la unión con la Sustancia divina:

> Ven luz verdadera
> Ven vida eterna
> Ven misterio oculto...
> Ven realidad inefable
> Ven luz sin ocaso
> Ven resurrección de los muertos
> Ven invisible ... e intangible
> Ven tú, al que ha deseado y desea
> Mi alma miserable
> Ven solo al solo
> Porque estoy solo.[31]

Solo, en la terminología mística, significa *comunicación*, tal como ha observado D. Stathópulos. También aquí es característico el sentimiento de soledad de la trayectoria mística, del que ya hemos hablado. Sigue la experiencia beata de la unión:

> Te doy las gracias por haberte convertido
> en un solo espíritu conmigo.
> Ahora instálate, Señor, continuadamente,
> Inseparablemente hasta el final en mí.[32]

---

[31] Simeón el Nuevo Teólogo, prólogo de Nikitas, en Koder, *supra*, pág. 166, nota 20, vol. I, pág. 150, versos 1-20.

[32] Simeón el Nuevo Teólogo, prólogo de Nikitas, en Koder, *supra*, pág. 166, nota 20, vol. I, pág. 152, versos 24-39.

Y también:
Yo también me convierto en un dios
en esta unión inexplicable.[33]

En plena *embriaguez* del éxtasis, y ante la *brillante luz interior* de la experiencia de la unión, la sabiduría humana *profana* se parece a un paisaje sumergido en una espesa niebla. Nikitas Stithatos, monje presbítero del monasterio de Studios, escribió al respecto, en referencia a otro gran místico bizantino, Dionisio Areopagita:

> Este hombre divino purificado (ha visto) su alma
> [en lo más alto,
> como ya lo proclaman sus escritos, más sonoros
> [que una trompeta,
> y fue merecedor de grandes revelaciones,
> de visiones inefables, de una misteriosa
> [conversación, de palabras divinas
> que de forma extraordinaria resonaron en sus
> [oídos y, en pocas palabras,
> de la gracia apostólica, totalmente envuelto por
> [el fuego divino.
> Él lo ignoraba todo acerca de la ciencia pagana de
> [los discursos,
> y ha sido alzado hasta la más alta de las sabidurías
> [en cuanto a la elocuencia,
> la abundancia y la profusión de palabras, por
> [encima de todos los oradores
> y los sabios, como un auténtico sabio de los
> [asuntos de Dios
> y un teólogo lleno de doctrina, y no es un milagro,

---

[33] Simeón el Nuevo Teólogo, Himno XXX, en Koder, *supra*, pág. 166, nota 20, vol. II, pág. 372, versos 471-472.

ya que la sabiduría de Dio lo atraviesa y lo penetra
[todo gracias a su pureza.³⁴

Con respecto al misticismo islámico y a la identificación unitiva del yo con el no-yo, reproduzco aquí un texto característico tomado del persa:

Llama a la puerta del muy amado. Desde dentro,
[una voz
le responde: ¿quién es? –Yo, contesto. Entonces, la
[voz dijo
que en esa casa no había sitio ni para ti ni para
[mí, y la puerta
permaneció cerrada. Entonces, el amante se
[retiró al desierto.
Ayunó y oró en soledad. Un año después,
regresó. Llamó de nuevo a la puerta. Y de nuevo
[pregunto la voz: ¿quién es?
–Eres tú, respondió, y la puerta se abrió...³⁵

Los términos *amante, amor, novia, novio*, pero también *noviazgo, convivencia*, e incluso *fecundación*, aparecen muy a menudo en el vocabulario místico para indicar el estado de unión y la relación del místico con su Dios. Naturalmente, se trata siempre de un acceso dualista (teísta, duárquico), és decir, el llamado *misticismo personal* que experimenta a Dios como si fuera una persona. El gran estudioso contemporáneo del misticismo A. M. Haas ha escrito al respecto: "Una forma de experiencia mística es el *misticismo nupcial* (*nuptiale Mystik*), en el que Dios y hombre se encuentran en persona, como novio y novia. Este misticismo erótico en la forma de *matrimonio sagrado* es

---

[34] Simeón el Nuevo Teólogo, prólogo de Nikitas, en Koder, *supra*, nota 20, vol. I, pág. 116, versos 109-118.

[35] Traducción del texto citado en traducción francesa de Fitzgerald en H, Brémond, *supra*, nota 11, pág. 152.

particularmente valioso, ya que trae a la luz (hace visible) el elemento personal del encuentro entre Dios y hombre".[36]

E. N. Plastis ha escrito lo siguiente: "El erotismo es una característica fundamental, no de todas, sino de muchísimas, se diría que de la mayoría, relaciones místicas".[37]

"La psicología –observa al respecto D. Dakouras– ha sostenido muchas veces que, en especial en la vida monástica, el florecimiento de una fantasía erótica parecida encuentra su fundamento".[38] Este punto de vista nos parece particularmente estrecho, ya que se debería confesar que en los místicos matrimoniales hay más bien vivencias religiosas profundas, inclusos si entre estas se pueden encontrar sin duda determinados estados patológicos. En el misticismo *matrimonial* no estamos ante erotismo, sino ante salvación, y sólo esta es lo más importante en la unión mística. Todas las historias de amor y las alegorías de la poesía sufí –la historia de Leila y Manztio, de la mariposa y la luciérnaga, del ruiseñor y la rosa– son simplemente esbozos del intenso deseo del alma de reunirse con Dios. Es característico de la trayectoria mística unitiva un texto tomado de Bajazet Bastami:

> Iba de un dios a otro
> Hasta que oí una voz
> Dentro de mí
> Que me decía: "Tú eres yo".[39]

---

[36] A. M. Haas, *Got leiden, Got lieben (Zur Volkssprachlichen Mystik im Mittelalter)*, Frankfurt, Insel, 1989, pág. 43.

[37] E. N. Platis, *El elemento erótico en el misticismo* [en griego], Atenas, 1964, pág. 22.

[38] *Supra*, pág. 152, nota 3, pág. 39, 40. Véase también R. Nicolson, *Los místicos del sufismo* [trad. griega de A. Tsakalis, Atenas, Pyrinos Kosmos, 1985, pág. 111].

[39] El texto procede de van der Leeuw, *supra*, pág. 128, nota 26, pág. 273. A este texto también se refiere D. Dakouras, *supra*, pág. 128, nota 3, pp 39, 40.

También es muy representativo el siguiente fragmento de un texto árabe, que tomo de la obra de P. Maréchal *La Psycologie du Mysticisme* (París, 1904, pág. 226):

> ...yo era una pequeña gota perdida en el océano
> [del misterio,
> y ahora no puedo encontrar esa gota...

Finalmente, a la conciencia de esa identificación con Dios también se refiere el siguiente texto de otro ilustre místico árabe, Husain al Hallag, citado por N. Lúvaris (Dic. Enc. *Helios,* en la entrada *Misticismo*) y también por E. N. Platís:

> Soy Aquel a quien amo, y Aquel a quien amo
> [soy yo...
> cuando me ves, ves a Aquel, y cuando ves a Aquel,
> [nos ves a nosotros.[40]

También es unitiva, aunque en otro nivel y hasta cierto punto, tal como veremos a continuación, la trayectoria interior del poeta. La conocida frase de A. Rimbaud "Je est un autre" tal vez pueda proporcionarnos la clave de la particular experiencia poética unitiva.

En este punto hemos de advertir que el acceso del hombre común a toda *relación* con su entorno se caracteriza por la correlación de la unidad *yo* con una multiplicidad. No sólo nuestra cultura y educación espiritual –discursiva y, en consecuencia, analítica–, sino también la experiencia de la cotidianidad, se mueven en un ambiente polimórfico, formado por una variedad inimaginable de objetos, paisajes de todo tipo, sucesos, y también conceptos e ideas, etc., que existen y se desarrollan en la temporalidad, es decir, en una sucesión sin pausa.

---

[40] *Dic. Enc. Helios* [en griego], entrada "Misticismo"; E. N. Platis, *supra*, pág. 174, nota 37, pág. 21.

La experiencia poética constituye una relación de otro tipo que tiende a anular tanto su multiplicidad como su dimensión temporal. La pura conciencia poética es anegada por un "conocimiento directo" que une en vez de dividir, que libera esa relación de la esclavitud de la historicidad y la temporalidad. En las horas de fiebre poética, de inspiración y creación, el mundo interior del artista se transfigura por la *invasión* de todas las cosas que lo rodean, al sentirse ahogado por las fuerzas mistéricas que habitan el universo y poseído por el *alma universal* de la que hablaba Platón, o el *anima mundi* de Cicerón.

J. Maritain[41] ha escrito lo siguiente: "Pero el conocimiento poético presupone una especie de invasión de cosas en la noche subconsciente del espíritu, cerca del centro del alma, a través de la emoción y la unión emocional, de las que nace la intuición poética, y conoce las cosas como una sola cosa –voluntariamente una, pero sólo una– consigo mismo, como resonancias dentro de la subjetividad". Para el *conocimiento poético*, J. Maritain utiliza una definición muy expresiva pero difícilmente traducible: "La connaissance poétique est une connaissance par connaturalité affective de type opératif ou tendant a s'exprimer dans une oeuvre".[42]

La naturaleza unitiva de la experiencia poética se expresa en la metáfora de las imágenes y en la contemplación simbólica de la realidad y de la naturaleza, tal como involuntariamente la describió J. J. Rousseau en los *Ensueños de un caminante solitario,* sobre todo a través de la identificación del mundo interior con el mundo objetivo.

---

[41] *Supra*, pág. 158, nota 10, p. 170.

[42] J. Maritain, *Situations de la poésie* [el libro contiene artículos tanto de Maritain como de su esposa Raisa, en *Courier des Iles*], París, Desclée de Brower et Cie., 1938, pág. 125.

No olvidemos que, en principio, *símbolo* significaba un punto que se forma a partir de dos fragmentos de un objeto roto al acercarlos (al intentarlos unir) el uno al otro. En las imágenes, las metáforas y los símbolos, el poeta –en oposición al acceso directo del místico– hace realidad su propia, aunque indirecta, unión con *lo que existe*, que es sólo una construcción, un eco, un reflejo del *Ser* último. Sabe que su destino es percibir el mundo con su visión simbólica, es decir, acudir a aquellas facultades suyas que perciben la realidad a través de imágenes y que pertenecen a aquellas capas del ser que no son vistas. "Poetica sciencia est de his quae propter defectum veritatis non possunt a ratione capi; unde oportet quod quasi quibusdam similitudinibus ratio seducatur", escribió epigramáticamente Santo Tomás de Aquino.[43]

Esta *unión* es por supuesto diferente a la del místico. Este aspira a la unión con el *Constructor* o con el *Ser*, mientras que el poeta se une a lo *construido*. Ambos imitan a Dios, pero con roles diferentes. Los poetas imitan al Dios Creador. Crean y regalan a su congénere humano los tesoros del Arte. Los místicos intentan encontrar la Verdad suprema, y junto con esta la salvación y la redención.

"El conocimiento hacia el que tiende el místico –ha señalado A. Beguin– no es simplemente deseado por una conciencia que tiene curiosidad por afrontar lo incorruptible. Si quiere conocer, si está obligado a quererlo, es porque para esa conciencia se confunden conocimiento y salvación, unión con el Hacedor y consumación de la existencia creada. El contacto del espíritu con las cosas, con las cosas del mundo terrenal, es muy diferente en el místico y en el poeta. Seguramente el místico posee en general una percepción-concepción de lo concreto

---

[43] *Sentetiarum Proleg.*, Q. I, a 5 ad 3.

particularmente intensa que, sin embargo, podría decirse que no duda en saborearla. Halla (que) todas las cosas (están) *en Dios*, y las utiliza para superarlas. En cambio, el poeta mantiene un intenso apetito por ellas. Para él las cosas tienen una existencia que no es sólo representativa. Por supuesto significan mucho más que lo que son ellas mismas, y para el poeta están cargadas de un valor múltiple. Pero esta multiplicidad no excluye su simple y bella presencia, como cosas verdaderas de las que extrae alegría y satisfacción. Ello es así porque la belleza, la belleza del mundo, existe para él. En su canto, el poeta nos da la tierra y su majestuosidad. Nos da el mar, el río y los árboles, sin él no tendríamos nada de todo esto y no sabríamos que, tal como dijo Claudel, cada cosa es una *sílaba* de un texto total".[44]

Y en ambos casos (es decir, en la experiencia poética y en la mística) hay un cierto *logro*, una cierta *adquisición* de lo *Verdadero*; sin algo así (por lo demás), no habría ni poesía ni misticismo. Sin embargo, este logro y esta adquisición son más superficiales en el poeta, y, por lo tanto, menos unitivos en comparación con los del místico.[45] La experiencia poética está desde el principio orientada hacia la expresión, y culmina con la emisión de la palabra o con la creación de una obra, mientras que la experiencia mística tiende hacia el silencio y finaliza con el disfrute interior del Absoluto.[46] El lugar del Absoluto o de Dios en la conciencia mística pasa a ocuparlo (en la experiencia poética) el mundo exterior, toda la naturaleza polimórfica, cuyos componentes se comunican y se mezclan ocultamente con la conciencia y con sus estremecimientos

---

[44] A. Béguin, *Création et destinée*, París, Seuil, 1973, pág. 135.

[45] Es parecido lo que explica al respecto H. Brémond, *supra*, pág. 159, nota 11, pág. 210.

[46] J. Maritain *supra*, pág. 158, nota 10, pág. 173.

unitivos. Las cosas, los paisajes, los fenómenos, la realidad viva que rodea al poeta, pierden en esas horas su fría sustancia objetiva y se transforman en el eco silencioso de su propia vida anímica. Su acceso, contrario al acceso analítico y divisorio del pensador, constituye un contacto global, profundo y directo, con un entorno donde todas las cosas giran alrededor de un oculto palpitar común que las une entre sí y que también las une con el estado psíquico febril del poeta.

"Poi chi finge figura, se non può esse lei non la può porre" (quien pinta una imagen, si no puede ser ella misma, no puede darle forma), dejó escrito Dante en el *Simposio*,[47] destacando así el fenómeno de la identificación unitiva que (ha de) caracteriza(r) la creación artística: "Onde nullo dipintore potrebbe porre alcuna figura, se intenzionalmente non si facesse prima tale, quale la figura essere dee" (IV.X, canto 11-13). En el pintor, en el músico y en el poeta, la identificación completa con el objeto exterior se hace realidad poco a poco, tal como la describió Charles Baudelaire: "Al principio ligáis un árbol a vuestras pasiones, deseos o melancolías; sus gemidos y sus idas y venidas (al viento) se vuelven también vuestros, y, sin daros cuenta, enseguida sois el árbol".

Al hilo de una cierta referencia a otros temas, en las páginas anteriores hemos hablado circunstancialmente de la tendencia poética unitiva y de la identificación. En este punto intentaremos acercarnos en particular al tema paralelo de la experiencia mística, fenómeno unitivo, en la poesía. "El poeta –escribe M. D. Philippe– canta la unión viva y profundísima del hombre con el universo".[48]

---

[47] IV, canto 52-53.
[48] M. D. Philippe, *L'Activité artistique*, París, Beauchesne, 1970, pág. 79.

Vivísimo es el ejemplo que proporciona A. Chausson,[49] a partir de su experiencia personal, al explicar por qué, queriendo ser poeta, se dirigió hacia la prosa y la novela. "Me encontré –dice– aislado de ese acuerdo universal con el universo, que es tal vez el requisito de la poesía".

La problemática intelectual acerca de la naturaleza de la estética, y en especial de la experiencia poética, ha llevado a la confección de una teoría, la de la empatía (*Einfühlung*), que se mueve en los límites de la afirmación unitiva de este fenómeno. Según esta teoría, el subconsciente, que acepta los estímulos del mundo exterior, tiende a incorporarlos a su estructura interior, formada por sentimientos. Así, se crea en el hombre la ilusión de que el mundo inanimado de alrededor también tiene sentimientos, similares a los suyos. Habla de la ira del trueno, de la melancolía de las hojas amarillentas, etc. El arte, según esta teoría, es la autoconciencia de esa ilusión y su rechazo, el mantenimiento del mito de la ilusión, en un mundo desmitificado y libre de ilusiones.

Esta teoría ha sido resumida por E. Papanutsos en los siguientes términos: "Empatizar (*sich einfühlen*), según sus partidarios, significa sumergirse en los objetos externos, proyectarse, difundirse entre ellos. Significa interpretar el yo de los otros de acuerdo con mi propio yo, vivir sus movimientos, sus gestos, sus sentimientos y pensamientos, revivificar, dar vida, proporcionar un rostro a los objetos que no tienen personalidad, desde los elementos morfológicos más simples hasta las manifestaciones superiores de la Naturaleza y del Arte".[50] Y en referencia a uno de los *padres de la empatía*, J. Volket,[51] describe

---

[49] A. Chausson, *Fragments d'un Liber Veritatis*, París, Gallimard, 1945, pág. 37.

[50] *Estética* [en griego], Atenas, Ikaros, 1976, pág. 206.

[51] J.Volket, *System der Aesthetik*, 1914, 3 ed., vol. I, pp. 244-252.

la empatía como "una unión sui géneris entre intuición y sentimiento donde no hay yuxtaposición y conexión (como ocurre en una unión natural), sino aleación y combinación de intuición y sentimiento (como ocurre en la unión química). "La poesía y el Arte –afirma un defensor de esta teoría– constituyen formas articificiales y buscadas de ilusión".[52]

Así pues, nos encontramos en el conocido espacio estético de la *confusión infantil* entre la realidad objetiva y la mitificada, o en el de la visión original animista del entorno físico, lleno de espíritus, ecos de nuestros miedos y esperanzas. Se trata, por lo tanto, de una intuición panteísta del hombre, tal como decía H. Delacroix,[53] que tiende hacia la identificación del yo con la naturaleza y con el *ser*. Además, este es un *espacio* sobre todo poético. El niño y el primer ser *viven poéticamente*, es decir, en un estado de confusión entre mito y realidad, entre el mundo interior y el exterior. "El pensamiento primitivo es poético", tal como ha dicho un pensador francés contemporáneo,[54] y añade: "No es inexplicable el hecho de que los poetas añoren y sueñen con su infancia inocente, la infancia de la humanidad, ya que un cierto instinto oculto les dice que allí encontrarán algo de las patrias perdidas".

"El término *empatía* –ha escrito K. Koveos– denomina un hipotético mecanismo psíquico que explica de alguna manera el fenómeno de la constatación de un alma en objetos inanimados. El arte empieza en el momento en

---

[52] O. Souville, "L'Imagination. Fonction de l'avenir selon Bachelard", en *Avenir. Actes du XIme Congrès de l'Association des Sociétés de Philosophie de Langue Française. Athènes 1986*, París, Vrin, 1987, pág. 373.

[53] H. Delacroix, *Psychologie de l'art*, París, Libr. Félix Alcan, 1927, pág. 53-54.

[54] J. Onimus, *La Connaissance poétique*, París, ed. Desclée de Brouwer (sin año), pág. 42.

que el autoengaño se convierte en conciencia y, a pesar de ello, permanece".[55] También Bozonis ha observado lo siguiente en referencia al mismo término: "El alma proyecta sus deseos, sus sentimientos, sus necesidades, y da forma a la naturaleza. El hombre tiende hacia el cosmos e intenta identificarse con él".[56]

Por supuesto se trata solamente de uno de los muchos intentos que ha habido para acceder a la cuestión, pero no deja de ser un eje importante alrededor del cual gira, todavía hoy, su investigación. Por otra parte, es un hecho que la teoría de la empatía (*Einfühlung*) ha dirigido la atención de la investigación hacia el reconocimiento de lo que podría llamarse un estado psíquico de antropomorfismo que, aunque no la explica, en cualquier caso caracteriza la disposición estética (poética). "La poesía –ha dicho Jean Onimus– presiente aquello que descubren los místicos, una visión unitiva del mundo, un concierto global en el que todas las cosas se hallan en diálogo musical entre sí, y se comunican dentro de unos itinerarios misteriosos".[57]

En Estocolmo, en la ceremonia de entrega del premio Nobel, Saint John Perse dijo: "Con su adhesión completa a lo que *es*, el poeta se convierte para nosotros en un nexo con la unicidad y la unidad del Ser".[58] La restitución de la unidad perdida, ha escrito V. Athanasópulos en referencia a la obra de D. Papaditsas,[59] es el ideal del auténtico poeta, que es una "figura ascética y heroica de su época" que añora la unidad perdida y vislumbra la nueva, que unirá

---

[55] *La gramática del logos estético* [en griego], Atenas, 1984, pág. 79-80.
[56] *Problemas de estética* [en griego], Atenas, 1983, pág. 80.
[57] *Supra*, pág. 181, nota 54, pp.224, 230 etc.
[58] *Supra*, pág. 181, nota 54, p.24`1
[59] "La fe en el surrealismo. Poética de D. P. Papaditsas" [en griego], en *Revista de Samos* [en griego], vol. XXI, núm. 42, marzo de 1994.

todas las junturas, todos los caminos del pensamiento y del alma, hasta que en esa unidad la mente cree su nuevo universo y, al mismo tiempo, lo interprete.

Esta experiencia unitiva no sólo ha sido constatada por los teóricos. Los propios poetas, cuando han intentado explicar lo que experimentan en sus escasos momentos de fiebre creativa, han confesado que lo que les caracteriza principalmente es la desaparición de toda *barrera*; en el espacio, psíquico y exterior, el *adentro*, el *afuera*, el *aquí* y el *allá*; en el tiempo, el *antes*, el *ahora* y el *después*. Han hablado de un estado psíquico que puede ser descrito, creo, como el sabor de la comunicación y de la unidad oculta de la aparente multidimensionalidad y polimorfismo espacial y temporal:

> ...sonidos que se han vuelto colores
> olores que se han vuelto miedos
> lugares que se han vuelto caras
> momentos que se han vuelto sabores.[60]

Sobre esas *barreras* que limitan, que rompen la unidad y que el alma intenta superar en vano, he escrito los siguientes versos:

> Barreras los mares
> Barreras las montañas.
> Incluso las nubes
> Y el cielo.
> Barrera infinita él también.
> Barreras los ojos que miran
> Pero que no alcanzan a ver
> La luz sin atardecer
> Más allá de la luz del sol.
> Barreras los oídos que oyen

---

[60] Veáse *supra*, pág. 103 y 104.

Pero no distinguen
La palabra del silencio mudo.
Barreras los dedos que palpan
Pero que no alcanzan a tocar
La Forma no construida
Por detrás del engaño del tacto.
Barreras todos los cuños de la vida
El ayer, el mañana, el aquí, el allá,
Todo son barreras a nuestro alrededor.
Y siempre bate las alas,
Y siempre fracasa su vuelo
En las espinas el alma
Hasta la última barrera de ciprés.[61]

H. Brémond ha escrito: "Todo es uno, o más bien se transforma en uno apenas es atrapado por la poesía, de la misma forma que todas las cosas se convierten en rosas al ponerse el sol".[62] "No dudéis –aconseja O. Elitis– en percibir sus cabellos como nubes o su pena como una canción lenta. Sólo escucháis y acariciáis, acariciáis y escucháis. Dais a las cosas inanimadas las propiedades que tienen que ver con las animadas, o a las mentales las de las sensibles y viceversa. Con la misma libertad que proporciona el sueño y compone pedazos de vuestras impresiones cotidianas y viejos deseos ocultos".[63] A su vez, P. Valéry dejó escrito: "La reconozco (la emoción poética) por el hecho de que todo lo que puede existir en el mundo normal, exterior o interior, los seres, los sucesos, los sentimientos, las acciones, a pesar de que siguen siendo, con respecto a su apariencia, lo que normalmente son, se unen de repente los unos a los otros mediante

---

[61] Publicado en la revista *Diario de Macedonia* [en griego], 1987.
[62] *Supra*, pág. 159, nota 11, pág. 51.
[63] "El método de *Ara*" [en griego], en *Mapa* [en griego], núm. 21-23, noviembre de 1986, pág. 286.

una relación indeterminada pero admirablemente acorde con los ritmos (maneras) de nuestra sensibilidad general. Es decir, que estas cosas y los seres, o más bien las ideas que representan, de alguna forma alteran su valor. La una llama a la otra, y se complementan de una manera que es del todo diferente a la normal. Encuentran musicalidades, al responderse la una a la otra y al comunicarse harmoniosamente".[64] "Le pouvoir du poète et du poème –escribe P. Ricoeur– de faire triompher l'ordre dans le disordre".[65]

Precisamente sobre el eco místico que mantienen los objetos entre sí hablan los versos que compuse para expresar –tan pobremente, sin embargo– la sed de esa sinfonía secreta:

> *Lumière Nouvelle*
>
> Oh! Je voudrais briser cette routine triste,
> Suivre dans le désert les ornières du vent,
> Escalader le ciel,
> Marcher sur d'autres pistes
> Vièrges, loin de la fange et des sables mouvants.
> Me trouver au pays des ombres translucides
> Où tout se communique et tout s'entrerèpond,
> Vaincre l'opacité de la raison stupide
> Pour retrouver le Jour dans un rêve profond...[66]

A este respecto, ha quedado como un clásico el soneto del gran simbolista francés Ch. Baudelaire, "Correspondences",[67] publicado por vez primera en el libro *Les Fleurs du mal:*

---

[64] Citado por M. Dufrenne, *La Poétique*, París, P.U.F., 1963, pág. 79.
[65] *Temps et récit*, éd. du Senil, París, 1983, vol. 1, pág. 19.
[66] Fragmento del poema "Lumière Nouvelle", de mi antología *Reflets*, premiada en 1968 por la Académie Française.
[67] Véase al respecto el interesantísimo libro de M. J. Pommier, *La Mystique de Baudelaire*, Faculté de Lettres de Strasbourg, 1964.

Correspondences

La nature est un temple où des vivants piliers
Laissent parfois sortir des confuses paroles.
L'home y passe à travers des forêts de symboles
Qui l'observent avec de regards familiers.
Comme des longs échos qui de loin se confondent
Dans une ténébreuse et profonde unité
Vaste comme la nuit et comme la clarté
Les parfums, les couleurs et les sons se répondent.
Il est de parfums frais comme des chaires d'enfants
Doux comme les hautbois, verts comme les prairies,
Et d'autres corrompus, riches et triomphant,
Ayant l'expansion des choses infinies
Comme l'ambre, le musc, le benjoin et l'encens
Qui chantent les transports de l'esperit et le sens.

Vale la pena detenernos en algunas palabras-clave del poema, como *symboles, ténébreuse, unité, couleurs,* etc., que *se répondent,* etc. Con respecto a los símbolos, E. Underhill ha escrito: "Por norma general el místico no puede expresarse sin imágenes y símbolos, por muy inapropiados que estos sean para su visión inefable, intentando de forma indirecta, con ciertas alusiones o paralelismos, despertar de su letargo la *intuición* del lector y transmitirle, tal como hace el lenguaje poético, algo que se halla por detrás de su significado superficial".[68]

En efecto, casi todos los místicos han hablado de la importancia y del papel del símbolo, que constituye para ellos el principal *medio de acceso* a la verdad oculta del universo. El poeta místico alemán Novalis (Fr. von Hardenberg) escribió: "Aller Sinn ist repräsentativ symbolish" (Todos los mensajes de los sentidos tienen valor

---

[68] *Mysticism*, Meridian Books, Nueva York, 1956 (12ª ed.), pág. 79.

simbólico).⁶⁹ Y J. Ross comenta al respecto: "El testimonio de nuestros sentidos no posee valor absoluto, peroesto no es razón para despreciarlo o ignorarlo, porque siempre conservan el valor del símbolo y a través de los símbolos tal vez es posible alcanzar la verdad, con nuestras facultades intelectivas".⁷⁰

La *unidad tenebrosa* a la que se refiere el poema remite sin duda a la terminología mística. La *tiniebla* no significa en el lenguaje de los símbolos místicos oscuridad profunda, sino un estado de la *iluminación interior*. El místico alemán Boehme ha escrito al respecto: "Die Lichtwelt ist in der Finstern, auch die finstere Welt in der Lichtwelt" (El mundo de la luz está en las tinieblas, y el mundo de las tinieblas en el mundo de la luz).⁷¹ Una explicación comparable a esta proporciona también Novalis, quien escribió: "Las tinieblas son una ἀσθένεια (enfermedad) de dos caras (en griego en el original). O procede del deslumbramiento, de la luz en exceso, o procede de la falta de suficiente luz".⁷² "La nuit qui est supreme clarté", así ha descrito las tinieblas místicas A. Béguin.⁷³ Finalmente, Dionisio Areopagita llama a Dios "rayo oscurísimo" en sus textos místicos. Al respecto, N. Lúvaris ha escrito lo siguiente: "Comprendemos el uso diverso de los términos *oscuridad* y *oscuro*. A través de ellos (el místico) quiere expresar aquella partida hacia el desierto, la separación del alma respecto del mundo de los sentidos.

---

[69] *Schriften (Fragmente)*, Bibliogr. Institut A. G., Leipzig, 1923, vol. 2, pág. 340.

[70] *Aspects littéraires du mysticisme philosophique au début du Romantisme*, éd. Heitz, Estrasburgo, 1951, pág. 255.

[71] *Sex Puncta Theosophica (Sämtliche Werke)*, ed. A. Barth, Leipzig, 1831, vol. 5, pág. 15.

[72] *Supra*, pág. 154, nota 5, vol. 2, pág. 340

[73] *Création et destinée*, éd. du Seuil, París, 1973, pág. 211.

La inmersión en las profundidades del mundo interior".[74] Sin embargo, las tinieblas tal vez no sean sino un espacio infinito *sin fronteras*, ya que la luz es un componente de la delimitación, y su ausencia hace desaparecer toda frontera visible. "Te amo más que a la llama, que pone límites al mundo", dijo el poeta.[75] Finalmente, cabe señalar que en la literatura eclesiástica griega se encuentra un término que, a pesar de que semánticamente está relacionado con la oscuridad, remite metafóricamente a la luz que es Dios. Nuestros textos sagrados hablan del γνόφος (o δνόφος, ζόφο) que envuelve al Señor, en el acceso trascendental de su sustancia: "τὸν Θεόν ἐν γνόφῳ ἰδεῖν", escribió Gregorio de Nicea,[76] y (pseudo) Dionisio Areopagita habla de "ὑπερφώτου γνόφου".[77] Este termino se encuentra, por primera vez, en el Antiguo Testamento, y al respecto Lutero escribió el siguiente comentario: "in quibus videri non potuit sed tantum audiri".[78]

Finalmente, Baudelaire llama *tenebrosa*, es decir, bañada en la luz sagrada, la *unidad*, usando otro término particularmente amado por el discurso místico. Se trata de una palabra "en la que se derrama –tal como escribe P. Emmanuel– toda una red de correspondencias por las que se constata la unidad del hombre con el mundo de su entorno".[79] La *unidad del poeta*, prodríamos precisar, y también la del *místico*, ya que ese sentimiento de unidad pertenece a la fiebre de la poesía o de la sumersión mística, y es una experiencia personal dentro de su universo.

---

[74] *Supra*, pág. 151, nota 2, pág.102.
[75] Rilke, en traducción griega de N. Louvaris, *supra*, pág. 151, nota 2, pág. 102.
[76] Βίος Μωυσέως, Migne, *Patrologia Graeca*, 44, 337.
[77] Μυστ. Θεολογία 1, 1, Migne Patrologia Graeca, 3, 997 B.
[78] Salm. 17, 10.
[79] *Le Goût de l'Un*, París, Seuil, 1963, pág. 26.

En cuanto a los *colores que se responden*, recordemos los versos del conocido soneto de Rimbaud sobre los colores de las vocales y todo lo que se ha escrito acerca de las llamadas *auditions coloriés*, así como lo que escribió Goethe sobre el *sabor* de los colores, "el sabor *alcalino* del azul y el sabor *óxido* del amarillo", en el marco de su teoría general sobre el eco universal del los *antwortende Gegenbilder*.[80]

"El espíritu prosaico –ha escrito J. Onimus– se ahoga en la multiplicidad, se pega al lodo y se asfixia en él".[81] Este mismo autor también ha dicho: "Las cosas (los instantes poéticos) son ilusión, pero constituyen también una alusión, una ilusión que, apenas es reconocida y superada por la referencia que alguien percibirá, remite a la enormidad". Tal como dijo de forma poética P. Claudel:

> ...incluso para un simple vuelo de la mariposa es necesario todo el cielo.[82]

En el interior de todas las cosas se encuentra encerrada la totalidad (el *atélesto*, según la expresión bizantina), el *horizonte* husserliano, aquello que se distingue y que nunca es conquistado, o el casi idéntico *Umgebend* (aquello que envuelve), según K. Jaspers. "Todo está empapado de inmensidad, incluso una concha cualquiera sin importancia, recogida en alguna playa, tan inmensa en su pequeñez como el océano del que procede".[83] "To see the world in a grain of sand / and heaven in a wild flower / hold infinity in the palm of your hand and eternity in an hour", como dijo el poeta místico inglés William Blake.

---

[80] Véase E. Souriau, *La Correspondence des arts*, París, Flammarion, 1947, pág. 116-117 y nota 1.
[81] *Supra*, pág. 181, nota 54, pág. 225.
[82] *Réflexions sur la poésie*, Gallimard, París, 1960-1969, pág. 172-173.
[83] Rilke, en traducción griega de N. Louvaris, *supra*, pág. 151, nota 2, pág. 102.

Hace ya muchos años intenté recoger en unos cuantos versos la visión fugitiva de un momento así:

Reflejos

Como una estrella caída en la tierra
Gota de agua trémula
Sobre un pétalo de rosa
Brilla como la plata
Y todo el cielo
En su nudo de cristal
Encierra y refleja
Y como el cielo infinito
Cabe en la gota
La refleja brillantísima
¡Como abrazo del Infinito![84]

Si bien es cierto que son muchas las cualidades que tienen en común las tres formas de la dinámica de la conciencia de las que ya hemos hablado, la mística, la religiosa (profética) y la poética, las diferencias que las separan son bastante evidentes y características de cada una de ellas. Hay también quien proclama que cualquier intento de acercamiento o paralelismo entre ellas sería inconcebible. "Hay hombres –ha escrito H. Brémond– a los que les parece escandalosa la sola idea de ese acercamiento", y añade: "Así pues, heterogeneidad y sin confusión posible (...) barrera escandalosa, infranqueable entre las dos experiencias".[85]

Creo, sin embargo, que todo lo dicho hasta ahora pone en evidencia que unas posturas tan extremas no se corresponden a la realidad, y no faltan quienes, por el contrario, han visto la poesía y el misticismo como etapas de una

---

[84] En mi colección de poemas titulada *Eternos y Efímeros*, pág. 16.
[85] *Supra*, pág. 159, nota 11, pág. 43 y 217.

misma trayectoria de progreso. Así, por ejemplo, el Rev. P. de Grand Maison ha escrito al respecto: "La actividad poética es un preludio natural y profano (literalmente un esbozo, *ébauche*) de la mística, un esbozo sin embargo confuso y torpe, repleto de vacíos. El poeta podría ser descrito como un *místico en incubación* o como un *místico fracasado*".[86] Naturalmente, estas posturas, aunque se considera que no reconocen la independencia de cada uno de los estados de la conciencia, sino que los ven simplemente como etapas evolutivas de un nivel más bajo de la conciencia a otro más alto, se hallan lejos de la verdad. "Aquí cabe protestar en nombre de la poesía", ha escrito R. Maritain.[87] "La poesía no es algo *fracasado*. Una visión tal no le haría justicia o la honraría en más de lo que le corresponde. (La poesía) no es misticismo. Posee su particularidad, es un ser con su propia naturaleza. Posee sus formas de ser y sus propias leyes ontológicas. La poesía que toca las cosas y las realidades mundanas, no al mismo Dios, deriva de una unión de otra naturaleza más o menos intensa, con un Dios creador y organizador de la naturaleza". Al respecto, A. M. Haas ha hecho una acertada observación: "Al compararlos (poesía y misticismo), no deberíamos someter de forma jerárquica la primera a la segunda", y añade: "La estructura ontológica de ambos modos de conocimiento (*Erfahrungsweisen*) es seguramente distinta".[88]

No hay duda de que todas las formas de la conciencia, de las cuales ya hemos hablado, tienen como común denominador el *mundo interior* humano e incluso algunas características comunes. Ello, sin embargo, no quiere decir que no difieran en muchas: "Il y a entre les deux aussi

---

[86] Tal como cita H. Brémond, *supra*, pág. 159, nota 11, pág. 208.
[87] *Supra*, pág. 176, nota 42, pág. 37-38.
[88] *Supra*, pág. 156, nota 7, pág. 37-38.

un abîme de différences", ha escrito, tal vez con una cierta exageración, H. Brémond.[89] Así, mientras que la experiencia mística tiende hacia el conocimiento trascendental y permanece dentro de los límites de la contemplación del Absoluto (éxtasis), la poesía se mueve dentro de los límites de la acción y de la búsqueda-disfrute de la belleza, de aquella belleza que es la Verdad del Arte. "Lo que distingue, entre otros factores, al poeta del místico –ha escrito M. Raymond– es el hecho de que el poeta es aquel que crea, que construye un objeto cuya materia es la lengua, y que esta disposición para *construir* es el principio fundamental que orienta y unifica sus fuerzas".[90] (La cursiva es mía.)

Lo que también se podría decir al respecto, y constituye, creo, una cualidad, pero también otra línea divisoria, es que la experiencia mística, en todas sus formas, se encuadra por principio en el espacio más general de la conciencia sagrada, mientras que la poesía, por el contrario, pertenece por principio a las manifestaciones *profanas* de la dinámica de la conciencia humana. De manera más cruda y por supuesto exagerada que, sin embargo, no se aleja de los límites de la realidad, se expresa al respecto R. Caillois: "El poeta no se conforma con ser un simple artista de la lengua, artista como los demás. No quiere que lo llamen hábil. Clama ser profeta, y he aquí al impostor". En una entrevista de 1979, y en referencia al aspecto técnico de la poesía, O. Elitis explica que G. Seferis dijo: "No vean al poeta tal como lo ven los románticos. Es un zapatero que hace zapatos, y tiene que hacerlos bien. Como artistas, existen dificultades para quien se exige a sí mismo, las mismas que existen siempre".[91]

---

[89] *Supra*, pág. 159, nota 11, pág. 87.
[90] *De Baudelaire au Surréalisme*, París, Libr. J. Corti, 1966, pág. 355.
[91] *Approches de la poésie*, París, Gallimard, 1978, pág. 42.

Finalmente, se podría señalar, sin que ello implique una valoración cualitativa de ambas experiencias, que la "contemplación", en cada una de ellas, difiere tanto en intensidad como en profundidad. Como "pálido candil" ha descrito la experiencia poética H. Brémond,[92] en comparación con el deslumbramiento que produce el sol de la visión mística, "que es concedido solamente a unos pocos elegidos". La primera es una experiencia profana, bastante común, mientras que la segunda es sobrenatural y no se otorga, no es posible, sino sólo con la gracia de Dios.

Por supuesto la contemplación mística, hasta cierto punto y en un determinado nivel, avanza en compañía de la experiencia poética. Esta etapa es sólo un umbral. Más allá se extiende, infinito, el espacio lóbrego del conocimiento trascendental, allí donde "se acalla la luz", un espacio hacia el que la poesía sólo puede lanzar una mirada tímida y fugitiva al tiempo que se apresura a volver atrás para *hablar*. "Hemos de reconocer –ha escrito A. Béguin– que hasta la poesía más milagrosa no se acerca sino a una gran distancia a los lugares de la seguridad mística, y que también tiene otra función, es decir que su naturaleza es diferente y tiene otro objetivo".[93]

Es característico al respecto el hecho de que el poeta posea siempre el sentimiento de un intento insatisfactorio, "ce grand échec qui se perpétue", del que ha hablado L. Aragon,[94] sentimiento que no se encuentra en el místico, ya que este vive y siente el cumplimiento de la unión deseada. "Si la poesía pudiera satisfacer completamente nuestros deseos espirituales –ha escrito R. Maritain– no existiría ese *fracaso que se eterniza*, ni tampoco existiría si

---

[92] *Supra*, pág. 159, nota 11, pág. 147.
[93] En su libro *Gérard de Nérval*, citado por R. Maritain, *supra*, pág. 176, nota 42, pág. 70.
[94] Citado por R. Maritain, *supra*, pág. 176, nota 42, pág. 70.

no quisiéramos que la poesía llegara al final de un camino al que, en cualquier caso, no puede llegar sola. El silencio del poeta es silencio del derrotado que admite su derrota, mientras que el silencio del místico es reflejo de la paz y de la calma interior de quien ha llegado al final de su peripecia".[95] Sin embargo, cabría señalar que esta observación no es del todo cierta, ya que la experiencia mística tiene en común con la poética el hecho de que participa también en ese gran fracaso que se eterniza, por lo que tampoco puede ser descrita como éxito. Por supuesto ambos *fracasos* no son ni iguales ni *equivalentes*. El poeta pretende decir, con medios que pertenecen al espacio de lo *sensible*, un éxtasis inefable y una revelación hipersensible, y el místico intenta vivir en la tierra, con fuerzas humanas, una vida divina.

"Encuentro y vértigo del vacío" llama un filósofo francés la experiencia poética, mientras que describe la visión mística como un paso valiente, como victoria y alegría, porque ha llegado hasta el final y *ha hallado*.[96] A propósito de ese encuentro, el poeta andré Cesaire compuso los siguientes versos:

> Alors la vie, j'imagine, me baignerait tout entier
> Chaque goute d'eau y faisant un soleil
> Dont le nom, le même pour toutes choses
> Serait: Rencontre enfin totale.[97]

De su parentesco con el misticismo la poesía ha heredado dos tendencias, la del silencio y la de la transgresión; dos tendencias que continuamente le son más y más valiosas.[98] Sin embargo, la diferencia básica entre ellas,

---

[95] *Supra*, pág. 176, nota 42, pág. 67.
[96] *Supra*, pág. 181, nota 54, pág. 236.
[97] Colección *Cadastre*, pág. 80,
[98] Véase Trahard, *supra*, pág. 152, nota 13, pág. 104.

de la cual se derivan muchas otras, es el hecho de que la experiencia mística es absoluta y claramente subjetiva, intransmisible por naturaleza, mientras que la poética, también subjetiva hasta cierto punto, no sólo es transmisible, sino que, además, se diría que existe gracias a esa comunicación.

El poeta no llega jamás al punto de separar por completo el conocimiento discursivo (objetivo) del inmediato (subjetivo). "Los poetas –ha observado con mucho acierto H. Brémond– nunca se separaron de las dos formas de conocimiento, del Animus y del Anima. No pueden prescindir ni del uno ni del otro. ¿Dónde se ha oído que la llama se halle en guerra contra la chimenea o la flor con sus raíces?"[99] K. Tsatsos también reconoce que la poesía no es tan claramente subjetiva como la experiencia poética: "Si la poesía, y en general la emoción estética, pudiera ser tan claramente subjetiva como (es) la emoción mística, nadie podría privarla del derecho a ser subjetiva, intransmisible de cualquier modo".[100] De forma epigramática ha descrito esta experiencia M. Roland de Reneville: "Mientras que el poeta se dirige hacia la palabra, el místico tiende hacia el silencio. El poeta se identifica con las fuerzas del universo manifiesto (*l'univers manifeste*), mientras que el místico las separa y tiende a encontrarse, por detrás de estas, con la fuerza inamovible infinita del Absoluto".[101] Es parecido lo que piensa al respecto E. Staiger en su libro *Grundbegriffe der Poetik*: "Con ese *todo*, el divino y eterno, el místico siente que es uno. Cierra los ojos, μυέι,

---

[99] *Supra*, pág. 159, nota 11, pág. 155.

[100] G. Seferis y K. Tsatos, *Un diálogo sobre la poesía* [en griego], Atenas, Ermis, 1988, pá. 138.

[101] *L'Expérience poétique*, París, 1935, pág. 129. Este pensamiento también es citado por R. Maritain, *supra*, nota 45, pág. 68, y Trahard, *infra*, nota 109, pág. 103, nota 1.

ante lo mucho, concentra la multitud en el Uno, y alza el tiempo a lo eterno. Por el contrario, el hombre lírico está estrechamente limitado. Siente ser uno con ese paisaje o con aquel sonido, pero no con lo eterno, sino con lo pasajero".[102]

El místico, la mayoría de veces asceta en su posición ante lo mundano, se sumerge en sí mismo y tiende hacia el éxtasis en su aislamiento y silencio. Su intento es heroico por sí mismo, y en ello se diferencia del poeta.[103] Es consciente de que el Absoluto no tiene sitio en el perecedero mundo manifiesto, y que hay que buscarlo más allá de este. El silencio, no sólo el de las palabras, sino también el silencio de toda la dinámica discursiva, y más allá de esta, de la de los sentidos y los sentimientos, es el camino y la meta del místico (anacoreta), y también su destino. Este último avanzará en la paz interior del silencio, escuchará con atención aquella *voz* silenciosa trascendental del Absoluto y, además, se encerrará en el aislamiento, sin poder comunicar su experiencia. El gran poeta místico alemán Reiner Maria Rilke dejó escrito:

> Voces, voces. Escucha corazón mío como sólo
> Los santos escuchan.
> No podría soportar la voz de Dios
> Pero escucha lo que sopla, la noticia incesante
> Que está hecha de silencio.[104]

Sobre el *mundo del silencio*,[105] sobre el tiempo que "se mezcla con la eternidad inmóvil", sobre los sentimientos mundanos y las pasiones que son devastadas en el

---

[102] Zurich-Friburgo, 1954, 4ª ed., pág, 64.

[103] Véase H. Brémond, *supra*, pág. 159, nota 11, pág. 88.

[104] En Louvaris, *supra*, pág. 151, nota 2, pág. 109.

[105] Entre la rica literatura sobre el silencio y su papel en las elevaciones religiosas y místicas, tiene un especial interés el libro de G. Mensching, *Das*

momento de aquella experiencia inefable, ha hablado Nelly Candebage, una poetisa contemporánea de Argentina.[106]

> Poseemos el aire del silencio
> Los espacios abiertos
> Aquellas regiones
> Donde no llegan gritos
> Ni se mueven los cuerpos.
> Poseemos un tiempo detenido
> En un horizonte sin orillas;
> Tal vez un abrazo infinito.
> Lo demás,
> Todo aquello que amamos, deseamos, buscamos,
> Ya lo hemos perdido.[107]

El místico no sólo es consciente de la impotencia de la palabra para transmitir lo *inefable* –impotencia que sintió con fuerza el gran místico de la antigüedad, Platón (*Carta Séptima*, 343) –, sino también de la *descarga* o del *descoloramiento* que inevitablemente sufrirá su experiencia interior en un posible intento de ser comunicada y convertirse en conocimiento discursivo transmisible. "Lo que se transmite de persona a persona –ha escrito al respecto Chr. Malevitsis– es el conocimiento, no la experiencia. La experiencia que es transmitida se congela y decae en conocimiento. Esto significa que el *conocimiento* es una forma en decaimiento de la iluminación personal".[108]

---

heilige Schweigen (eine religionsgeschichtliche Untersuchung), Giesen, 1954, 2ª ed.

[106] Véase mi artículo al respecto en *Nea Estia* [en griego], 1 de marzo de 1992, pág. 297 ss.

[107] De la antología, en traducción griega mía, *Trayecto desde la nada hacia el absoluto* [en griego], Atenas, Pyrinos Kosmos, 1980, pág. 98.

[108] *Filosofía y religión*, Atenas, Fundación Goulandri-Horn, 1985, pág. 98.

Con respecto a la *caída* desde lo alto de la contemplación mística poética hacia la sustancia *material* de la obra poética (del poema), con respecto al *regreso* del poeta desde su visión mística a la comunicación con sus congéneres, K. Th. Dimarás utiliza una imagen muy descriptiva: "Gráficamente, podríamos representar este concepto con una campana. El lado que sube representaría el ascenso del alma desde el mundo material hacia la vida mística. En la parte de arriba, un gran rayo de luz incluiría el final del ascenso, así como los lugares donde se genera la inspiración. El lado que desciende representaría la caída del poema dentro del mundo material. El poeta, al descender, enseñaría a los hombres una parte de los secretos que aprendió allí arriba. Este final constituye una norma estable en la historia de la obra poética; constituye, en efecto, una condición de su existencia".[109]

Son característicos al respecto los siguientes versos del *Primer Himno* de San Simeón, el Nuevo Teólogo:

¿Qué es este horrendo misterio que en mí se
[cumple?
La palabra no puede expresarlo, ni mi mano,
[miserable,
No puede escribirlo para alabanza y gloria
Del ser que está por encima de la alabanza y de
[la palabra.
Si, en efecto, lo que se ha cumplido en mí, el
[hijo pródigo,
Es inefable, inexpresable...[110]

Todos los místicos han saboreado momentos tales de impotencia del habla humana para transmitir las

---

[109] *Supra*, pág. 154, nota 6, pág. 66-67.
[110] *Supra*, pág. 166, nota 20, *Himnos*, vol. 1, versos 1-7.

experiencias del estado místico, y son muchos los testimonios al respecto. Escojo al azar las palabras de la gran mística Angela de Fulginio,[111] quien, mientras dictaba a su hermano Arnaud en el momento de la visión mística, se detenía cada cierto tiempo y decía: "Blasfemo, hermano, blasfemo, nuestra pobre habla humana sólo es adecuada cuando se trata de objetos e ideas, no puede ir más allá". Y cuando ella misma leía sus propias palabras, quedaba estupefacta: "Es muy extraño, pero ¿qué es esto que has escrito? No reconozco nada".[112]

"¿Cómo es posible –dice Suso, el gran místico alemán de la Edad Media– dar forma (expresión) a algo que no la tiene? Para ello, no hay símil que pueda sernos de utilidad".[113]

Por otra parte, parece que también se debe a esa impotencia el fenómeno conocido como glosolalia, no con el sentido que le otorga la fe religiosa (descenso del Espíritu Santo etc., que entonces debería denominarse *xenoglosia*), sino tal como se encuentra en la antigua Grecia (p. ej. el oráculo de Delfos), es decir, como emisión, en estado de éxtasis, de sonidos inarticulados e incomprensibles que son llamados generalmente *voces mysticae*.

Por el contrario, el poeta no sólo quiere, sino que ha de hablar. La experiencia poética que no se ha transmutado en verso, la visión que no se ha convertido en canción, el impulso anímico que no se ha encarnado en palabra, se ha perdido y no ha servido de nada. La poesía y, en general, el Arte, tal como dijo Platón (*Sofista* 266 c), es "un sueño que se dirige a los que permanecen despiertos". No es una situación onírica pasiva, sino dinámica,

---

[111] Véase *Beatae Angelae de Fulginio Visionum et Instructionum Liber*, en Bibliotheca Mystica et Ascetica, vol. 5, Colonia, 1849.

[112] Citado por R. Bastide, *supra*, pág. 166, nota 21, p. 69.

[113] Véase J. Baruzzi, *Saint Jean de la Croix et problèmes de l'expérience mystique*, París, Libr. F. Alcan, 1934, pág. 335.

que apunta hacia el contacto con el entorno humano también en su transmisión.

Tal como ha escrito M. Raymond,[114] el poeta "no puede desprenderse de las cosas. Por otra parte, no ha de hacerlo y ha de seguir siendo poeta. Sólo el sabor de la carne y un apego sensual a sus mensajes le permitirán sembrar su fantasía y preparar en silencio la cosecha de las imágenes que coronarán su obra. En cambio, el místico auténtico intenta morir por cada cosa sensible, morir dentro de sí y provocar, en un reino interior y cerrado, luces". "Se podría decir en una palabra –ha escrito H. Brémond– que una particularidad característica de la experiencia poética es el hecho de que es transmisible",[115] y añade: "La poesía presenta esta particularidad, en primer lugar porque quiere comunicar, y en segundo lugar porque, en efecto, comunica dentro de la casi magia de las palabras". Por supuesto, no importa si lo que dirá el poeta lo sentirán sus congéneres. Lo que importa es que ha de ser de tal forma que puedan sentirlo. La norma es que la poesía es transmisible, en contraposición a la intransmisible experiencia mística. Escribe K. Tsatsos: "Poeta, lo que escribes ha de ser transmisible... No importa si no se te entiende, y menos aún si estéticamente los hombres no te entienden. Basta con que tengan que entenderte. Y en tanto que tu obra participa en un principio común objetivo de la belleza, han de entenderte".[116]

"El poeta, cuanto más poeta es –ha escrito H. Brémond– tanto más se tortura por la necesidad de divulgar su experiencia (le poete ne peut pas ne pas parler); en cambio, el místico, cuanto más místico es, tanto menos

---

[114] *Supra*, pág. 192, nota 90, pág. 48.

[115] *Supra*, pág. 159, nota 11, pág. 168.

[116] *Supra*, pág. 195, nota 100, pág. 210.

siente la necesidad de comunicarse". Algo parecido dijo también G. Seferis acerca del místico y el poeta: "Un hombre así –en referencia al místico– se comunica con Dios y no se preocupa demasiado de la comunicación con los hombres, porque su experiencia es intransmisible. Sin embargo, el poeta, a pesar de que su función poética presenta analogías y similitudes con el éxtasis del místico, se diferencia básicamente de este en lo siguiente: en que no es poeta si no cree necesario, y si no logra, transmitir el estado poético a otros".[117]

Así pues, el poeta ocupa algún lugar entre el místico y el hombre común. "Nos sentimos felices –ha escrito P. Maréchal– al encontrar entre los místicos y nosotros mismos algunos *intermediarios* que nos son más fácilmente accesibles, los poetas".[118]

No estoy en desacuerdo con lo dicho hasta ahora, pero sin embargo añadiría que, en un nivel más elevado, existe otra categoría intermedia, la de los profetas. Estos últimos se reparten las propiedades y las experiencias de los místicos, pero con la diferencia de que ellos, como los poetas, no callan, sino que comunican o consiguen transmitir al hombre a través de diferentes procedimientos indirectos, símbolos, imágenes, parábolas y otros, las verdades que han saboreado en las horas o, mejor dicho, en los momentos de visión extática mística.

"A los místicos –señala también Chr. Malevitsis– no les interesa comunicar su experiencia, ya que si por un lado esta es inefable, por otro no lo consideran imprescindible. La comunicación es obra de la conciencia profética".[119] No creo que en este punto Chr. Malevitsis sea

---

[117] *Supra*, pág. 195, nota 100, pág. 181

[118] *Etudes sur la psychologie des mystiques*, París, 1924, pág. 128.

[119] *Supra*, pág. 197, nota 108, pág. 107.

exacto, ni tampoco G. Seferis. Es, por supuesto, diferente la constatación de que nunca consiguieron transmitirnos el auténtico contenido de este *encuentro unitivo* y de que finalmente tienden al silencio, al que llegan, sin embargo, tras haber intentado *hablar* en vano. "El misticismo, como fenómeno propio de hombres aislados y solitarios", ha escrito D. Dakurás, "no pretende ganarse a mucha gente, ya que no tiende a ser proclamado en calles y plazas como la religió profética".[120]

Sobre esta última conciencia, ya hemos señalado las razones por la que no nos ocuparemos de ella en particular, y también hemos explicado por qué se escapa del marco que hemos trazado en el presente trabajo. Aquí nos limitaremos a unas pocas observaciones que completarán la imagen de lo que ha sido expuesto hasta ahora. Si la conciencia mística se mueve por debajo de un horizonte *sagrado* general, la profética se manifiesta en un clima *religioso* particular, y su dinámica unitiva, dualista sin excepción, tiende por norma general hacia Dios y no, como sucede más generalmente en la mística, hacia donde le es posible dirigirse y hacia un indeterminado Extremo Último o Absoluto, es decir, hacia lo que la terminología mística alemana denomina *Gottheit* (divinidad), en contraposición a *Gott* (Dios).[121]

En este punto hay que evitar confundir el misticismo religioso en el marco de las religiones monoteístas (en las que el objetivo de la unión es Dios) y el de los accesos monísticos (en los que el objetivo de la unión es la *divinidad*). Ha escrito al respecto D. Dakouras: "Lo extraño del carácter del místico es acentuado debidamente por la parte de la investigación científica contemporánea, sobre

---

[120] *Supra*, pág. 152, nota 3, pág. 23.
[121] Véase G. Landauer, *Meister Eckhardts Mystische Schriften*, Munich, 1903.

todo a partir de la constatación de que la supresión propuesta por parte de algunos místicos de la imagen personal de Dios a favor de una entidad primigenia impersonal, como en las Indias, tiene su oponente en las formas de misticismo de un Dios absolutamente personal".[122] Pero incluso en los accesos monoteístas, por ejemplo en el Cristianismo, hay diferencias en la manera de percibir a Dios –*néptica, hesicástica, matrimonial* y la *abstracta más distanciada*– de las que no es necesario ocuparse aquí.

Hemos hablado de horizonte *sagrado* en oposición al *religioso* para indicar aquel espacio trascendente de elevación interior en el que se alza la conciencia mística, sin que sea siempre, por ello, religioso, como sucede con la *conciencia profética*. Así pues, son dos las características que separan la conciencia profética de la mística: su tendencia unitiva, siempre dualista, y el objetivo particular de su dinámica.

Lo que distingue a la conciencia profética de la poética, la cual, desde el momento en que separó sus caminos de las manifestaciones sagradas, pertenece al horizonte *profano* de la conciencia, es su exaltación siempre religiosa, mientras que lo que la hace cercana a la poética es su disposición o tendencia *comunicativa*, en el sentido de que no permanece encerrada en el éxtasis y en la contemplación de la visión, sino que *regresa* para hablar al prójimo, para traer el mensaje de la revelación de la palabra de la Verdad, como también *regresa* la poesía para llevar el mensaje de la Verdad de la belleza.

De un acercamiento aún mas estrecho entre la poesía y la conciencia profética ha hablado P. Goula-Mitakou en referencia al romanticismo: "Durante el periodo del romanticismo, la palabra poética adquiere carácter

---

[122] *Supra*, pág. 152, nota 3 p.168.

profético. El poeta se envuelve de una fuerza que lo hace revelador de hechos de la humanidad, y se transforma en mensajero del futuro".[123] Sin embargo, las diferencias y distinciones entre las tres formas de la conciencia a las que nos hemos referido, la mística, la profética y la poética, tienen un carácter escolástico-esquemático, y no siempre se encuentran definidas con claridad en la realidad viva. A pesar de ello se puede afirmar que todos los profetas –a su manera– beben del vaso oculto del misticismo. Pero no ocurre lo contrario. No todos los místicos son poetas. Ni tampoco profetas.

Profetas, místicos, poetas, como el rey David y tantos otros, místicos y a la vez profetas, como el San Juan del *Apocalipsis* o el apóstol Pablo, pero también Ramakrishna; místicos poetas como Blake o Novalis (Friedrich von Hardenberg), Tagore o Claudel. Los horizontes interiores del hombre no son divisibles en grados y en arcos, y en los cielos del alma no hay lugar para astrolabios...

Allí, en las profundidades de su inefable Yo, el hombre intentará eternamente alcanzar, por los senderos secretos de su alma, la visión del *todo*, que le ocultan con insistencia su naturaleza perecedera y la estrechez de su visión exterior. Sin descanso, buscará el *bosque*, el Todo por detrás de las partes, el Uno compuesto de lo múltiple, del que le han hablado, sin habla, con su belleza, algunos árboles dispersos que podía distinguir, que temporalmente le ofrecieron descanso con su escasa sombra, y que le planteaban implacables interrogantes con su injustificable soledad.

La poesía le abrirá la vista a las flores multicolores, y el olfato, a los aromas embriagadores del bosque prohibido.

---

[123] "L'Homme dans le Sacré", artículo publicado en las Actas del XI Congreso de la Association des Sociétés de Philosophie de Langue Française, Atenas, 1986, París, Vrin, 1987, pág. 199.

La fe le ofrecerá descanso en la calma infinita de su sombra. Y el camino místico lo llevara frente a una visión lejana... Un deslumbramiento pálido, pero profundamente conmovedor, de la *Unión* o de la unidad universal.

11

El mito de la lengua[1]

Quisiera dedicar unos pocos pensamientos a la lengua, esa *herramienta* con la que todo trabajador de la palabra artística, ya sea escritor-poeta o traductor, intenta, el primero, transformar el insonoro e inmaterial sentimiento-idea en palabra oral o escrita, y, el segundo, *transportar* a otro entorno expresivo esa vivencia interior transformada y materializada. En ambos casos es natural que la lengua, *lengua fuente* y *lengua meta*, como se suele denominar esta herramienta en las dos orillas de la creación literaria, se encuentre en el centro de los intereses de todo pensador que se acerque a los problemas de la palabra artística.

En la investigación a la que desde hace ya siglos, por no decir milenios, se ha entregado el hombre pensador para buscar las fuentes del Conocimiento, el Arte en todas sus formas (y entre estas, en primer lugar, la literatura) ha sido colocado entre los canales de que dispone el hombre por naturaleza propia para palpar e intentar conquistar el Conocimiento. También se ha establecido que el mito constituye un punto de referencia de todo intento de aproximación a él;[2] en otras palabras, el mito ha sido

---

[1] Conferencia con ocasión de la entrega de premios de la Sociedad Griega de Traductores de Literatura.

[2] Sobre el concepto de mito y el papel que desempeña en todos los campos de la búsqueda existencial trata un libro mío muy extenso que ya ha

realmente el punto de partida de la infatigable trayectoria del hombre hacia el saber. A lo largo de los siglos el mito ha avanzado junto al Logos, ha creado el Arte y ha dotado de forma a la Fe, constituyendo, de esta manera, el trampolín imprescindible para todo intento humano por consagrarse en la alta sociedad de los seres vivos.

Y si el pensamiento ha llegado a estas conclusiones, vale la pena señalar que uno de los mitos más importantes creados por el hombre ha sido la lengua. Algunos pensadores, como el gran lingüista Max Müller y el fundador de la sociología moderna Herbert Spencer, sostuvieron con particular insistencia y con argumentos dignos de especial atención que la *lengua* no sólo está estrechamente emparentada con el mito, sino que este constituye su fuente fundamental y que, además, a partir de él comenzaron todas sus manifestaciones iniciales (la magia, la religión, la metafísica primitiva y, finalmente, la ciencia).

Esto, que conlleva ventajas fácilmente reconocibles, comporta también pérdidas, ya que la individualidad, la unicidad de que dispone cada cosa, cada criatura, cada hecho, se cubre hoy día bajo el envoltorio gris de las palabras.

Aquí tal vez deberíamos explicar, con toda la brevedad que impone el acto de hoy, que, a pesar de que hasta hoy ha sido imposible definir con exacta terminología científica el concepto de mito, qué es y qué no es mito, en mi opinión podemos referirnos, para cubrir la necesidad de un primer acercamiento a la cuestión, a la definición del filósofo alemán Tillich: "El mito es una creación del espíritu de textura cognitivo-simbólica". Avanzando en esta misma línea, Max Müller y otros investigadores de la mitología comparada buscaron las fuentes del mito, al que describieron unas veces como *vertiente del lenguaje*, y

---

sido traducido a cinco lenguas europeas.

otras como *debilidad del lenguaje,* y lo clasificaron no entre las virtudes, sino entre las imperfecciones del lenguaje.

Haciendo frente a la objeción teórica de que el intento de identificar la lengua con el mito padece de inconsecuencia, puesto que la lengua presenta una estricta estructura lógica, mientras que el mito niega toda norma lógica, estos investigadores también indicaron que la polisemia y la sinonimia no son características casuales del habla humana, sino que derivan de su propia naturaleza, y además, cuanto más antigua sea la lengua, más rica será en sinónimos, los cuales, sin embargo, provocan tentación y confusión en la mente humana primitiva, de manera que sólo por la inseguridad de la herramienta lingüística en la mente se atribuyen propiedades y se relacionan situaciones que nada tienen que ver entre sí. En su libro *El mito del Estado*, el gran filósofo alemán E. Cassirer escribe al respecto: "Los sinónimos, si se usan continuamente, han de producir un número de homónimos. Si podemos dar al sol, p. ej., cincuenta nombres que expresen diferentes propiedades, algunos de estos fenómenos podrán darse también en otras cosas que resulten tener las mismas propiedades. Estas cosas se llamarán con el mismo nombre; es decir, se convertirán en sinónimos".

No voy a extenderme más en un tema tan difícil y controvertido como el del origen del mito, al que se le han dedicado tomos enteros de estudios. Baste con señalar que la creación de palabras, es decir, la silenciosa aceptación social de símbolos fónicos lingüísticos, constituye, como es opinión general y admitida sin excepciones, un fenómeno que se enmarca en la aventura más general de la creación de mitos de la humanidad.

Sobre la creación de la lengua, Nietzsche escribió que inicialmente el hombre la desarrolló a fin de defenderse de la confusión inconcebible de la realidad prelingüística, en la que cada cosa, cada árbol, cada piedra, cada soplo del viento, era única. Para simplificar esta diversidad caótica creó la lengua, la cual le ofreció símbolos léxico-acústicos de *clasificación*, piedra, árbol, viento, etc., que le hicieron posible generalizar. Ello, a pesar de conllevar ventajas fácilmente reconocibles, comporta también pérdidas paralelas, ya que la individualidad, el carácter único de que dispone cada cosa, cada criatura, cada hecho, hoy día está cubierto por la gris tapadera de las palabras.

¿Qué ofrece de útil esta breve referencia al problema infinito de las fuentes del habla humana y a su estrecha relación con el mito en nuestro encuentro de hoy, dedicado a la traducción y a sus dignos artesanos? Creo que la utilidad se halla en la toma de conciencia de que el trabajo con la traducción es, en su quintaesencia, trabajo con la lengua, trabajo, en consecuencia, con un mito que nació en un contexto dado espacial y temporal, y un intento por transformarlo dentro de otro espacio subjetivo, el del traductor y el del lector-oyente de la traducción. Sin embargo, todo mito tiene su propio espacio histórico y social y su propio objetivo, a cuyo servicio se pone. Lo mismo sucede con toda palabra, la cual, por este motivo, es única en la lengua a la que pertenece, única no sólo para todo hombre a causa de su carga sentimental interior, a la que ya nos hemos referido en una ocasión anterior, sino única en toda lengua a causa del elemento simbólico-mítico que la caracteriza y la sella.

¿Es imposible traducir? En relación con el resultado de la traducción, en el sentido del traslado intacto y correcto del mito de las palabras de una lengua determinada a otra, respondería sin reservas que sí. Sí, es imposible traducir. La práctica diaria, que parece desmentir esta afirmación, no es nada más que la admisión, por supuesto útil, de un equilibrio entre lo imposible y lo deseable, entre lo ideal y lo realizable. De este equilibrio necesario derivan muchas debilidades y malentendidos que se centran sobre todo en la diferencia que distingue a los mitos lingüísticos, la que existe entre el *significante* y el *significado*, por recordar los términos tan queridos del pensamiento estoico.

En este punto se manifiestan el gran problema y los múltiples peligros a los que está llamado a hacer frente el traductor consciente de su labor, y aquí triunfará o naufragará en su intento, el cual es tanto más tortuoso como mayor sea la conciencia de que intenta *combinar*, en el sentido etimológico del término, dos símbolos, dos *cosas decibles* según Platón, que no son ni pueden ser identificables entre sí.

12

La lengua griega
en el laboratorio poético[1]

La lengua, esa herramienta única de la razón que Dios ha regalado al hombre, es el horizonte que determina y limita su expresión y comunicación. Las palabras que la componen son la carne con la que se reviste el espíritu para mostrarse como fe, como sentimiento o como pensamiento.

En la búsqueda de la Verdad última, con la sed que plantó en su interior su propia naturaleza divina, el hombre ha usado la lengua para estructurar en su interior y para expresar en su entorno social la elevación hacia la divinidad, el placer de la belleza y el hechizo del razonamiento. Así pues, la lengua deviene el habitáculo mundano del espíritu en todas sus manifestaciones.

Desde Parménides, quien enseñó que la reflexión está íntimamente ligada a su expresión, hasta K. Palamás, poeta nacional de Grecia, quien escribió "¿cómo es posible concebir mis ideas sin la carne de las palabras que las hace visibles y palpables?", la lengua ha sido considerada con razón no sólo el instrumento que permite transmutar la reflexión en fonema sensible, sino también el elemento fundamental de todas las estructuras en el terreno del espíritu, allí por donde se extienden todas las formas de la conciencia, ya sea ésta religiosa, creativo-poética o gnóstico-filosófica.

---

[1] Contribución al volumen *Grecia y Cultura. La lengua de los griegos* [en griego], Monasterio de Koutloumousio, Atos, 1998.

En este breve ensayo no nos es posible examinar más extensamente el espacio infinito que fertiliza el aliento creativo de la lengua al que acabo de referirme. Por este motivo intentaré centrar estas breves observaciones en la lengua griega, a fin de subrayar algunas particularidades suyas, diría dones, que le proporcionan un lugar especial en el ámbito del Arte, sobre todo en ese arte por excelencia que es la poesía.

Es un hecho que el logos de la sabiduría humana, *al este del Edén*, donde podríamos situar en un mapa histórico imaginario toda la civilización grecocristiana, se expresó en lengua griega, y esta configuró y regaló a la humanidad las palabras-ideas que encarnaron y afianzaron las conquistas del pensamiento abstracto en sus investigaciones. El logos teórico-metafísico griego es tal vez una de las más altas cimas a las que ha llegado el espíritu, cimas desde las cuales el hombre ha podido contemplar, más allá del horizonte de su existencia terrenal, el mundo admirable que se extiende "más allá de la sustancia", según Platón.

Palabras-conceptos como, p. ej., el ὄν (ser) o el ἐστί (es) de Parménides, el σημαίνειν (significar, indicar) de Heráclito, el átomo de Leucipo y Demócrito, el νοῦς (mente) de Anaxágoras, el platónico ἐξαίφνης (repentino) y el aristotélico θεωρεῖν (considerar), puntos de partida de toda investigación filosófica, constituyen referencias a las que se añadieron muchas otras, como la ἀνάμνησις (recuerdo), el ἔρως (amor), la ἐλευθερία (libertad), la ἀρετή (virtud), etc., señales todas ellas en el camino del espíritu hacia la conquista de la *Verdad oculta*.

Sin embargo, si la consciencia cognitiva necesitó y creó palabras, palabras griegas, que le ayudaron a trasladar los mensajes del conocimiento desde el inefable mundo de la elevación noética al de la formulación explícita, la poesía, otra forma de búsqueda de la verdad, de la verdad estética, también encontró en la lengua griega la herramienta más adecuada para llevar a cabo su divina misión.

Antes de proceder al análisis de aquellas propiedades que proporcionan a la lengua griega su rica musicalidad, plasticidad y elasticidad, que permiten al poeta atreverse a aquello que parece –y en gran medida lo es– irrealizable, la superación, es decir, el *aterrizaje* del sueño o de la visión estética en la *forma* (del verso) y en el tiempo, lo cual implica su confinamiento en el espacio y en el tiempo, es necesario recordar ciertas demandas del arte poético satisfechas privilegiadamente por las posibilidades expresivas de la lengua griega.

La antigua máxima *ut pictura poesis*, o la más moderna *la poesía es la música de la palabra*, pone de relieve una de las demandas fundamentales de la técnica de la poesía: que esta constituye un compromiso entre dos juegos, un juego con las palabras y otro con los sonidos. El poeta camina por la cuerda floja de la música y de las palabras con significado. Hubo casos, extremos, en que unas veces se deslizó hacia el caos de las formas fónicas simples y otras se dejó llevar por la atracción del lenguaje intelectual. Sin embargo, la mayoría de veces mantuvo aquel equilibrio celestial que crea la magia de la poesía auténtica.

Por supuesto, la poesía no es música ni puede serlo, y las máximas al respecto son más bien figuras del lenguaje que, sin embargo, confunden de este modo la *música* con la *musicalidad*. Esta última supera sin duda los límites de la primera y ciertamente es propia de la poesía, arte que pertenece al espacio de los sonidos.

Es sabido que se dio especial énfasis a la musicalidad de la poesía durante el florecimiento del romanticismo, en el siglo XIX. Es ya clásica la máxima de Verlaine en su *Poética:* "La poesía, antes que nada, necesita música". Sin embargo, la musicalidad, junto con muchas otras características de la versificación clásica, fue abandonada progresivamente en la aventura de buscar nuevos medios (sonoros, etc.), en el dadaísmo, el letrismo y en cada nuevo *ismo*.

La lengua griega, no sólo la antigua, con sus alternancias de fonemas y sílabas largas y breves, que nos regaló tantos ritmos de embriaguez apolínea en la épica antigua, en la lírica y en el drama, sino también la moderna, que ha mantenido su incomparable equilibrio eufónico entre vocales y consonantes, ha sido siempre una lengua que ha cantado por sí sola, por naturaleza propia, casi sin un particular esfuerzo del poeta. Basta dirigir una mirada atenta a la poesía creada en otras lenguas menos dotadas desde este punto de vista para percibir, sin dificultades, el esfuerzo del artista por huir de la aspereza con la que se expresan dichas lenguas y por dulcificar el oírlas de varios modos no siempre logrados.

Un repaso rápido a las alternancias de sonidos que estructuran la lengua griega permite constatar que la relación entre vocales *abiertas* y *cerradas* (su relación aritmético-cuantitativa, pero también la dialéctico-sintética), la ausencia de coincidencias cacofónicas de consonantes *duras* que hallamos en muchas otras lenguas, su *sonido* general, su carácter morfológico, etc., le proporcionan una musicalidad especial, valiosa sobre todo en el laboratorio de la poesía. Sin embargo, la musicalidad no es el único privilegio *poético* de la lengua griega. Su plasticidad, esto es, la diversidad de su estructura sintáctica y sus posibilidades expresivas, que le proporcionan elasticidad, satisfacen un parámetro también importante de la técnica de la poesía.

Es sabido que la poesía utiliza la lengua de manera muy distinta a la de la prosa. Esta lengua, a la cual el profesor de lingüística G. Babiniotis denomina con gran acierto *lengua en potencia* y a la que también podríamos llamar *radical*, busca constantemente combinaciones léxicas que le permitan expresar lo que el lenguaje convencional no puede decir y la poesía tiene que denotar. En consecuencia, cuanto mayor sea la versatilidad que ofrezca al poeta su lengua para colocar las palabras de una u otra manera en el verso, más amplio será el horizonte técnico en el que pueda moverse y más rico llegará a ser el fruto encarnado del sueño poético.

Son muchas las lenguas que toleran un solo orden sintáctico para las distintas partes de la oración. Por norma general, el alemán, p. ej., coloca el verbo al final de la frase, en inglés el adjetivo se sitúa ante el sustantivo, y en castellano el lugar del adjetivo con respecto al sustantivo transforma a menudo el sentido de la frase. *Una mujer grande* no es lo mismo que *una gran mujer*, *un pobre hombre* es distinto a *un hombre pobre*. La lengua griega no tiene tales limitaciones. El poeta puede decir *una montaña enorme* y *una enorme montaña*, o *solo caminé por la noche* y *caminé solo por la noche*, etc. Es fácil comprender el lugar privilegiado que el poeta griego ocupa en su laboratorio por tener a su disposición una lengua que le permite casi todas las combinaciones de elementos estructurales, y le deja plasmar libremente los oráculos de su fiebre poética.

El Arte, como dijo F. Schiller, es hijo de la libertad. Cuanta más libertad proporcione la *herramienta* que usa cada forma de Arte, aunque siempre con la limitación de la materia que la compone (lienzo, color, sonidos, mármol, palabras), más confortable será su vuelo hacia el cielo y más próximo el acercamiento a lo Bello, a la *Verdad visible*, como dijera Platón.

La lengua griega presenta algunas ventajas importantes como herramienta de poesía, pero dispone sobre todo de un privilegio casi exclusivo: la inestimable posibilidad de *crear palabras*, que ofrece al poeta la facilidad de *crear palabras nuevas*. La importancia de esta facilidad única no necesita ser subrayada, ya que, tal como dijo de manera epigramática St. Mallarmé, "la poesía no se hace con ideas, sino con palabras". La posibilidad de crear nuevas palabras que ofrece la lengua griega es un valioso medio expresivo que con justicia ocupa un lugar destacado en el laboratorio poético. Ya en la antigüedad Aristóteles les reconoció a los poetas el derecho a crear palabras nuevas y compuestas, como también lo hiciera Ovidio. Por otra parte, como es sabido, Longino enumeró entre las fuentes del *discurso elevado* la *palabra creada*.

La *palabra creada* ofrece al autor griego, y en especial al poeta, la posibilidad de pintar, con una pincelada repentina, un paisaje fresquísimo y brillante de la fantasía sin recurrir a la perífrasis o a la descripción prosaica, cansina y poco inspirada. Sobre las palabras compuestas, K. Palamás escribió: "Aquellas palabras compuestas, triunfo de la lengua, en una palabra se encierra toda una imagen".

La *palabras compuestas creadas* son un privilegio de la lengua griega, como también lo es la lengua por sí misma, con la inimaginable variedad de matices y gradaciones de sentimientos que su riqueza léxica puede denotar, pero también su elasticidad sintáctica, una riqueza única y sin igual con la que la dotaron los siglos de vanguardia intelectual y cultural al servicio del Logos (la Razón).

13

Significantes y significados
en el discurso poético (la otra Babel)[1]

Los términos *significante* y *significado*, a pesar de pertenecer sobre todo a la tradición estoica, no eran desconocidos en la Grecia clásica.[2] Significante es, bien el sonido de la palabra, la señal acústica que los antiguos griegos llamaban ὄνομα, bien la señal visual que constituyen las letras o el ideograma con el que se escribe, que provocan que la fantasía retire de la memoria y traslade a la conciencia una cosa, una acción o un estado, p. ej., *montaña, correr, alegrarse*. Significado es aquella cosa, acción, estado, a la que la mente es remitida por el significante y que los antiguos griegos llamaban λεκτόν. Finalmente, aquello a lo que se refiere el significante se llamaba τυγχάνον.

Parafraseando a Heráclito, aquel enigmático sabio efesio, se podría decir que la poesía "ni dice ni oculta, sino significa" (literalmente "indica por signos").

¡Cuántos malentendidos y cuántas críticas injustas se habría evitado la poesía si hubieran resultado comprensibles, en toda su dimensión, las verdades que expresan estas pocas palabras!

---

[1] Conferencia pronunciada en la Universidad Complutense de Madrid el año 2005. Una versión más completa, con bibliografía completa, ha sido publicada (en griego) en el volumen 33 del Centro de Investigación de la Filosofía Griega, de la Academia de Atenas.

[2] Véase Aristóteles, *Poética* 1457 a 15 ss., *Retórica* 1450 b 8.

La poesía, forma del discurso sobre todo oral pero también escrito, utiliza la lengua, por un lado, para *crear*, esto es, para *materializar* un *momento interior inmaterial* al que llamamos *inspiración* sin que sepamos muy bien qué es; por otro lado, la utiliza para provocar una reacción estética en un espacio psíquico, personal o colectivo, que le hace justicia y la consagra socialmente. En otras palabras, el significante en la poesía no apunta simplemente al significado, como sucede a menudo en la prosa. Más allá de la respuesta noética del oyente o del lector, *apunta al mundo psíquico* mediante las cargas vivenciales que llevan consigo las palabras, que la memoria conserva inconscientemente y que emergen de sus profundidades gracias al estímulo que el significante intenta provocar.

La lengua es uno de los más antiguos e importantes símbolos inventados por el hombre en el curso de su desarrollo espiritual. El hombre vive, existe y actúa desde su nacimiento hasta su muerte dentro de este mundo de símbolos verbales.

El pensamiento humano se ha ocupado de la esencia del fenómeno del lenguaje desde la antigüedad. Como es sabido, fueron dos los acercamientos básicos a esta problemática, y ambos expresan una tesis filosófica frente a problemas ontológicos generales. Se trata del acercamiento etiológico a los orígenes del lenguaje: φύσει, *por naturaleza* o, en contraposición, νόμω, *por convención*.

La pareja dialéctica de términos *naturaleza-convención*, en que *naturaleza* se refiere a lo naturalmente existente, mientras que *convención* indica toda construcción humana, fue central en la dialéctica del pensamiento estoico.[3] La defensa del origen del lenguaje *por naturaleza* se

---

[3] Diógenes Laercio VII, 62, véase también F. Heinimann, *Nomos und Physis, Herkunft und Bedeutung einer Antithes im griechischen Denken des fünften Jahrhunderts*, Basilea, 1945.

encuentra sobre todo en Platón,[4] y posteriormente en diversos estoicos a los que debemos un estudio detallado del fenómeno (simbolismo fonético – vocales, consonantes). Esta tesis, en líneas generales, consiste en que el lenguaje deriva de su *relación natural* con aquello que intenta expresar; esto es, el sonido de la palabra imita al del objeto natural. Este acercamiento etiológico, *onomatopéyico*, admite, en consecuencia, que el lenguaje es dado *por naturaleza*, y por este motivo cree que es imposible transformarlo.

Por el contrario, el acercamiento *nominal* (que se encuentra en Aristóteles pero también en algunos sofistas, como Hermógenes) cree que el *significado* de las palabras deriva de un acuerdo social que decide y lleva a cabo el *hombre en sociedad*.[5] En consecuencia, por este mismo motivo el significado impuesto *por convención social* puede ser alterado. Una tesis más avanzada de este acercamiento aristotélico es la del padre de la lingüística moderna, F. de Saussure, quien habló de la *arbitrariedad del signo lingüístico*, es decir, la ausencia de toda relación etiológica entre significante y significado.

Bien por imitación de los *sonidos físicos*, bien por un contrato social tácito, como afirman diversas teorías que, sin embargo, debido a lo extremadamente simplificado de su acercamiento al complejo fenómeno lingüístico, han comenzado a ser revisadas de forma gradual (sin que hayan sido abandonadas del todo), desde el punto de vista del filosofo alemán E. Cassirer o desde el más antiguo de M. Müller, viendo ambos en la lengua la fuente del proceso de creación de la mitología, es indiscutible que la lengua, o mejor dicho las palabras, son los símbolos acústicos que, tal vez más que otros, han permitido y facilitado

---

[4] *Cratilo* 423 b ss., *Filebo* 18 b c, *Hipias Mayor* passim, *Teeteto* 199 A.
[5] Arist. *Poética* 1450 b 16, 17.

el intercambio espiritual entre los hombres desde la noche de los tiempos.

Junto con esta afirmación, que parece responder a la realidad histórica, otra razón, que a simple vista parece una paradoja pero que expresa otra verdad, viene, en mi opinión, a completar la imagen de la peripecia verbal de la sociedad humana: "Las palabras –se ha dicho con cierta disposición burlona, pero también con una clara dosis de amargura– son los instrumentos que inventó el hombre para no entenderse". ¿Cuál es la verdad?

La respuesta a esta cuestión, como se comprende fácilmente, no puede ser ni una aceptación sin reservas ni un rechazo explícito de una u otra postura. Sin embargo, dicha respuesta puede derivar de forma relativamente satisfactoria de un intento por comprender los diferentes acercamientos al problema que se encuentran en la base de esta discusión.

Ya hemos indicado que la lengua es un *símbolo*, esto es, constituye una *referencia* mediante un *objeto palpable* o una representación material –una forma, un sonido, un movimiento, es decir, algo que pertenece al mundo de los sentidos– a otro *objeto* imaginario y almacenado en la memoria, una cosa, un concepto o un sentimiento. De esta naturaleza simbólica y referencial –esto es, *transformativa*– de la lengua, de cualquier lengua, y de las palabras que la constituyen, pero también de su uso interpretativo –que constituye una transformación añadida– por parte del receptor del *mensaje* al que estas se dirigen, se derivan tanto su útil funcionamiento comunicativo como los peligros generados por la debilidad, debida a estas transformaciones, que conlleva la absoluta casualidad entre el significante referencial y el significado de las palabras, es decir, aquello a lo que comprendemos que se refieren.

Las palabras *montaña, bosque, alegría, justicia*, son en realidad sonidos que componen los correspondientes fonemas articulados o las formas de las letras del alfabeto con las que se escriben. Simplemente *simbolizan* los objetos, sentimientos o conceptos a los que se refieren. Pero en ningún caso estas palabras son por sí mismas la montaña, el río, el sentimiento de la alegría, la justicia, etc.

En la otra orilla de la comunicación, el receptor (interlocutor-lector) recibe ese *símbolo* acústico u óptico y lo interpreta según un código comúnmente aceptado con el que se realiza la referencia, buscando en su memoria la relación entre el símbolo y la imagen correspondiente que ha obtenido de la experiencia.

El término *código* pertenece, como es sabido, al vocabulario de la lingüística e indica cierto sistema de símbolos-señales que tiene como objetivo representar o transmitir informaciones entre un emisor y un receptor. Así pues, el código *transforma* la forma primigenia de un mensaje en otra (convencional) que hace factible la transmisión y la comprensión del mensaje por parte del receptor.

De este breve análisis del funcionamiento de los medios verbales resulta evidente el procedimiento de la comunicación lingüística, pero también los peligros de alteración que corre por la intervención de diversas transformaciones e interpretaciones. La naturaleza dual del símbolo, de cualquier símbolo, es ineludible a causa de su participación tanto en el mundo exterior de la materia (sonido, forma, movimiento, etc.) como en el mundo interior del entendimiento.

El resultado de la naturaleza dual del símbolo, apoyado en dos orillas, esto es, en la material, la de la realidad palpable, y en la inmaterial del proceso intelectual, es el hecho de que las palabras, como además sucede con cualquier símbolo, "descubren cubriendo y cubren descubriendo", en palabras de Gurvitch, un pensador francés contemporáneo.

"El poeta –escribe J. P. Satre– se ha negado a usar la lengua como herramienta. Escogió considerar las palabras como objeto y no como señal indicativa".[6] Creo que esta opinión sería más correcta si Sartre hubiera escrito: "Las palabras en la poesía se usan más como objetos que como señales de siginificado", y ello porque, tal como escribe G. Seferis, "en este caso (el de su uso estético), las palabras conservan su significado, no se mantienen como simple y material envoltorio sonoro".[7] Es parecido lo que ha escrito al respecto E. Kaknavatos: "La palabra (aquí) es un punto de encuentro de la razón y la poesía",[8] y más gráficamente P. Valéry: "Podría decirse que la lengua tiene dos puntos extremos. Por un lado, la música; por el otro, el álgebra".[9] Así pues, la palabra en la poesía, como también yo he escrito en uno de mis libros,[10] no es sólo una caricia del alma, con su música y ritmos, sino también un mensaje que no desprecia el intelecto.

Si bien es verdad que en prosa se dan casos de discordancia entre el significante y el significado, aunque con frecuencia sean indistinguibles y poco perjudiciales debido al papel expresivo dominante que desempeña la frase con el mensaje completo que contiene, en poesía, por el contrario, la omnipotencia de la palabra y el menor o mayor grado de ambigüedad que acarrea el peculiar uso de la lengua lleva a su grado máximo la distancia entre el significante y el significado, hasta el punto de ser muy

---

[6] "Qu'est-ce que la littérature?", en *Situations*, París, Gallimard (sin año), vol. 2, pág. 64.
[7] G. Seferis y K. Tsatos, *Un diálogo sobre la poesía*, Atenas, Ermis, 1988, pág. 120.
[8] "La aventura de la traducción" [en griego], en *Traducción* [en griego], vol. 1, pág. 119-120.
[9] *Propos sur la poésie*, París, Maison du livre français, 1930, pág. 378.
[10] *Poética*, Granada, Centro de Estudis Bizantinos, Neogriegos y Chipriotas, 2005

a menudo la regla. Pero no es sólo la naturaleza dual de los símbolos verbales lo que provoca e intensifica este fenómeno en el discurso poético. A él vienen a añadírsele otros parámetros relacionados con el *uso* de la palabra en la poesía, un uso completamente diferente del que tiene lugar en el habla cotidiana. "Es distinta la palabra del discurso y de la poesía", afirma Aristóteles en su *Retórica* (1404 a 28). A este respecto, S. Gocharenko escribe: "Si no adquirimos conciencia de que el discurso poético se encuentra directamente en las antípodas del habla común, nunca podremos comprender nada relativo a la poesía".[11] Es conocidísima la máxima de St. Mallarmé "la poesía no se escribe con ideas sino con palabras", así como la de J. P. Sarte, "el trabajo del poeta no consiste tanto en buscar palabras para sus ideas como en buscar ideas para sus palabras",[12] la cual, con todos los ecos despreciativos que contiene a primera vista, expresa en el fondo una verdad que la investigación estética del fenómeno poético ha estudiado y reconocido sin que quepa ninguna duda alguna al respecto. "El poeta –afirma K. Palamás, poeta nacional de Grecia– quiere palabras, palabras, palabras; atesorar palabras y derrochar palabras".[13] Y el esteta francés M. Thiry escribe de forma epigramática: "Sólo existe poesía dentro de las palabras".[14]

La palabra es la *materia prima*, el material básico, del arte del poeta; no lo es tanto como portadora de significado sino, sobre todo, como portadora de experiencias, reales pero sobre todo emocionales, de las que está cargada

---

[11] Actas XIV del Congreso de la Federación Internacional de Traductores, Melbourne, 1966, pág. 199.
[12] *Variations sur les Bucoliques*, París, 1944, pág. 212.
[13] *Las primeras críticas* [en griego], *Obras Completas* [en griego], vol. 2, Atenas, Govostis, 3ª ed., pág, 81.
[14] *Le Poème et la langue*, Bruselas, La Renaissance du Livre, 1967, pág. 91.

y que son almacenadas en la memoria. G. Bachelard llama muy acertadamente a estas palabras *palabras vividas* (*môts vécus*),[15] y ello es exactamente lo que las hace *únicas*, ya que las vivencias con las que están entretejidas son únicas para cada hombre, y las asociaciones de ideas que provocan son también irrepetibles. A pesar de que el contenido semántico de las palabras es *casi igual* para cuantos hablan una misma lengua, su carga sentimental y las asociaciones de ideas que estimulan en el recuerdo son –y no puede ser de otra manera– completamente diferentes cuando se utilizan, se oyen o se leen en la *embriaguez* y en la *relajación* de la razón que en todas sus etapas caracteriza al gusto estético. G. Babiniotis ha hablado de la antinomia, en el sentido más amplio de la palabra, que caracteriza al hombre en diferentes manifestaciones de su existencia y que se manifiesta particular y característicamente en el lenguaje humano, y añade: "Esta antinomia no es una relación negativa, sino dialéctica, determinante de la existencia del hombre como miembro social y como persona. La lengua es órgano heredado de todos los miembros de la comunidad lingüística, pero también es al mismo tiempo una conquista individual de cada uno. Es una institución social por excelencia, pero también una manifestación individual del hombre".[16] En consecuencia, la palabra contiene tanto un contenido semántico común (lo admitido social y generalmente) como personal (vivencial) y emocional. Así pues, la palabra en poesía, como también dijo J. P. Sartre, en vez de encontrarse como referencia a algo, en una relación de significante y significado, se encuentra en una relación de *análogo* y *fantástico*.[17]

---

[15] *La Poétique de l'espace*, París, PUF, 1960, pág. 11.
[16] *Lingüística y literatura* [en griego], Atenas, 1991, 2ª ed., pág. 139.
[17] *Supra*, nota 6.

Se puede decir, por tanto, que la palabra en el habla cotidiana *narra* un hecho o un suceso real, mientras que en la poesía *narra* (recompone) un sueño. La distancia entre ambos casos se hace evidente si intentamos reflexionar sobre ellos y experimentarlos interiormente: la diferencia que sentiremos es aquella que separa tanto en prosa como en poesía el significante *palabra* del significado. Más pequeña en el lenguaje cotidiano y mucho mayor en poesía, esta diferencia existe siempre. Incluso me atrevería a afirmar que, siendo tan intensa como es, se encuentra en la base estética del fenómeno poético.

Sin embargo, en la aventura poética la palabra como *significante* tan sólo dista del significado por su naturaleza como *símbolo*, a la que nos hemos referido, o por ser portadora de una carga emocional que brota de vivencias particulares, profundamente personales, tanto del poeta como de su receptor, oyente o lector, y también porque en poesía se manifiestan características de la palabra que permanecen en gran medida al margen del habla cotidiana.

En poesía, la palabra no sirve sólo como símbolo referencial ni como arca de recuerdos, sino que cambia de *empleo*, mejor dicho, cambia de naturaleza y se vuelve también *materia* genuina, una materia que produce sonido, que late con ritmo y hace brotar tonos melódicos. Así, la poesía no utiliza la palabra sólo por lo que puede significar, ni para provocar un estímulo mediante la asociación de vivencias, sino también como material de construcción de la metáfora poética o de la embriaguez estética. Así, en ciertas corrientes poéticas relativamente recientes, como el dadaísmo de Tristan Tzara, el letrismo de Isidor Isou e incluso los ideogramas de Guillaume Apollinaire, se intentó valorar exclusivamente el *cuerpo* de la palabra, si bien la separación de la *palabra-cuerpo* (su sonido, etc.) de su alma (su contenido, que configura sus significados noemáticos y emocionales) condujo muy a menudo a exageraciones perjudiciales para la poesía. No obstante, y pese a ser abandonadas gradualmente, estas corrientes han dejado un beneficio: la más clara conciencia de la importancia que tiene la estructura material de la palabra (sonido y ritmo) en el laboratorio poético.

Recordemos el papel *descriptivo* al que apuntan las asonancias y las aliteraciones de las diversas consonantes *fuertes* y *débiles*, mencionado por Platón en su *etimología musical* del *Cratilo* (427 b), el ritmo silábico de los versos antiguos –o tónico de los modernos– que produce la unidad *palabra* dentro del verso, el eco melódico que provoca el *homoteleuton*, tal como se denominaba la rima en Bizancio, y también las homofonías (la concordancia entre los sonidos de las palabras), que constituyen una peculiar *musicalización* del lenguaje.

Con respecto a esa magia del retorno del sonido que es la rima, me he atrevido, en otro libro mío, a formular una hipótesis metafísica. Se trata del alineamiento del alma con la eterna verdad mística del movimiento cíclico y del interminable retorno, del que nos han hablado tantos sistemas filosóficos y del que da testimonio el universo, que nos rodea en su torbellino eterno: el macrocosmo y el microcosmo, y, al lado de nosotros, dentro y alrededor de nuestra tierra, las fases de la luna, el día y la noche, las estaciones, etc. El deleite que provoca la rima tal vez transmita por las mismas sendas secretas del alma el mensaje de una armonía entre el polimorfismo de los estímulos proporcionados por la intuición estética y la sustancia inmaterial de las leyes cósmicas que gobiernan al *ser* humano.

Es posible escribir tomos enteros de reflexiones y análisis sobre la modificación de la palabra en el discurso poético sin que el tema se agote. Sin embargo, las escasas máximas al respecto de nuestros estéticos contemporáneos también son suficientes para comprender el papel del sonido de la palabra en su uso poético. "Cuando la poesía pierde su musicalidad –ha dicho un gran poeta moderno, G. Apollinaire– tiende hacia la pintura, y ello es señal de debilidad". Un pensador francés añade: "La poesía es un compromiso de juego con las palabras y los sonidos".[18] Yo añadiría con los silencios, con esos *sonidos* secretos, esas palabras *mudas* de las que se vale el poeta para hablar a quienes no sólo se limitan a oír o leer su canción, sino a quienes también saben escuchar con atención su mensaje místico. Escribe P. Claudel en su quinta *Oda:* "Que esté yo entre los hombres como alguien sin rostro, y que sea mi habla hacia ellos sin sonido, un sembrador de silencio".[19] Y el filósofo J. Onimus añade: "En poesía, las isletas de las palabras sirven para cercar los sonidos".[20]

Todo esto puede llevarnos a problemas que pertenecen a otros terrenos de reflexión más generales, lejos del limitado y concreto objeto de este pequeño ensayo con el que he intentado mostrar que la naturaleza dual del símbolo verbal del significante –por un lado su carga emocional, que sobrepasa su papel noemático, y por otro su funcionamiento acústico-material, me atrevería incluso a llamarlo *mecánico*– crea condiciones babélicas en la comunicación poética, al distanciar la palabra del significado hasta tal punto que muchas veces se dificulta el gusto estético.

He hablado del *gusto* de la poesía utilizando una metáfora que se refiere al *conocimiento indirecto*, es decir, a aquel que no pasa por el intelecto, como, p. ej., el gusto de lo amargo o de lo dulce, sobre los que nadie se ha quejado

---

[18] G. Jamati, *Le Langage poétique*, París, PUF, 1951, pág. 270.
[19] *Cinc Grands Odes*, París, éd. Nouvelle Revue Française, 1919, pág. 163.
[20] J. Onimus, *La Connaissance poétique*, París, Desclée de Brouwer (sin año), pág. 176 y 193.

nunca de no *entenderlos*, como sucede tan a menudo, por el contrario, con la poesía. Sin embargo, y tal como he indicado al comienzo, la poesía no quiere *decir*, sino *significar* en el sentido que le daba a este verbo aquel antiguo sabio de Éfeso, esto es, remitir al éxtasis y a la neblina semidiáfana del sueño.

14

El Arte de la traducción y la traducción del Arte[1]

Tras siglos de espera en el margen del interés en torno al fenómeno estético en general, de repente la traducción literaria ha pasado, en los últimos cincuenta años, a la primera línea de análisis del pensamiento estético-filosófico, y ha provocado gran abundancia de escritos, hasta el punto de haberse publicado incluso bibliografías de las respectivas bibliografías, algo que nunca había sucedido hasta ahora en relación con otros ámbitos de conocimiento.

La traducción literaria se ha consagrado no sólo en la conciencia filosófica; también se ha establecido a nivel internacional como forma autónoma del Arte, igual a las demás. Como consecuencia de esta evolución, sus trabajadores han sido reconocidos como artistas con los mismos derechos y la misma posición en el devenir cultural mundial que ocupan cuantos son dignos de batirse en el campo del Parnaso.

Se ha hablado mucho del *arte de la traducción*, algo que nos trae a la mente –no tanto como juego de palabras o paradoja, sino como otra vertiente del mismo problema– la *traducción*, que, en este caso, constituye el Arte mismo en general. Con ello quiero decir que toda la gama del Arte, en todas sus formas, constituye en su

---

[1] Conferencia pronunciada en la Universidad de Granada con ocasión de la publicación en España de mi libro *Poética*.

quintaesencia *traducción* en el sentido más amplio del término, como *traslación* o *transformación* que tiene que ver con símbolos lingüísticos, acústicos, gráficos, etc.

Aquí expondré unas pocas ideas en torno a una cuestión realmente amplísima que se entremezcla con problemas estéticos básicos pero que, como sucede con todas las grandes cuestiones del intelecto, puede ser planteada de manera sencilla a fin de poder acercarnos incluso superficialmente a su esencia. Sin embargo, al principio deberemos recordar determinadas cuestiones semánticas que constituirán el marco de mi referencia, necesariamente breve, al tema.

En primer lugar, debemos delimitar el concepto de Arte, algo que nadie ha logrado todavía y sobre el que la mítica Diotima nos dio en el *Banquete* de Platón no una definición satisfactoria, sino una denominación inclusiva: *poesía*. "Todas las artes son poesía", dijo la sabia sacerdotisa de Mantinea, y en el *Teeteto* Xenos repitió: "Decimos, en resumen, poesía", en el sentido de que todas las artes son en parte un estado, uno y único, de la conciencia que en el lenguaje moderno llamamos *estética*.

También debemos distinguir aquellos momentos, o si se prefiere oportunidades, en los que esa conciencia se pone en marcha e inunda el psiquismo humano, colocando en segundo término sus otras dinámicas intelectuales, sobre todo las que están ligadas a la visión racional del mundo. Esos *momentos*, cualitativos y no cuantitativos, son, por un lado, los de la llamada *inspiración* y creación y, por el otro, en la orilla opuesta, los del disfrute.

El concepto de traducción literaria, esto es, la traslación de un texto no sólo a otro mundo lingüístico, son sus propios sonidos y ritmos, sino también, como es imprescindible para una buena traducción, a otro *mundo psíquico*, con todo lo histórico, religioso y en general cultural que ello debe significar, contiene una *transformación* más general que no es exclusivamente una traslación analógica de una lengua a otra, sino una *transmutación* en el sentido dogmático del término. Una transmutación que significa transformación no sólo de la forma en el mismo espacio, sino de la sustancia, es decir, salto de un espacio psíquico e indeterminado a un espacio material y determinado.

Tras haber aclarado semánticamente nuestro material léxico, detengámonos en el primer *momento*, el de la creación de una obra de Arte, un *poema* en el sentido platónico del término, y examinemos la relación interior que existe entre el *poema*, ya sea texto, escultura, cuadro, melodía o ritmo, y el *momento estético* del artista creador, el momento del que deriva. Fácilmente estaremos de acuerdo en que nos encontramos ante dos cosas totalmente diferentes. Una es inmaterial e indeterminada, y para ella hemos inventado palabras con el objetivo de cubrir nuestra ignorancia, p. ej., inspiración, idea, estallido interior, etc. La otra es material y se encuadra, como mínimo, en nuestro mundo visible o acústico.

No navegaré entre las diversas teorías formuladas sobre la verdadera naturaleza de la obra de arte, si es en primer lugar una experiencia en la fantasía del artista y, en segundo lugar, una recreación en la fantasía de cada espectador, o si la obra de arte es lo que en el lenguaje cotidiano llamamos *objeto artístico*. Creo que es indiferente admitir o no que la obra de arte es lo que nació como sentimiento o emoción en el mundo interior del artista, es decir, antes de convertirse en sonido, visión o palabra explícita, como lo pretendió y lo enseñó la escuela idealista. Es un hecho innegable que el proceso de creación artística incluye inevitablemente un estadio de *traducción*, en el sentido de *transformación*, que muchos llaman *búsqueda de forma de expresión, modo de expresión de una vivencia, materialización de esencia onírica*, etc., consistente en la traslación desde la niebla del subconsciente hasta la luz de la conciencia. Así, el artista traduce su indecible experiencia interior en palabra exterior explícita o simbólico-figurativa, e intenta regalarle existencia material modelándola *con otros medios*. El Arte mismo se convierte así en medio de expresión, es decir, en un lenguaje-meta que por sí mismo transmuta el sueño inmaterial en mito explícito. El Arte, todo Arte, es "incorpóreo en cuerpo", por recordar a Plotino. Se trata de una primera traducción desde el habla a-lingüística y tácita de la emoción y el sentimiento, que pertenece a otro orden, al lenguaje explícito del Arte.

En este punto evitaré extenderme en el análisis de la identificación del Arte con el mito, que nos llevaría muy lejos, y me limitaré a señalar que esta identificación se encuentra precisamente en la base de la universalidad del Arte. El artista creador es en esencia un hombre creador de mitos que intenta, mediante los simbolismos de su creación, mediante la criatura de su fantasía y memoria, ya sea esta un poema, un cuadro, un ánfora, una sinfonía o una catedral, ser conducido y conducir al espacio común universal de la fantasía mitificadora, al que cada uno de nosotros tiene acceso de diferente manera pero con los mismos medios. "Todos los hombres tenemos la misma estructura intelectual y natural", afirma el gran I. A. Richards, "y en consecuencia podemos comunicarnos gracias a la comunión de estos lazos". Son los *universalia* biológicos, psicológicos y sociales, estructuras humanas comunes, psíquicas e intelectuales, que crean los requisitos para la universalidad de determinados valores, entre los cuales se cuenta el Arte.

La profunda naturaleza mitificadora del Arte, su relación transcendente con el intelecto, le permite superar todo tipo de fronteras artificiales y referirse a la identidad de las conciencias; en otras palabras, convertirse en lenguaje universal. Pasando a la orilla opuesta, a la del disfrute o el *consumo*, constataremos un proceso análogo, si no idéntico, de traducción-transmutación de la obra de Arte por parte del oyente o espectador.

El *producto* artístico no se consume, no puede ser consumido como tal si antes el espectador u oyente no lo traduce, no lo traslada, no lo transmuta, en vivencia mítica interior con la disposición estética como catalizador. Todo ello necesita ser analizado, pues puede parecer oscuro.

He dicho *consumir* la obra de arte como tal, como pretexto, como invitación al disfrute estético, porque por supuesto también es posible acceder a ella de otras maneras. Un poema, por ejemplo, no funciona como obra de arte cuando lo lee alguien que quiere aprender a leer, o un filólogo que lo examina desde el punto de vista de la métrica o la versificación. Una escultura no provoca emoción estética cuando se examina como objeto que ha de ser trasladado a algún lugar o como sujeto que ha de ser protegido del desgaste que provoca el paso del tiempo. Se puede decir lo mismo de todas las obras de Arte, desde la flexión del cuerpo en la danza al examinarla desde un punto de vista ortopédico, hasta la bóveda de una catedral cuando es objeto de un estudio estático. La obra de Arte es sólo artística *en potencia*, en el sentido de que es una estatua *en potencia*, un trozo de mármol. El cincel, la disposición estética, es la obertura mágica que descubrirá la estatua y despertará la obra del letargo de la materia a la vigilia del sueño.

Aquí no intentaré analizar el concepto de disposición estética, qué es y cómo funciona. Creo que un ejemplo tomado de mi vida privada lo dice todo. Es una frase de un amigo mío astrónomo: "Desde que examino el cielo con telescopio, he perdido la magia del claro de las estrellas y la luz de la luna". Jamás olvidaré estas palabras, que me dieron a entender, sin recorridos intelectuales o filosóficos, qué es aquello que llamamos *disposición estética*. Sin embargo, esta no basta para que una obra de arte funcione como catalizador del goce estético. La disposición estética es sólo uno de los requisitos, como lo es la obra de Arte misma. El nacimiento, o mejor la creación, porque se trata de creación auténtica, de la vivencia estética del espectador u oyente se realiza sólo cuando este *traduce*, esto es, *transmuta* el estímulo que le proporciona la obra de Arte en mito interior propio, un mito que se corresponde con su mundo, sus posibilidades, sus sensibilidades.

Se ha dicho que por cada poema existen tantos poemas como lectores u oyentes, y ello es cierto no sólo para la poesía. Cada espectador-oyente disfruta de su propio mito, no por elección, sino porque así es la naturaleza inevitable del proceso estético. El mensaje estético ajeno no puede emocionarme si primero no lo transformo en mi interior, de manera que se corresponda con mis propias elecciones, mis propios mundos concéntricos psíquicos, intelectuales y, en general, culturales.

Creo que los pocos pensamientos que he plasmado aquí son suficientes no para demostrar algo, sino al menos para mostrar que la *tra-ducción* es una manera más de hablar del Arte, que es en último término un lenguaje universal, unas veces lenguaje meta y otras lenguaje fuente, del cual o al cual *tra-ducimos* el habla humana emocional y tácita. Así pues, y a la vista de todo lo expuesto anteriormente, podemos hablar no sólo del *Arte de la traducción*, sino también de la *traducción que es el Arte*, con todo lo que ello implica para el entorno histórico, psicológico y socio-religioso en el que se mueven la fantasía y el mito, pero sobre todo en el que *respira* el propio autor.

15

La traducción del discurso poético[1]

La traslación de la palabra poética de una lengua a otra, más allá y paralelamente a los problemas que presenta y que se deben a la estructura y a la peculiaridad sintáctica y gramatical de cada lengua, tanto de la lengua del original, la lengua fuente, como de la lengua de la traducción, la lengua meta, ha engendrado preguntas de carácter estético-filosófico que ocupan a los pensadores desde la antigüedad.

La posibilidad de una provechosa, o al menos *aceptable*, traducción de poesía ha dividido a los pensadores en dos bandos: el de sus defensores y el de los que la niegan categóricamente. Esta divergencia de opiniones, que por supuesto se refiere a todo tipo de textos literarios, también fue especialmente intensa en torno a la traducción de textos sagrados en las diferentes comunidades religiosas, no sólo porque la poesía posee un lugar eminente en ese campo, puesto que ha estado, a lo largo de la historia de la humanidad, estrechamente ligada a la palabra sagrada, sino también porque usa como herramienta de su arte la palabra, más allá de su contenido semántico y de modo a menudo diferente al de la prosa.

Es evidente que si un poema no ha sido traducido, su mensaje (y esta palabra se utiliza aquí en su más amplio

---

[1] Conferencia pronunciada en la entrega de los Premios de Traducción Literaria que concede la Sociedad Griega de Traductores de Literatura.

sentido, que se extiende, como hemos señalado con insistencia, mucho más allá de la comunicación noética) se limitará obligatoriamente al espacio humano-social de la lengua en que fue escrito. No digo de la lengua en la que el poeta lo concibió. Espero que las siguientes observaciones expliquen esta expresión mía.

Al contrario de lo que podría suponerse epidérmicamente, esta limitación no se refiere sólo a la poesía o a la literatura en general. Todas las formas del Arte sufren limitaciones análogas en lo que atañe a la extensión del público al que pueden dirigirse.

Una clase determinada de música, p. ej., hindú o china, no llegará a transmitir su mensaje, es decir, provocar el estímulo que constituye su fin y crear en el auditorio el instante onírico o el goce estético, más allá de las fronteras del lenguaje musical en el que se ha cultivado y desarrollado una sensibilidad acústica especial. Lo mismo sucede con las otras formas del Arte, como la danza, la arquitectura, etc. Especialmente en estos casos no se puede ni siquiera imaginar una traducción, de manera que, para conseguir que su *mensaje* estético pase a horizontes más vastos, desde el clima en el que encontraron su expresión, se necesita una larga preparación interior de los ojos y los oídos a fin de alcanzar el gusto estético correspondiente. La poesía, por el contrario, tiene la ventaja de poder ser traducida. Pero, ¿es esto verdad?

Algunos pensadores, y no de poca importancia, han sostenido que ninguna traducción, incluso la más acertada, puede reflejar el mensaje de lo bello o, como diría Platón, de la *verdad* del original; es decir, que más allá de la traslación a los símbolos lingüísticos correspondientes no es posible trasladar la cualidad estética del original. Pero ¿de qué original se trata?

Todo poeta confesará fácilmente que lo que los demás llaman *su poema* es sólo un reflejo pálido y débil de una disposición anímica, indeterminada y básicamente indecible, que, por conocidas razones históricas, aunque con inexactitud, llamamos normalmente momento de inspiración. Este estado psíquico del poeta, que brota de cierto estímulo exterior y de cierta actividad emotiva en lo más hondo de su alma, intenta expresarse mediantes palabras. Para alcanzar dicho propósito, estas deben superar muy a menudo el contenido semántico que les asigna ese presunto convenio social llamado *lengua* –es decir, ese tácito convenio social que proporciona unas correspondencias rígidas y más o menos uniformes para los que hablan la misma lengua– entre el símbolo acústico, esto es, el sonido abstracto de toda palabra, y la realidad concreta de la cosa, del acto o de la idea a la que el símbolo remite.

El poema, como toda obra de arte, según los filósofos estéticos R. G. Collinwood y B. Croce, no es sino una experiencia en el mundo interior del poeta. La escritura del poema, la creación de la obra de arte, es una traslación de esa experiencia tácita en el espacio del logos, un intento de darle existencia en el espacio material mediante un proceso de reconfiguración usando otros medios. Se trata, en definitiva, de una *primera traducción* desde la tácita *voz sin lengua* de las emociones y los sentimientos, que pertenece a otro orden, a la lengua explícita de las palabras. Para que sea quizá más comprensible lo que quiero decir, podríamos pensar en algo parecido a lo que sucede en la grabación de un disco fonográfico. Las ondas sonoras (es decir, un fenómeno cinético) son transformadas por el micrófono en modulación de corriente. A su vez, esta modulación mueve la aguja grabadora sobre la matriz del disco en el que se intenta grabar. Nos encontramos ante un procedimiento de transformación de un fenómeno, las ondas sonoras, en otro correspondiente, aunque de naturaleza completamente diferente. La reproducción del sonido del disco sigue el mismo proceso con un movimiento opuesto en el que el megáfono toma el lugar del micrófono.

Tomemos el siguiente ejemplo, prestado de Y. Peres: "Cuando el poeta escribe *¿Qué fue de las nieves de antaño?*, en realidad no se pregunta qué fue de la nieve. Es muy probable que ni siquiera piense en la nieve. Sin embargo, podemos suponer que quiere expresar cierta nostalgia, melancolía, amargura, etc., sin relación alguna con el agua helada que se llama nieve". Sería posible decir, parafraseando a Heráclito, que, como Apolo, *la poesía ni dice ni oculta, sino que significa*.

Así pues, está claro que el texto de un poema es una primera traducción que realiza el propio poeta de la palabra interior inefable de la emoción a la palabra exterior explícita de los vocablos. Partiendo de estas ideas, constatamos que la verdadera cuestión no tiene que ver con la posibilidad de traducir un poema, sino con la posibilidad de reformar el mensaje estético primigenio, aquel que intenta expresar el poema mediante símbolos léxicos de otro clima lingüístico, con su propia carga semántica y sentimental.

Lo que más ha torturado al pensamiento humano ha sido el problema derivado de lo que podríamos llamar el *clima específico*, histórico, social, psicológico, de cada lengua algo diferente de su alcance noemático o semántico. Ya desde la época romana, cuando la trasplantación de la herencia cultural griega tuvo que pasar por las sendas peligrosas de la traducción, los traductores han tenido que hacer frente al problema (invisible pero tan real) del clima histórico y psicológico específico de cada lengua. No es posible tratar aquí todas las vertientes de este problema poliédrico. Me limitaré, por consiguiente, a unas pocas constataciones y a continuación formularé algunos pensamientos de cada vez que me disponía a traducir textos poéticos, con el temor que me provocaba el ser consciente de mi responsabilidad.

La primera constatación que acude a mi mente, y que es por otro lado evidente (casi se demuestra por sí misma), es que la traducción de la poesía, en particular entre lenguas de distinta naturaleza y estructura, no ha de considerarse como un intento por buscar alguna analogía, sino más bien un proceso de investigación de una *homeología*. Espero que las palabras que siguen puedan explicar el neologismo al que me veo obligado a recurrir.

Una segunda constatación es que una traducción digna de este nombre no puede sino reflejar el poema original como totalidad. En consecuencia, intentar *re-crearlo* como conjunto literario armónico. De otro modo se trataría de una simple traslación lingüística que difiere significativa y sustancialmente de lo que llamamos traducción literaria propiamente dicha.

Sin embargo, lo que tiene importancia para entender esta *alquimia* –permítanme esta expresión– es la manera de llevar a cabo el proceso. Es decir, más allá de la traslación lingüística y de la traducción, más intuitiva en sí misma, debemos preguntarnos (como muchas veces me he preguntado) qué sucede de verdad, ya que realmente sucede algo cada vez que intento *re-escribir* en mi lengua una construcción lingüística complicada, única y muchas veces extraña, como es el caso de un poema moderno. Lo que de verdad sucede es, en gran medida, lo mismo que sucede cuando se escribe un poema.

Creo que es característico de toda traducción de un texto literario el hecho de que este constituya una creación *de segunda mano*, un reflejo de *otro*, y siempre, como a través de un espejo, una imagen inversa. Pero si quisiéramos ver este proceso desde más cerca, nos daríamos cuenta fácilmente de que no sólo la traducción, sino también el original, son realidades *de segunda mano*, ya que ambos son fenómenos lingüísticos, y ello significa que los dos, cada uno a su manera, derivan de un proceso de reflejo, sólo que el espejo es diferente en cada caso. Me explico.

La traducción intenta reflejar el mensaje estético de la lengua fuente y la vivencia interior única que intenta transmitir. Por otro lado, el llamado *original* le proporciona forma. Además, la traducción de un poema no puede ser un proceso que acumule distintas soluciones parciales. En realidad se trata de una labor muy exigente de orquestación de un conjunto que presupone, por un lado, un conocimiento profundísimo de la lengua meta y, por el otro, una capacidad intuitiva muy desarrollada con respecto a la percepción de los sutiles significados ocultos, aquellos elementos invisibles del texto fuente.

La recreación, mediante el proceso de traducción, de una totalidad, es decir, un conjunto formado por señales léxicos que irradian con palabras los mensajes noemáticos y estéticos del poema *original*, podría llamarse *holoescritura*, en analogía con el término *holograma*, que la terminología occidental ha tomado prestado del griego para la fotografía en tres dimensiones. Por otro lado, todo poema –y el traducido correctamente ha de reflejarlo fielmente– es el resultado de una *holoescritura*, ya que en un poema cada nivel y cada herramienta de la palabra no tienen existencia por sí mismos, sino que se proyectan en el horizonte de todos los demás, en combinación con cada uno pero también con el conjunto. Esto significa que el poema, o su correcta traducción, intenta materializar en palabras experiencias emocionales; esto es, intenta formular, mediante símbolos léxicos, un acontecimiento interior de naturaleza distinta y por ello indecible.

Sin duda, la traducción de la poesía es uno de los juegos lingüísticos que enumera en su célebre obra *Investigaciones filosóficas* L. Wittgenstein, pensador estético austríaco, ya que ningún juego no puede ser jugado en el vacío, y no puede existir vida alguna sin *atmósfera*.

Karl Kraus, otro *profeta de la lengua* (como ha sido llamado con toda razón), subrayó en referencia a la traducción literaria la importancia estética primordial de lo que llamó *aire en el que respiran las frases*. Este *aire* es la criatura viva en la que se mueve y vive la lengua del poema, y en el que nace y se desarrolla su irradiación particular, su clima, su melodía y su ritmo. Así pues, la traducción de un poema presupone un viaje de regreso al punto de partida, al momento inicial de la experiencia que se materializó con los símbolos lingüísticos de la lengua fuente, incluso a una fase anterior a esa. Aquí, como dijo epigramáticamente Karl Kraus, la fuente primera es la meta: "Ursprung is das Ziel".

Ello excluye del campo de la poesía traducida –al menos como la concibo yo– las prácticas *libres*, como se denominan de manera autocomplaciente: las llamadas *traducciones libres*, las *traducciones literales*, las *adaptaciones poéticas*, prácticas que tienden a crear un nuevo poema, lejos del texto original, a partir del cual dicen que se inspiraron. En consecuencia, el traductor puede y debe hacer algo más que traducir de la lengua fuente a la lengua meta como proceso de simple comunicación entre dos *contenidos* o dos *conjuntos de sentidos*.

Para explicar lo que quiero decir recurriré a una imagen muy lograda que usó el gran teórico de la traducción Georg Steiner, si bien en otro marco de referencia. Mutatis mutandis podría decirse que no basta con que el traductor consiga reunir todos los ingredientes de la receta para el *plato* que va a preparar. También tiene que encontrar la *cacerola* psicológica y social análoga a fin de cocinar en la lengua nueva, y también, y sobre todo, debe distinguir con gran atención y mezclar adecuadamente los sabores de la *salsa* en la que lo presentará. Ello es así porque esos gustos, que no proceden de un ingrediente determinado, sino de la combinación de todos ellos, son el elemento decisivo, en el nivel de la palabra poética, que ha de ser traducido y trasladado. En otras palabras, hay que conservar no el sentido del poema, sino la forma de su sentido.

La traducción de la poesía exige, por parte del traductor, un alto porcentaje de capacidad e independencia creadoras que *se ejercen sólo a favor del original*. También exige un sentimiento muy especial y responsable de infidelidad que no es, por supuesto, sinónimo de arbitrariedad. Al hablar del intérprete del arte en general, actor o artista, E. Papanoutsos escribe en su *Estética:* "En su interior luchan la responsabilidad y la libertad. Es un gran logro equilibrar estas fuerzas". A ello podría añadirse que el traductor es también, en este sentido, un intérprete. Mejor dicho, en su interior luchan dos responsabilidades: la que tiene frente al poeta al que traduce y la que tienen frente al lector u oyente. El árbitro de esta lucha será su libertad, y sopesará con ella la importancia que tiene en la poesía que traduce cada uno de sus elementos constituyentes.

La traducción fiel ha de permitir al texto traducido *hacer lo que hace el original,* es decir, actuar como aquél, mediante un proceso de reconstrucción de un edificio como conjunto formado por muchos detalles infalibles. Una labor tal desemboca en un texto traducido que, a pesar de su irreversible y necesario heteromorfismo, sigue siendo original pese a ser algo distinto. Esto es exactamente lo que quería decir al hablar no de analogía, sino de *homeología*, de una traducción que desemboca en un texto que, a pesar de su irreversible y necesario heteromorfismo, sigue siendo original pese a ser algo distinto.

16

La dimensión temporal
de la traducción literaria[1]

Uno de los muchos elementos de problemática estética que plantea al pensador la traducción literaria es el tiempo, un elemento con indudables implicaciones lingüísticas. Sin embargo, dichas implicaciones se extienden también por otros espacios, psicológicos, históricos y sociológicos, dándole de esta manera carácter de elemento estructural fundamental en la empresa de la traducción literaria.

Este elemento, que aquí será entendido sólo con el significado que le da el habla cotidiana, muestra, desde el punto de vista de la traducción literaria, dos vertientes, tantas como son las orillas entre las que fluye su corriente creativa, esto es, la lengua fuente y la lengua meta.

Tal como sucede con toda creación, la traducción literaria, obra de arte autónoma e independiente, también se realiza en el tiempo. Este es un elemento necesario y un requisito indispensable para toda génesis, ya tenga lugar en el macrocosmos del universo o en el microcosmos de la acción humana, en particular en el de la creación artística.

No es casual el hecho de que no sólo las búsquedas existenciales míticas de la antigüedad, sino también los grandes pensadores de la antigüedad griega, clasificaran el tiempo, bien entre las divinidades cosmogónicas intemporales, bien

---

[1] Conferencia pronunciada en la entrega de los premios de traducción literaria de la Sociedad Griega de Traductores de Literatura. Esbozo para un ensayo sobre este tema.

entre las fuentes no construidas de la creación, esto es, entre los factores de toda *transformación*, por usar una expresión sinónima de la terminología filosófica.

Así, en el nivel del *pensar míticamente* (μυθικῶς σοφίζεσθαι) según Aristóteles (en la *Ética a Nicómaco*), encontramos el tiempo en el antiquísimo círculo órfico como *causa de todas las cosas*. Tal como nos informa Proclo en sus *Lecturas al Crátilo de Platón* (I, 224), "Orfeo llama al tiempo la causa primera de todas las cosas".[2] También Damascio,[3] en referencia a la teogonía órfica, escribió que "antes incluso que el éter y el caos, antes incluso que estas creaciones iniciales, su padre fue el tiempo como supuesto previo de su existencia". Hermeo nos transmite epigramáticamente la enseñanza órfica de la relación entre la creación y el tiempo: "Donde hay creación, también hay tiempo".[4]

Recordemos también a Ferécides de Siro, quien enseñó (cantó) en el siglo VI a.C. que "Zas y Cronos han existido siempre, y también Ctonie",[5] y "el éter (ha sido) el actor, la tierra el elemento pasivo y el tiempo (el lugar) donde todo llegó a ser".[6]

Pasando a la época dorada del pensamiento griego, encontramos en Critias, discípulo de Sócrates, la siguiente referencia al tiempo: "El tiempo incansable y eterno (sin origen ni fin), lleno de corrientes que circulan (mientras) él mismo se genera a sí mismo".[7] El propio Critias, en

---

[2] Proclo en el *Crátilo* de Platón, 396 B, en C. O. CERN, *Orficorum Fragmenta*, Berlín, MCMLXIII (2ª ed.), frag. 68, pág. 149.
[3] Damascio, *La educación de César*, 128 bis, en C. O. Kern, *op. cit.*, frag. 54, pág. 131.
[4] Véase Passa, *Fragmentos órficos* [en griego], frag. 15, pág. 354.
[5] Diógenes Laercio, *Vitae Philosophorum*, I, 119.
[6] Diels-Kranz, *Die Fragmente der Vorsokratiker*, Berlín, 1969, 7 A 9.
[7] Diels-Kranz, *op. cit.*, 88 B 19, 25.

referencia al tiempo, utiliza el adjetivo αὐτοφυής (que crece por sí mismo), un adjetivo que, tal como lo considera la mayoría de los comentadores, proporciona al tiempo carácter de eternidad y de fuente indispensable de la creación.

Y el divino Platón, el único de los grandes filósofos griegos que en el *Timeo* (37 C, D) admitió el tiempo como *criatura* del Demiurgo, enseñó que en el caos arquetípico no era posible que existiera el tiempo, y este nació junto con Urano (*Timeo* 38 B), es decir, junto con el orden. Antes, el caos no tenía ritmo, y se supone que tampoco movimiento. Así pues, no disponía de nada estable que se pareciera al tiempo.

Finalmente, en el libro del Génesis, en el Antiguo Testamento, la acción creadora de Dios, la que marca el paso de la tierra no construida y del abismo de la obscuridad de la eternidad atemporal a la realidad temporal,[8] se produce con su Palabra: "Y llamó Dios a la luz *día*, y a la oscuridad la llamó *noche*. Y atardeció y amaneció: día primero".

No tengo la intención de extenderme en las teorías sobre la realidad o la subjetividad del tiempo, ni siquiera de referirme a la perspectiva kantiana al respecto en la *Crítica de la razón pura*. Mi objetivo es sólo la traducción literaria y su relación con el tiempo. Sin embargo, he creído imprescindible una breve referencia al estrecho vínculo de la creación en general con el tiempo, ya que la literatura, y la traducción literaria es literatura, constituye sin duda una *creación* en el microcosmos del Arte o, mejor dicho, *en el cosmos del mito* –en el sentido más amplio del término–, al que pertenecen todas las formas del Arte.

El mito que se llama Arte, producto de la imaginación y la sensibilidad humanas, pertenece al ciclo de la representación directa, como sucede con la poesía y la música,

---

[8] "Ante caelum et terram nullum erat tempus", San Agustín, *Confesiones*, XI, 13.

o al de la indirecta, en la que se encuadran a menudo las otras formas del Arte, y siempre se enmarca en el espacio del *mundo aparente*, es decir, en aquella región que está inseparablemente unida al tiempo.

Muchos han clasificado la palabra artística en particular, y también la traducción, en las artes descritas como *artes in tempore* o *artes temporales,* en oposición a las llamadas *artes spatiales*, que comprenden la escultura, la pintura y la arquitectura.

En su obra maestra *Laoconte* (1776), G. Lessing habló de las artes que representan "cosas que coexisten en el espacio", como la pintura, la escultura y la arquitectura, en oposición a las que usan símbolos sucesivos en el tiempo, como la danza, la música y la literatura. Sin embargo, esta distinción no fue en general aceptada,[9] y son numerosísimos los estudios y ensayos que han intentado demostrar, por un lado, el carácter espacial de las llamadas *artes del tiempo* y, por otro, la temporalidad de las llamadas *artes del espacio*.

Comencemos por la postura según la cual toda forma de Arte es producto y resultado de un *proceso interior*, es decir, una conciencia la crea (y otra la modela), y fuera de aquel flujo interior que se llama conciencia no hay –ni siquiera es concebible– una *obra de arte*. Creo que estaremos de acuerdo en que todas las artes son temporales o, al menos, no están totalmente exentas del elemento de la temporalidad. La pintura, la escultura y la arquitectura no difieren de la música, la literatura y la traducción porque las primeras sean artes *espaciales* y las segundas *temporales*. Difieren sólo en cuanto al *porcentaje de su temporalidad*.

---

[9] Véase E. A. Imbert, en *Revista Nacional de Cultura*, Ministerio de Cultura y Educación de Argentina, año 1, núm. 1, Buenos Aires, sept. 1978, pág. 89.

Por supuesto, el tema es infinito y de nuevo he de limitarme a estas pocas observaciones imprescindibles, indicando que, tal como está el asunto, permanece fuera de toda duda el hecho de que la literatura, y por supuesto también la traducción literaria, son artes por excelencia temporales, ligadas inseparablemente al elemento del tiempo. En consecuencia, un análisis correcto de estas ha de incluir necesariamente este parámetro fundamental.

Pero, ¿qué significa todo esto? Indiquemos, en primer lugar, que la *temporalidad* de la traducción literaria viene dada por su *participación* (por usar un término platónico) en el acto de creación. La traducción literaria, como toda forma de Arte, no sólo nace, es decir, se crea o se disfruta, *en el tiempo*. Además, este no debe ser entendido aquí como cierta *duración* abstracta, sino sobre todo como una cadena formada por tres espacios noéticos sucesivos: el *pasado*, el *presente* y el *futuro*.[10] En otras palabras, como cierto *marco temporal* en el que nace la obra literaria, en el que después se traduce y, finalmente, en el que su traducción es leída o escuchada.

Parafraseando lo que escribió F. Schiller en su ensayo *Sobre la educación estética del hombre*, podemos decir que el literato, como ciudadano de un estado, también lo es de una época. Ello significa que, cuanto más pequeña sea la distancia entre el tiempo, o la época, de creación y el tiempo del *disfrute* –de la *consumación*, diría de modo más expresivo–, más probable es la coincidencia y la plenitud de la comunicación estética. También deberíamos indicar que la *primera escritura*, como llamó Seferis al texto en la lengua fuente, considerada bajo la luz del elemento *tiempo*, muestra *ridigez* en el sentido de que se realiza en un momento temporal dado y permanente, es

---

[10] "Quid autem metimur nisi tempos in aliquo spatio", San Agustín, *op. cit.*, XI, 21.

decir, en un espacio-tiempo dado, con lo que ello puede implicar para el entorno histórico, lingüístico, religioso y social de dicha escritura. La traducción, por el contrario, se encuentra siempre en una distancia temporal, y a menudo espacial, mayor o menor, pero también tiene una *dinámica* en el tiempo histórico y en el espacio lingüístico, incluso en su propio espacio, ya que puede repetirse –y ello sucede a menudo– en distintas épocas.

Así pues, la traducción no es sólo un puente entre dos lenguas. A menudo también constituye un puente entre dos épocas, la de su propio mundo contemporáneo y la de la *primera escritura*. Es una combinación de dos *momentos temporales:* por un lado la concepción y la creación del llamado *original*, y por otro el de su recreación en la traducción. Por este motivo el traductor siempre tiene que poder vivir interiormente la época que traduce –y ello es realmente muy difícil– con todo lo (casi indeterminado) que ello conlleva.

En este punto surge de inmediato la primera cuestión, si el traductor tiene que trasladar la *primera escritura* con toda su historicidad o si su objetivo ha de ser integrar el texto traducido en la atmósfera de su propia época; en otras palabras, si la traducción tiene que dar la impresión de que se escribió *allí y entonces,* con lo que este *allí* y este *entonces* significan, o si ha de pertenecer al espacio y al tiempo del traductor.

Lo segundo parece más acorde con los objetivos estéticos de la traducción. Sería, p. ej., del todo inútil, como indica Th. Nakas,[11] una traducción de Shakespeare con formas lingüísticas de la lengua meta del siglo XVI. Sin embargo, no han faltado los ejemplos contrarios en casos especiales, p. ej., la traducción inglesa de la Sagrada

---

[11] Th. Nakas, "Original y traducción" [en griego], *Actas de Congreso*, Atenas, dic. 1980, pág. 78.

Escritura, con terminaciones verbales y pronominales de formas antiguas de la lengua a fin de proporcionar, de esta manera, el elemento del tiempo.

La traducción literaria ha de *hablar* y emocionar a su contemporáneo. Por este motivo, y al contrario del *original estático*, puede evolucionar diacrónicamente, puede renovarse, en una trayectoria paralela a la de los factores culturales, nacionales, sociales y psicológicos de cada época.

Tal como indica el filósofo contemporáneo Octavio Paz, cada época exige sus propias traducciones, y ello es así por diferentes motivos. En primer lugar, porque nuevas interpretaciones bajo la luz de la investigación filológica y lingüística permiten realizar traducciones cada vez mejores y más precisas. Además, ya que no es posible la coincidencia temporal de la traducción en la lengua fuente con su original, la misma evolución de la lengua meta, la de la traducción, facilita y amplía las posibilidades de una nueva interpretación del original. Por otro lado (y este es un importante motivo añadido), las exigencias y la formación cultural del receptor de la traducción también evolucionan. Así pues, ninguna traducción puede ser o puede considerarse definitiva, no susceptible de ser transformada. Ninguna traducción, por muy estrictamente precisa que sea, cumple todas sus funciones fuera del marco temporal, cultural, etc., en el que se ha realizado.

En este punto surge otra cuestión de dimensiones filosóficas aún más profundas: considerar la traducción de la palabra artística como simple *transfusión* o como *pila bautismal de renacimiento*, como *comunión del otro* o como su *renacimiento-supervivencia*.

A pesar de que ambas tesis pueden ser defendidas de manera convincente, me parece que la segunda se encuentra más cerca de la naturaleza *creativa* de la traducción. A fin de alcanzar el resultado estético al que aspira, el texto literario traducido ha de ser *texto de su época*, ha de poder sonar en el oído y en el alma de su lector no como una voz del pasado, sino como palabra contemporánea. Creo que esta ha de ser la primera preocupación del traductor, pero no la única. Este, sin olvidar la historicidad-temporalidad de la obra que traduce, al trasladar a la lengua meta lo que es esencial de su contexto temporal ha de tener presente sobre todo su propio *público*, el que habla la lengua de su época y recibirá la obra traducida con la emoción que sólo su palabra propia puede producir.

El profesor M. Meraklis denomina este alejamiento de los momentos extremos del original "traición inevitable de la traducción", como resultado de un intento consciente por traicionar de alguna manera el original de otra época a fin de no traicionar del todo la época contemporánea.[12] Escribe: "Tiendo a considerar el problema de la relación entre el original y sus traducciones en correspondencia con el problema de la forma inicial y sus variaciones, que constituyen juntas un sistema de expresión en el tiempo. Así, la desigualdad de la copia con respecto del original no es defecto ni debilidad, sino enriquecimiento de la experiencia sobre las grandes obras que el espíritu humano ha creado y continúa creando. Las traducciones no contribuyen tanto a revelar el original como a completarlo, tal como determinan la subjetividad de los traductores y la objetividad de los tiempos". Al elaborar estas reflexiones añade: "Esquilo no conocerá nunca más el éxito que obtuvo en la Atenas clásica. No se trata de la debilidad de nuestra penetración en la grandeza de Esquilo, es debilidad de Esquilo, es decir, debilidad de toda existencia histórica, que se limita básicamente a su tiempo determinado por no ser, en este sentido, eterna".

---

[12] M. Meraklis, "La necesidad de la traición de la traducción" [en griego], en *Original y traducción, op. cit.*, pág. 165.

A este respecto, el profesor I. Th. Kakridis ha sostenido opiniones contrarias, o al menos desde otro punto de vista, en su libro *El problema de la traducción*.[13] "El ideal del traductor –ha escrito– es que el mundo expresado por la obra de arte se encuentre en su nueva forma, si es posible, con la menor alteración posible". Sin embargo, sobre este tema debemos confesar que el *ser diferente* de la traducción con respecto al contexto temporal del original es inevitable. La adaptación temporal no es una traición al original, sino, en opinión del profesor M. Meraklis, un "enriquecimiento de la experiencia que lo configura".[14] El término *enriquecimiento* no debe entenderse cualitativamente, es decir, como mejora del original, con todo lo peligroso que ello puede ser, sino *cuantitativamente*, como constatación del carácter *adicional* de la traducción, en el sentido de que esta recoge y refleja las transformaciones que el tiempo conlleva. Algo así es necesario e inevitable, y en consecuencia no constituye una *traición* en el sentido de empeoramiento, ni mucho menos un *dilema* que puede ser un problema para acceder teóricamente al proceso de la traducción.

El intento del traductor, del que estamos hablando, podría llamarse *armonización del elemento diacrónico con el sincrónico*, una empresa especialmente difícil si no a menudo irrealizable. Y este es un motivo más para describir la traducción literaria no como *traición*, como suele decirse de manera superficial, sino como *intento de síntesis* que exige sensibilidad y conocimiento.

A este carácter combinado de los parámetros de naturaleza temporal de la traducción podríamos llamarlo

---

[13] *El problema de la traducción* [en griego], Atenas, 1966 (4ª ed.), pág. 11 ss.
[14] P. Bádenas de la Peña ha hablado de *riqueza acumulada* en "Las traducciones de textos griegos antiguos y modernos", en *Cervantes*, vol. I-II, Sociedad Miguel de Cervantes, Atenas 1977-1978, pág. 128.

tiempo de la traducción o tal vez *presente pretérito*, si quisiéramos imitar el acceso psicológico al problema del tiempo en San Agustín, quien, como es sabido, habló en sus *Confesiones* de la *distentio animi* y de los tres tiempos presentes: el *presente del pasado*, el *presente del presente* y el *presente del futuro*. El lector de la *primera escritura* (del *original*) es trasladado y saborea estéticamente *la ilusión de aquel presente pretérito* que compone el contexto temporal de ese original. En otras palabras, se halla en una situación que el filósofo francés P. Ricoeur llama *estado de reformación*, con lo que ello implica para la lengua, las condiciones históricas y el marco social que lo componen. El lector-usuario de la traducción es trasladado a aquel tiempo más lejano o más cercano a su propio presente, pero también a otro tiempo, contemporáneo histórica, social y siempre *psicológicamente* al de la traducción, que se sobrepone al nuevo texto. Sin embargo, este *segundo presente adicional* tiene por naturaleza propia un carácter sólo circunstancial en relación con el momento histórico inmutable del original. En consecuencia, no puede *con-vivir* con el original, en el supuesto de que este último sea digno de sobrevivir. Con todo, el *momento histórico* inmutable del original, el contexto temporal de su creación, también afianza temporalmente su mensaje cuando el original tiene la fuerza de alzarse como símbolo eterno. He aquí la grandeza del verdadero Arte: nacer *en un tiempo* y dirigirse hacia la eternidad. La adición del contexto temporal de la traducción es sólo útil y estéticamente admisible si abre un acceso más fácil o permite una comunicación más directa con el original, pero su papel es, por naturaleza propia, efímero, y se vuelve perjudicial cuando el tiempo psicológico contemporáneo se interpone entre el traductor y el lector, de tal manera que a la distancia que separa el presente real del presente del original se le añade una tercera dimensión temporal, la de la traducción, sin que nada la justifique o pueda hacerle justicia. La repetición de la traducción de obras que sobreviven por su calidad es siempre útil y deseable, pero también confirma el estrecho nexo de la traducción con su tiempo.

Todo ello se encuentra aún en el terreno de la consideración de la traducción como *transfusión*, y las cuestiones tratadas tienen que ver con las maneras de alcanzar este objetivo. Sin infravalorar la importancia y los problemas que se derivan de él, la atención de los investigadores ha comenzado a dirigirse, especialmente en los últimos años, hacia otros parámetros de la traducción: el que ha sido llamado *supervivencia* de la primera escritura, que muestra una vertiente particular de esa transfusión, y aquel para el que resulta más adecuado el término *renacimiento* o *regeneración*.

Con respecto al primero, es indudable que la traducción de una obra literaria contribuye a su supervivencia cuando esta, con el paso del tiempo, se aleja de su público o corre el riesgo de perderlo. Sin embargo, su papel puede manifestarse sólo si, al transformar la lengua fuente, consigue dar a aquella escritura nuevos márgenes de vida o *derecho a respirar* en otro marco en el que el tiempo desempeña un papel determinante. El parámetro *supervivencia* también explica la razón por la que son necesarias y útiles las traducciones sucesivas de una misma obra literaria. Cada época tiene su propio mundo, sus propias traducciones. El concepto mismo de supervivencia está inevitablemente ligado al tiempo.

Con respecto al parámetro *renacimiento*, debemos indicar que en determinadas circunstancias, no escasas, la obra traducida no sólo sobrevive por su traslación a otro contexto cultural o social, sino que *renace*, o más bien *vuelve a revelarse*, cuando la traducción trae a la luz posibilidades de la lengua que permanecían en la sombra y que sólo ella, de manera distinta a la literatura, puede revelar. Tal como dijo un pensador alemán contemporáneo, con la traducción se amplía la cohesión comunicativa de la lengua meta, y ello significa que los elementos culturales extranjeros se trasvasan a la lengua meta mediante la adición de formas lingüísticas y estilísticas, de manera que la traducción la transforma y la renueva lingüística y estilísticamente. "La prueba a la que la somete el traductor –escribió G. Seferis– desemboca en una ampliación y enriquecimiento de la lengua". "La verdad, añade, es que he intentado traducir al griego la *Tierra baldía* y algunos otros poemas de Elliot. Lo he hecho, creo, por dos razones. Primero, porque no tenía otra manera de expresar la emoción que me produjeron, y segundo para probar la resistencia de mi lengua".

En cualquier caso, todos los problemas a los que nos hemos referido y las cuestiones que requieren constantemente una respuesta pueden resumirse en una sola: ¿dónde y cuándo traduzco, para quién y con qué objetivo?

Las respuestas a estas cuestiones, que constituyen, a su vez, innumerables dilemas, plantean opciones e indican decisiones a las que el traductor está llamado a enfrentarse con éxito con la guía de su experiencia y sensibilidad. Se ha dicho,[15] y con acierto, que la traducción literaria es "el encuentro de dos sensibilidades", la del autor y la del traductor, pero se podría añadir que también es el encuentro de *dos tiempos*.

Este encuentro recuerda mucho al del tren con las estaciones. El vagón es siempre el mismo en su trayecto. Las traducciones, las estaciones, cada una con sus peculiaridades, conservan el vagón sólo por poco tiempo. Efímera como el destello del fuego, la traducción regalará

---

[15] N. Vagenas, en *Original y traducción, op. cit.*, pág. 276.

al original alas para alzarse hasta espacios a los que este no puede llegar por sí solo.

El tiempo, al que con tanta facilidad nos referimos a diario aun desconociendo lo que es cuando nos preguntan sobre él, como dijo San Agustín, el tiempo, frío *número de movimiento*, como lo llamaron Arquitas y Aristóteles, pero también elemento de la *existencia*, tal como lo vio Heidegger, y recuerdo vivo y espera, tal como lo considera la poesía, el tiempo, del que se ocupan ciencias tan dispares como la astronomía y las matemáticas, la historia y la psicología, ese tiempo que es un elemento inevitable de toda creación, tiene por supuesto un papel fundamental en la traducción. El estudio analítico de este arte apenas ha comenzado a ocuparse de los problemas ligados al tiempo. En un libro mío publicado hace unos pocos años en Atenas he intentado dar respuestas a las diversas cuestiones estéticas que genera la traducción literaria. Aquí me he limitado a indicar simplemente su existencia, y acabaré estas pocas líneas con la conclusión a la que llegaron cuantos se acercaron con atención a estos problemas: su investigación filosófica abre un terreno caótico e infinito en cuyo espacio misterioso el hombre comenzó un recorrido científico y estético hace apenas pocos años. En su punto de mira también está la temporalidad del ser humano, allí donde empieza y acaba toda aventura filosófica: en el hombre y en el gran misterio que lo rodea.

17

Platón y Upanisads[1]

En la historia de la humanidad, son pocos los pueblos que han creado civilizaciones propias destacables, y menos aún los que han desarrollado sistemas filosóficos completos. De entre los pueblos de la antigüedad, tanto los griegos como los hindúes pueden reclamar para sí mismos la primera plaza en un itinerario tal. Les siguen, no cronológicamente, los chinos. Sin embargo, estos no llegaron a superar los estrechos límites del misticismo (el taoísmo de Lao-Tse) o de una doctrina más ética que filosófica (Confucio).

Durante muchos siglos, el pensamiento humano en Occidente (teología, filosofía) desconoció completamente las enseñanzas de los antiguos sabios hindúes. Hubo, por supuesto, escasas excepciones, pero el auténtico inicio del interés por la filosofía-teología hindú se produjo en los siglos XVIII y XIX. Intelectuales franceses, ingleses, alemanes y griegos, por ejemplo Anquetil-Duperon (1754) y William Johnes (1783), a quienes siguieron Charles Willkins, Henry Colenbrook, Horace Hayman Wilson, Friedrich Schlegel (1791), Dimitrios Galanos (1812) y muchos otros, dieron un vivo impulso al estudio de la India

---

[1] Traducción de una conferencia en el King's College de Londres, en ocasión de una jornada dedicada al análisis comparativo de las relaciones entre Oriente y Occidente en el ámbito de la filosofía. Resumen de mi libro con el mismo título.

en Europa. Estos precursores adquirieron y transfirieron al mundo científico occidental más conocimientos sobre la India que todos los que se habían reunido en los siglos anteriores. Se ha dicho que este giro histórico constituyó el segundo renacimiento de Europa después del primero, que se produjo con la difusión de la herencia espiritual griega en Occidente tras la caída de Constantinopla y el fin del Imperio Bizantino.

En su obra *De la lengua y la sabiduría de los hindúes*, F. Schlegel escribe: "Con respecto a la lengua sánscrita, nos encontramos hoy día en el mismo lugar en que nos encontramos en relación con la lengua griega tras la caída de Constantinopla", [2] y W. Jaeger, en su conocido estudio *Paideia* afirma: "Empezamos a entender que la tierra es redonda no sólo desde un punto de vista geopolítico, sino también desde la perspectiva de su composición cultural, y hemos dejado de considerarla culturalmente como un hemisferio". Es cierto que el camino occidental del pensamiento y el oriental se desarrollan de manera paralela, pero no son idénticos entre sí.

Precisamente las distintas perspectivas que ofrecen a los intelectuales permiten un acceso *estereoscópico*, que es también *pragmático*, a las diversas cuestiones. En referencia al "hemisferio occidental y al oriental del cerebro humano", tal como los describe, K. Maeterling observa lo siguiente: "Uno crea la lógica, la ciencia y la conciencia, mientras que el otro la intuición de los secretos lejanos, la religión y el subconsciente. A veces uno de ellos ha intentado penetrar en el otro, unir sus fuerzas y trabajar juntos, pero el hemisferio occidental, en la parte más dinámica de nuestro planeta, siempre consiguió paralizar a su homólogo oriental. Al primero le debemos el admirable progreso en todas las ciencias materiales, pero también

---

[2] *On the Language and Wisdom of the Indians*. Londres, 1971.

las catástrofes, como las que padecemos en la actualidad. Ya es hora de despertar al hemisferio oriental, que se encuentra *dormido*".

En relación con los supuestos contactos en el ámbito del conocimiento entre la Grecia clásica y la India antes de la campaña de Alejandro Magno, las informaciones de que disponemos son prácticamente inexistentes. Eusebio, en el siglo III a. C., menciona una tradición que atribuye a Aristójenes, el famoso *músico* de Taranto y discípulo de Aristóteles, según la cual unos sabios hindúes visitaron Atenas. También encontramos una referencia a una visita de hindúes a Atenas en un fragmento aristotélico conservado por Diógenes Laercio. Sin embargo, todos estos testimonios son oscuros e indeterminados, y no pueden fundamentar satisfactoriamente la afirmación de un contacto real y constructivo entre ambas civilizaciones. Ni en Heródoto ni en Eratóstenes ni en Estrabón hay algo que pueda ser considerado como un indicio de referencia a la filosofía hindú. Así pues, podemos afirmar sin miedo a equivocarnos que no existe prueba alguna de que la Grecia clásica conociera la filosofía hindú.

Como es natural, no han faltado comparaciones, paralelismos e hipótesis sobre influencias mutuas entre el pensamiento filosófico hindú y el griego, ni más antiguamente ni en la bibliografía más reciente. Sin embargo, la referencia a *los griegos* o a *la filosofía griega* en comparación con *los hindúes* o *la filosofía hindú* a menudo ha conducido a conclusiones y apreciaciones que, en mi opinión, tienen un valor limitado o relativo. Ello es así porque el pensamiento griego y el hindú no fueron –¿cómo habría sido posible?– monolíticos. Por supuesto, ambos presentan unas características generales determinadas que se manifiestan más intensamente en uno u otro, por ejemplo el nexo interior entre religión y filosofía –que en la India constituye la norma, no así en Grecia–, la búsqueda interior y el acceso vivencial al Absoluto, característico, en general, del camino hindú y opuesto al no-rechazo del mundo exterior y a la trayectoria básicamente intelectual y racional de la filosofía griega. Aunque este terreno es muy a menudo peligroso y resbaladizo a la hora de establecer comparaciones, la búsqueda de puntos de contacto tanto en la forma y en el método como en el acceso sustancial entre sistemas filosóficos concretos y entre textos de Grecia y de la India ofrece la ventaja de una base muy estrecha y, por consiguiente, de un contorno muy sólido y claro.

Las pocas observaciones que me dispongo a realizar sobre este tema derivan de estos pensamientos, y se referirán en particular a determinados puntos paralelos que he percibido entre las enseñanzas platónicas y los antiguos textos de las *Upanisads*.

Sin duda, Platón ha sido uno de los pensadores más importantes del mundo. Su enseñanza se encuentra en el centro de la trayectoria histórica entre, por un lado, los primeros filósofos de la Jonia y la Magna Grecia, así como Sócrates, y, por otro, Aristóteles y quienes le siguieron. En ese momento crucial, el pensamiento del gran filósofo ateniense es la clave para comprender toda la extensión de la filosofía griega.

Del mismo modo, quien habla o escribe sobre filosofía hindú tiene que referirse a las *Upanisads*,[3] los antiguos textos de la India que, al contrario de lo que sucede en Grecia, no se atribuyen a un determinado filósofo, sino a diversos sabios míticos o a "verdades que se oyeron en la

---

[3] Enseñanza secreta. *Upanisad* (*sad*, sentado), *upa* (cerca), se entiende *cerca del maestro*. Se trata de textos sagrados antiguos de pensamiento. Se habla de ciento ocho, de los cuales diez se consideran los más importantes: la Isa Upanisad, la Kena, la Katha, la Prasna, la Manduka, la Mandukya, la Taittiriya, la Aitereya, la Chandogya y la Brhadaranyaka (Upanisad).

antigüedad", y en ellos se concentra la quintaesencia del pensamiento clásico hindú. Estos textos –los más antiguos pueden ser datados entre los siglos VIII y IV a. C.– constituyen la clave de los Vedas (*Vedanta*),[4] en particular de las *Aranyakas*,[5] y contienen la esencia de la sabiduría hindú en un momento histórico de extraordinario vigor intelectual, un vuelo de águila que apareció, como creen algunos, en reacción al espíritu ritual, a menudo tan estrecho, que dominaba la doctrina brahmánica de aquel entonces y la interpretación de los Vedas. "Sin entender las *Upanisads* es imposible sentir la historia de la India y su cultura. Todos los sistemas filosóficos y todas las religiones posteriores extrajeron jugo abundante de las *Upanisads*", escribe un comentarista moderno de la India,[6] y el profesor T. M. P. Mahadevan las ha descrito como "cumbres del antiguo pensamiento hindú e Himalaya del alma".[7]

No creo que sea necesario decir nada más para subrayar los dos puntos siguientes, de especial interés para nosotros: 1) la gran importancia y el lugar central de las *Upanisads* en el ámbito del pensamiento filosófico hindú, y 2) su estructura introversa, tan característica del camino

---

[4] Los Vedas son los monumentos escritos más antiguos de la humanidad, y contienen sobre todo himnos a los dioses y diversas fórmulas de culto. Están compuestos por cuatro partes, la más antigua de las cuales es la *Rig Veda* (conocimiento del rey). Le siguen cronológicamente el *Yajur*, la *Veda*, la *Sama Veda* y la *Atharva Veda*. Cada Veda (en sentido amplio) se divide a su vez en *Brahmanas*, *Aranyakas* y, finalmente, *Upanisads*. Todos los Vedas, en el sentido amplio del nombre, son considerados *shrouti* (verdades por revelación)

[5] También se llaman *Libros del bosque*. Se trata de antiquísimos monumentos escritos del pensamiento sagrado hindú. Son textos de transición entre los Vedas (en el sentido estricto, siendo textos claramente de culto) y los textos que son de elevación filosófica.

[6] Swami Ranganathananda, *The Message of the Upanisads*, Bombay, 1971, pág. 17.

[7] T. M. P. Mahadevan, *Invitation to Indian Philosophy*, Nueva Delhi, 1974, pág. 26.

hindú del pensamiento. Se pueden realizar unas observaciones parecidas sobre la enseñanza platónica. Su lugar e importancia en el pensamiento griego antiguo son centrales. Sin llegar a distinguirse por su exclusividad casi completa, tiene el peso y el resplandor de las *Upanisads*, y ha desempeñado un papel análogo en el desarrollo de la filosofía occidental. Existe, además, otro elemento característico que nos permite, y tal vez nos incita, a realizar un nuevo paralelismo con las *Upanisads:* el parecido en la estructura y la textura.

Los griegos del siglo VI a. C. que no estaban satisfechos con la religión homérica tradicional y buscaban insistentemente otros caminos hacia la verdad tenían dos posibilidades ante sí: confiar en el intelecto y en aquello que hoy día llamaríamos *investigación natural*, o dirigirse hacia el misticismo religioso y la búsqueda interior.[8] Podría decirse, parafraseando lo que escribió Zimmer de manera epigramática y en un contexto diferente,[9] que, por un lado, se les abría el camino de la búsqueda del conocimiento empírico o *información*, y, por otro, el de la *transformación* interior del hombre, el único que le permite sentir tanto el mundo de su alrededor como su propia existencia. El primer camino, racional y sobre todo extravertido, fue el que tomaron los filósofos *naturales* presocráticos de la Jonia: Anaxágoras, los atomistas Leucipo y Demócrito, y, más adelante, como figura central, Aristóteles. El segundo, introvertido y místico, es el de los órficos y los pitagóricos, Empédocles, los estoicos, etc.

Por supuesto, los límites entre estos caminos no son siempre claros. A la manera de un péndulo, el pensamiento griego va muchas veces del uno al otro, y muy a menudo

---

[8] E. Zeller, *Outlines of the History of Greek Philosophy*, Londres, 1955 (13ª ed.), pág. 17.

[9] H. Zimmer, *Philosophies of India* (ed. J. Campbell), Londres, 1951, pág. 4.

las escuelas se entrecruzan. Pero ello no significa que sea imposible distinguirlos. Se puede afirmar que en los órficos, en los pitagóricos y también en Platón –y no por norma general, como se observa en la India, sino en gran parte– existe una cierta imprecisión en las fronteras entre el clima anímico religioso y la búsqueda claramente racional.

Si comparamos Platón con la religión y la tradición homéricas, es cierto que su filosofía, con su misticismo, traza una nueva línea cuando sigue la senda órfico-pitagórica. Por este motivo algunos investigadores han sostenido que Platón fue un *hereje* en relación con el espíritu griego y que su obra era *no-griega* porque no "se hacía eco del espíritu griego".[10] No creo que sea necesario extenderse en esta cuestión, que en su base es terminológica: qué es y qué se entiende por *griego*. Lo que interesa destacar aquí es que la filosofía platónica, introvertida en su base, se encuentra, por este motivo, en una senda paralela a la de las *Upanisads*. En consecuencia, puede constituir objeto de comparaciones y paralelismos tal vez útiles con ellas. Por otro lado, el comparar pensamientos contrarios en cuanto a su textura corre muy a menudo el riesgo de convertirse en un ejercicio intelectual estéril.

Por último, nuestra búsqueda de puntos de contacto entre estos dos grandes capítulos de la filosofía hindú y griega no tiene como objetivo descubrir influencias, que hasta ahora permanecen indemostrables a pesar de los intentos que ha habido y de las teorías formuladas al respecto, sino subrayar algo tal vez más importante: que los puntos –sea cual sea el nivel en el que estén– en los que coinciden los grandes pensadores de la humanidad, aun habiendo llegado a ellos por caminos distintos, constituyen un indicio digno de atención de la existencia de una verdad más profunda.

---

[10] R. W. Livingstone, *The Greek Genius and Its Meaning to us*, Oxford 1915 (2ª ed.), pág. 182, 183, 190.

Puntos comunes en la estructura y en el método

En el umbral de un estudio como el que acabamos de presentar, creo que debemos permanecer en un nivel que llamaría *de comparación estructural* o morfológica entre las *Upanisads* y los textos platónicos.

Una primera observación, fácil y evidente, es que tanto las *Upanisads* como Platón usan el dialogo, y frecuentemente el lenguaje poético y el mito, como instrumento y portador de su enseñanza filosófica. Sócrates es el personaje central, protagonista y guía de la mayor parte de los textos platónicos. En las *Upanisads* los maestros y protagonistas son numerosos: Aruni (*Chandogya Upanisad*), Yajnavalkya (*Bhrandaranyaka Upanisad*), Maitri (*Maitri Upanisad*), etc. También algunos dioses desempeñan este papel, como el dios de todas la creaciones Prajapati (*Chandogya Upanisad*), el dios de la muerte Yama (*Katha Upanisad*), etc.

En todo caso, la dialéctica, que Platón describe en su *Republica* como *el arte de la conversación o el arte de la búsqueda del conocimiento mediante preguntas y respuestas* (más discursivo en Grecia, más secreto y oculto en la India), se usa en ambos casos de la misma manera, esto es, como medio de enseñanza y elevación filosóficas. Pero es más destacable e interesante constatar que la emoción poética atraviesa los textos de estas dos orillas del pensamiento. Las *Upanisads* han sido llamadas jardines poéticos y celestiales de la lengua sánscrita, poesía que encierra la sabiduría más profunda. En cuanto a Platón, del que se ha dicho que es uno de los más grandes literatos de la antigua Grecia,[11] se podría afirmar, como lo hizo H. C.

---

[11] A. H. Armstrong, *An Introduction to Ancient Philosophy*, Londres, 1959, pág. 35.

Baldry,[12] que el interés que ha provocado como pensador ha dejado en un segundo plano la eminencia y la grandeza que posee como artista de la palabra. Las obras poéticas de su juventud no nos han llegado. Sin embargo, algunos de los escritos que se han salvado son seguramente los mejores en su género.

El uso del lenguaje poético y de los sueños que produce el mito, como método y como senda necesaria para la elevación y la doctrina filosóficas, ha sido destacado y comentado por cuantos han intentado analizar la magia que provoca. Con la emoción que nos regala, con el ardor del alma y el secreto estremecimiento interior que nos produce, el mito prepara al hombre para elevarse hasta las cumbres más altas del logos (razón). Con la embriaguez onírica que le acompaña, facilita que la mente se libere de las cadenas pesadas y de las ataduras invisibles de la fría lógica, permitiéndole volar hasta las regiones superiores de la noesis pura.

El mismo Platón, a pesar de no expresar una especial confianza hacia los poetas, a los que quiere expulsar de su *República*, admite en las *Leyes* que el mito, que es *poesía* en el sentido más amplio del término, es un buen ejercicio del alma que conduce los sentimientos y la emoción del hombre a un estado apropiado para emprender una tentativa espiritual seria. En el *Fedón*, Sócrates escribe versos en la prisión, poco antes de morir, y explica a Cebes que de esta manera intenta entender el sentido de algunos de sus sueños. Y en referencia a la poesía y al mito, afirma que el poeta, si quiere actuar correctamente, ha de ser *creador de mitos* y no *creador de bellas palabras*.

Hay división de opiniones sobre si Platón utilizó consciente o inconscientemente el arte de la poesía y

---

[12] H. C. Baldry, *Greek Literature for the Modern Reader*, Cambridge University Press, 1951, pág. 263.

el mito, pues consideraba que había determinadas verdades a las que la dialéctica no podía llegar por sí sola, y, en consecuencia, para conquistarlas, tenía que usar otro procedimiento. Algo así parece creer Platón cuando escribe en su *Carta Séptima* que la verdad superior no puede ser enseñada oralmente o expresada por escrito, y sólo puede ser objeto de una experiencia directa, *repentina*, del hombre, mediante la preparación que proporciona la dialéctica y el mito, y también cuando habla elogiosamente de la inspiración y la *manía* (locura) divina en el *Fedro*.

Esta opinión no la comparten quienes subrayan la preeminencia que también reconoce Platón al acceso lógico en comparación con la poesía.[13] Sin embargo, no creo que sean incompatibles. Una cosa es la preeminencia y otra la complementariedad mutua. Lo que interesa destacar en este punto es que, en la práctica, quien quería expulsar a los poetas de su ciudad ideal escribió, junto con muchos otros mitos de altos vuelos, aquel excelente del *Fedro*, uno de los más brillantes monumentos de exaltación poética y fantasía de la antigua Grecia.

Con respecto al papel de la poesía en la filosofía hindú, Zimmer escribe: "Los intelectuales de Oriente, como los de Occidente, son plenamente conscientes de que los medios de que disponen el pensamiento y la lógica no son adecuados ni para concebir ni para expresar la verdad. El lenguaje limita el pensamiento. El pensamiento es algo así como una conversación interior. Aquello que no puede ser expresado con los vocablos habituales y los símbolos tradicionales no cabe en el pensamiento *cotidiano*. Por ello se necesita que un cerebro valeroso emprenda un intento especial para superar la barrera de *aquello que*

---

[13] En T. M. P. Mahadevan, *op. cit.*, pág. 28.

no se dice, sentirlo y, acto seguido, mediante otro intento, arrastrarlo al campo del lenguaje, creando un (nuevo) término o un mito".[14]

La filosofía hindú insiste en que las vivencias de la mente son más amplias que las zonas en las que la lógica puede moverse. Para expresar el conocimiento adquirido en momentos visionarios, libres de las ataduras de la gramática, se necesitan imágenes, mitos y alegorías. Estos no son ornamentos que se puedan eliminar por añadidos y secundarios. Son los auténticos portadores de conceptos que, de otra manera, no podrían ser ni concebidos ni expresados.

Tanto en los diálogos platónicos como en las *Upanisads* encontramos lenguaje poético y mitos. Son muy abundantes los ejemplos. Mencionaré sólo unos pocos. En el *Fedro*, al que ya nos hemos referido, encontramos, a propósito de la composición del alma según Platón, la imagen del carro, como en la *Katha Upanisad*. En el diálogo platónico, el carro que controla el auriga es arrastrado por dos caballos, uno dócil, de buena raza, y otro díscolo, de raza inferior. La ruta que tomará el carro dependerá del trayecto trazado por el auriga y por la disciplina que este impondrá a los caballos.

En la *Katha Upanisad*, el auriga del carro (es decir, del cuerpo) es el entendimiento (*buddhi*), y la función lógica (*manas*) son las riendas. Los caballos que lo arrastran son los sentidos, y se comportan como caballos peligrosos cuando el intelecto no puede disciplinarlos y controlarlos. Pero quien disponga de un buen auriga capaz de *discernir* podrá alcanzar la meta del camino, "en la supresión del ciclo de las reencarnaciones". El fragmento al respecto es el siguiente:

---

[14] H. Zimmer, *op. cit.*, pág. 23 y 25.

> Conócete a ti mismo como el auriga del carro, y tu cuerpo como el carro. Conoce el intelecto como el auriga y la mente como las riendas. Quien tiene como auriga un intelecto capaz de discernir y controlar las riendas de la mente alcanza la meta del camino. (*Katha Upanisad* I, III, 3, 9)

Los dos caballos, tal como los describe Platón, también pueden ser comparados con los dos caminos o los dos impulsos de los que habla la *Katha Upanisad:* la *preya* (lo agradable, lo directamente atractivo, la satisfacción que producen los placeres de los sentidos) y la *shreya* (el bien más lejano y más profundo).

En las *Upanisads* y en Platón, el *vehículo* funciona como imagen cuando se habla de las relaciones entre el espíritu o alma y el cuerpo. "De la misma manera que un animal está ceñido al carro, así también el espíritu está ceñido al cuerpo", se dice en la *Chandogya Upanisad*, y según Platón (en el *Timeo*), el cuerpo es el vehículo del alma. "Tal como un animal está ceñido a un carro, así también el alma está ceñida al cuerpo" (*Chandogya Upanisad* VIII, XII, 2).

Respecto al método de enseñanza, además del uso del diálogo, que ya hemos señalado, debemos hablar del *acceso negativo:* la expresión *ni ni* en Platón y el *neti neti* de la *Upanisads*. Dada la total imposibilidad de expresar el Absoluto, así como la falta de todo atributo adecuado para este, el gran filósofo ateniense y el gran místico de las *Upanisads* se refugian en el método llamado *acceso negativo*. Platón utiliza a menudo la negación de un atributo para indicar *lo otro*, esto es, aquello que se encuentra más allá de dicho atributo:

> El uno, si es el uno, no es la totalidad y no tiene partes (...) y si no tiene ni principio ni fin, es infinito (...) y no tiene forma, ya que no es ni redondo ni recto. (*Parménides* 137 d-e)

> (...) el uno no tiene nombre, y no hay descripción, conocimiento, percepción ni opinión de él. (*Parménides* 142 a)

En las *Upanisads* encontramos la expresión sánscrita *neti neti* (ni ni) en referencia al Brahman:

> Él dijo: Gargi, los que conocen al Absoluto (Brahman) dicen que Aquello inmutable es esto. No es ni grueso ni fino, ni corto ni largo, ni rojo, ni fluido, ni es una sombra, ni es oscuro, ni aire, ni espacio, ni está apegado a nada; no tiene sabor ni olor, sin ojos, ni oídos, sin órgano de la palabra ni mente; no es luminoso, no tiene energía vital, ni boca, ni medida, ni exterior ni interior; no se alimenta de nada ni nadie se alimenta de Él. (*Brhadaranyaka Upanisad* 3.8.8)

Aquí, la expresión *ni ni* o *sin sin* no niega el todo, sino el todo *excepto lo no perecedero*, el Brahman.[15] Si significara negación del todo, no quedaría nada, y si no queda nada la negación de otra cosa en relación con esa nada no tendría sentido y sería imposible.[16]

Creo que estos pocos ejemplos, entre los muchos que podrían citarse, bastan para mostrar las líneas paralelas que se muestran en el método de la enseñanza de Platón y de las *Upanisads*. Un ejemplo más de naturaleza más general podría completar esta imagen, iluminando la percepción común de la relación dialéctica entre lo *múltiple* y el *uno*, la *multiplicidad* y la *unidad*.

Siguiendo el camino de la contemplación y ascendiendo a esferas de existencia cada vez más vastas en el mundo de las ideas, de la única *realidad verdadera*, Platón (*República*) llegó a la idea del *bien*, del *uno*, como causa de todas la ideas, en la esfera del mundo sensible,

---

[15] Brahman es el término que se usa para indicar el carácter *único* del Absoluto, del Principio Primero. Es la divinidad superior impersonal que se manifiesta (se despliega) en el universo polimórfico.

[16] S. Radhakrishnan y C. A. Moore, *A Sourcebook in Indian Philosophy*, Princeton University Press, pág. 567.

en la explicación primera o última de la realidad verdadera, a la que sitúa *más allá del ser* (trascendente). Platón encuentra el uno por detrás de lo múltiple, y siente lo mucho como si estuviera fundamentado en ese uno. La teología órfica (*Discursos Sagrados*), que tanto influyó en Platón, no había superado claramente el politeísmo, aunque se podría decir que en ella los nombres de los dioses son sólo términos para las diferentes manifestaciones del ser divino.

A pesar de no haberse salvado el texto platónico que trata en particular del *bien* (*agathon*) y que compuso, al parecer, en la Academia hacia el final de su vida, no hay duda de que la idea de todas las ideas, el capitel de su columna filosófica, es el *uno*. Se ha sostenido que la doctrina platónica es dual, y que encontramos algo análogo en la interpretación que realizó de las *Upanisads* la escuela (dualista) Samkhya.[17]

En el conjunto de la obra platónica, observa A. H. Armstrong,[18] encontramos dos principios últimos: el alma, en su hipóstasis perfecta, como principio de la vida y como bien en acción (el buen hacedor en el *Timeo*), y el propio bien, como principio último del mundo de las ideas en su perfección estática, y añade: "Podemos sin dificultad considerar que el *bien* es el Dios propiamente dicho de Platón, pero no el *Demiurgo* del cielo y de la tierra". También se ha sostenido que los principios últimos de Platón son tres: el bien (*República*), el creador (*el Demiurgo*) y el alma universal (*Timeo*).[19]

---

[17] Para un desarrollo más amplio de las posturas al respecto del sistema filosófico *ortodoxo* Samkhya, véase V. Vitsaxís, *El pensamiento y la fe* [en griego], Atenas, 1991, vol. 1, pág. 81-82.

[18] A. H. Armstrong, *An Introduction to Ancient Philosophy*, Londres, 1959, pág. 48.

[19] S. Radhakrishnan, *Eastern Religions and Western Thought*, Oxford University Press, 1975, pág. 147.

Estaría fuera del objetivo de las presentes páginas analizar detenidamente estas opiniones. Lo que se puede decir al respecto es que el pensamiento de Platón, como mínimo, *tiende* hacia una unidad última, lo que confirma la interpretación sostenida por los platonistas del periodo romano, siempre en los marcos generales de la metafísica platónica.

En las *Upanisads* encontramos la misma búsqueda de la unidad:

> Lo que está aquí también está allí; lo que está allí también está aquí. Muerte tras muerte obtiene quien ve diferencia en ello. [Eso que está aquí y está allí] debe ser obtenido con la mente. Allí no hay diferencia alguna. A muerte tras muerte va quien ve diferencia en ello. (*Katha Upanisad* 2.1.10 y 2.1.11)

Pero la lectura de las *Upanisads* que realizaron los distintos sistemas filosóficos *ortodoxos* de la India, llamados en conjunto Darshanas,[20] dio lugar a diversas interpretaciones y, con ellas, a diversas escuelas filosóficas muy distantes entre sí. Así, además del no-dualismo (*Advaita Vedanta*), se desarrollaron, entre otros, los sistemas duales *relativos* y *puros* de la Vishistadvaita y la Samkhya. Esta última se fundamenta, entre otras, en la *Katha*, la *Mundaka*, la *Svetavatara* y la *Maitriya Upanisad*. Sin embargo, y como también se observa en el diálogo platónico, es innegable la visión de la unidad o, como mínimo, la tendencia hacia la unidad, y este hecho es el que presenta un mayor interés al comparar ambos pensamientos.

---

[20] Se llaman sistemas filosóficos *ortodoxos* aquellos que se basan en los antiguos textos sagrados, en particular en las *Upanisads*.

Puntos comunes en posturas ontológicas esenciales

Como ya hemos indicado, Platón coincide con las *Upanisads* en la postura general según la cual la senda verdadera hacia el conocimiento se dirige hacia el interior. Ambos pensamientos rechazan la experiencia de los sentidos, que conduce al mundo aparente, al mundo exterior de los espectros o a las sombras del mito de la caverna (*República*), y con la que el hombre *adquiere* sólo una impresión, una *opinión* (δόξα), y en cambio subrayan el otro camino, el de la razón, que conduce al conocimiento (ciencia).

En la primera parte del *Teeteto* y en la *República* la dialéctica platónica muestra la inadecuación del conocimiento empírico, y en el *Crátilo* Platón explica la debilidad de este para alcanzar la verdad, dado que está obligado a buscarla en un flujo ininterrumpido. Encontramos una postura análoga en muchos fragmentos de las *Upanisads* en los que se habla de la debilidad de los sentidos y del conocimiento empírico que deriva de ellos, ya que el Brahman se encuentra en el lugar "de donde regresan las palabras" (*Taittiriya Upanisad* 3, 4, 1), "donde no alcanza el ojo ni el habla" (*Kena Upanisad* 1, 3).[21]

Según Platón, los sentidos arrastran al hombre hacia lo perecedero, se detienen en lo aparente y no logran avanzar hacia el mundo verdadero del *ser*. Sólo la elevación de la mente lo conduce a las esferas de la verdad y a su conquista última, que entonces adquiere un carácter más vivencial que mental. Como en el diálogo platónico, tenemos aquí dos tipos de conocimiento: el inferior de la experiencia, que conduce a la *opinión* (δόξα), y el superior de la elevación de la mente, que conduce al *conocimiento*. Así, en las

---

[21] Véase *supra*, nota 15.

Upanisads tenemos la *paravidya* (inferior, hacia el mundo aparente) y la *aparvidya* (superior, hacia el Brahman):

> "¿Qué es, señor, aquello que, una vez discernido, vuelve discernido también todo lo demás?" Este [Angiras] le contestó: "Dos son las ciencias que hay que conocer", eso es lo que afirman los que conocen el Brahman; una es superior, la otra es inferior. Es superior aquella por la que se alcanza lo imperecedero. (*Mundaka Upanisad* 1.1.3, 1.1.4 y 1.1.5)

Son muchos los puntos en que los dos pensamientos avanzan juntos hacia la constatación de la imposibilidad del conocimiento empírico para percibir el Absoluto, *la auténtica Verdad*. Sin embargo, prefiero tratar sólo algunos puntos sustanciales en el acercamiento comparativo a ambos pensamientos que intento llevar a cabo. Tomemos, por ejemplo, el concepto de *nous* en Platón y el de Atman en las *Upanisads*.[22]

En el significado que Platón proporciona al término *nous* podemos distinguir una importante similitud con el Atman de la *Vedanta*, vínculo esencial entre el hombre y la Sustancia Suprema: la presencia del Uno único en cada uno de nosotros.

En la terminología platónica, el *nous* no es sólo el órgano del análisis crítico y lógico de los datos empíricos. Tampoco es solamente la rienda o el protector de los otros componentes del alma (deseos, impulsos), la *razón* de la *República*. Es, sobre todo, aquella facultad divina del alma

---

[22] El Atman ocupa un lugar central en la terminología filosófica hindú. Significa el uno, el ser, el Absoluto considerado desde una perspectiva humana subjetiva (interior), el pedestal trascendental del alma, el símismo (the self) que se identifica con la única y absoluta esencia del universo, esto es, el Brahman, que es la *esencia misma* considerada desde una perspectiva objetiva.

que le permite a esta superar los mensajes de los sentidos, analizarlos, sintetizarlos lógicamente y sentir los valores absolutos que se encuentran más allá de la realidad aparente. Es el *conocedor* por excelencia que puede adquirir no ya el *conocimiento* que es opinión (δόξα), sino el Conocimiento (Γνώση) que es verdad. Este último no sirve para la vida diaria y el pensamiento, sino que, como dice Platón, "se encuentra enterrado en el fondo del alma hasta el momento en el que, mediante una transformación interior, el hombre dirige su mirada interior hacia la luz eterna".

Toda alma tiene *nous*, el cual, por muy oculto que esté en sus profundidades, está siempre presente, como un destello divino que une, mediante un arco luminoso, el alma con lo eterno. También es digno de atención, para el paralelismo que intentamos llevar a cabo, el hecho de que, en el mito de la creación, en el *Timeo*, el *nous* del hombre se corresponda con el *nous* del alma universal. Esta referencia también la encontramos en el *Sofista*, cuando se admite la hipótesis de que *lo absolutamente verdadero* posee *nous* en su alma.

Es similar el concepto de Atman en las *Upanisads*. Está compuesto de la misma sustancia del Brahman y es identificable con él. Habiendo florecido en el interior del alma, eterno e infinito, es el testigo y el indicador infalible de su unidad con el Absoluto.

> Como el agua pura vertida sobre [agua] pura sigue siendo igual, así también, Gautama, es el Atman del sabio que conoce. (*Katha Upanisad* 2.1.15)
>
> El Brahman es todo esto. El Brahman es este Atman. Y este Atman es cuádruple. (*Mandukya Upanisad* 2)

El Atman es, como el *nous* platónico, diferente del pensamiento (para este, el sánscrito dispone de otro término: *manas*) y es inconcebible por él. La superioridad del Atman frente al intelecto (*buddhi*) también es evidente en la imagen del carro en la *Katha Upanisad*, del que aquel es su noble pasajero. El intelecto es el auriga, la función lógica (*manas*) es sólo el carruaje, y los sentidos son los caballos.

> Aprende que el Atman monta en el carro, y aprende también que el intelecto es el auriga. (*Mandukya Upanisad* 3, 3)

Sobre la diferencia entre el Atman y la función del pensamiento, el intelecto y la lógica en el yo individual, habla claramente la *Mundaka Upanisad*, que tanto recuerda a las palabras de Sócrates en el *Cármides*, el *Eutidemo* y otros diálogos platónicos:

> Ese Atman no se alcanza ni por la instrucción ni por el intelecto, ni por la gran sabiduría de la revelación, aquel a quien Él (el Atman) elige puede alcanzarlo, ante este descubre el Atman su ser. (*Mundaka Upanisad* 3.2.3)

En otra *Upanisad* podemos leer una máxima que recuerda la disposición irónica de Sócrates:

> El Atman no lo entienden quienes entienden. Lo entienden quienes no entienden.[23] (*Kena Upanisad* 2, 3)

Otro paralelismo interesante entre el pensamiento platónico y las *Upanisads* es la división de la sociedad en clases o castas. Es similar a la composición triádica del alma la división de la sociedad, en la *República* de Platón, en tres clases: guardianes (razón), combatientes-guerreros (espíritu), y artistas, campesinos, profesionales y comerciantes (apetito). Estas clases sociales vienen dadas por nacimiento:

> Vosotros, ciudadanos, sois todos hermanos, os diremos narrando el mito, pero la divinidad que os creó mezcló, en el momento del nacimiento, un poco de oro para quien, de entre vosotros, fue hecho para gobernar. Por eso ellos son

---

[23] Esta máxima recuerda mucho el siguiente apóstrofe del gran sabio chino: "Si lo entiendes no es Dios".

los más nobles. A los guardianes los mezcló con un poco de plata, y hierro y broce para los campesinos y demás trabajadores. (*República* 415 a)

Sin embargo, estas clases no están vetadas a las generaciones siguientes:

> Siendo todos consanguíneos, podéis procrear hijos casi del todo parecidos a vosotros mismos, pero en algunos casos del oro proviene una prole de plata y, al contrario, una prole áurea de la plata, y así sucesivamente de uno a otro metal. (*República* 415 a b)

En las *Upanisads* también encontramos la división de la sociedad en clases prácticamente idénticas a las de Platón. Según esta división (*varna*), de origen védico (es decir, divino), la sociedad está formada por *castas:* brahmanes (sacerdotes), *ksatriya* (guerreros) y *vaisya* (profesionales y comerciantes).

Es cierto que en la sociedad hindú los sacerdotes-brahmanes ocupan una posición preeminente. Sin embargo, se podría decir que Platón también les reconoció un lugar relevante.[24] Las clases o castas de la sociedad hindú, dadas por orden divino, eran en la práctica mucho más herméticas que las de la *República* de Platón, pero no se trata de algo categórico,[25] como lo demuestra el siguiente fragmento de las *Upanisads*, el cual, según la interpretación de S. Rhadakrishnan, nos enseña que "la propiedad del brahmán viene determinada por el carácter y no por el nacimiento".

> Satyakama, hijo de Jabal, se dirigió una vez a su madre, Jabala: "Deseo vivir la vida del estudiante religioso. ¿De qué familia soy?". Ella le dijo: "Querido, no sé de qué familia eres. En mi juventud, cuando te concebí, iba y venía

---

[24] D. Singhal, *India and World Civilization*, Calcuta y Delhi, 1972, pág. 35.
[25] Véase S. Radhakrishnan, *supra*, nota 19.

sirviendo todo el día en la casa. No sé de qué familia eres. Puedes decir que eres Satyakama Jabala". Se dirigió a Haridrumata Gautama, y le dijo: "Señor, quiero vivir como *brahmacari*. ¿Puedo acercarme al venerable?". [Haridramata] le dijo: "¿De qué familia eres, querido?". [Satyakama] le respondió: "No sé de qué familia soy, Señor. Pregunté a mi madre y ella me respondió: En mi juventud, cuando te concebí, iba y venía sirviendo todo el día en la casa. Mi nombre es Jabala. Tu nombre es Satyakama. Así pues, soy Satyakama Jabala". [Gautama] le dijo: "[Alguien que] no sea *brahmana* no puede decir eso. Trae madera [para el fuego], querido. Te recibiré como alumno. No te has apartado de la verdad". (*Chandogya Upanisad* 4.4)

Otro punto parecido entre el pensamiento platónico y el de las *Upanisads* es el concepto de *amor* y su papel en la elevación desde lo terrenal hacia lo celestial, esto es, desde los datos empíricos hacia las realidades trascendentales.

En la terminología platónica, el amor es el furor, la *manía* incontenible, la tendencia del alma hacia la belleza. Pero sin la guía del conocimiento el alma deambula y se pierde en el polimorfismo aparente de la belleza, si bien su verdadero objetivo es la unión con la belleza superior, con el Bien (ἀγαθόν).

En la enseñanza de Diotima (en el *Banquete*), el alma, guiada por el amor hacia la senda correcta y frente a la belleza terrenal y corruptible, comienza a ascender desde un cuerpo bello hasta dos y después hasta muchos. Subiendo los escalones de uno en uno con este impulso, alcanza las acciones y los conocimientos bellos hasta llegar al último escalón, en el que se encuentra la Belleza misma, incomparable en su resplandor, que es, al mismo tiempo, Belleza, Conocimiento y Bien. Así pues, el amor conduce desde lo terrenal hacia la filosofía y el conocimiento, y finalmente hacia la fuente de toda belleza y todo conocimiento, esto es, hacia la comunión con lo incorruptible.

En la *Brhandaranyaka Upanisad* encontramos, como un eco de la enseñanza de la mujer de Mantinea, las palabras del sabio Yajñavalkya, para quien el hombre ha de buscar el infinito a partir de sus revelaciones o manifestaciones.

> Él dijo: En verdad, no es por amor al esposo, querida, por lo que se le ama, sino por amor al Ser. No es por amor a la esposa por lo que se la ama, sino por amor al Ser. No es por amor a los hijos por lo que se les ama, sino por amor al Ser. No es por amor a la riqueza por la que se la ama, sino por el amor al Ser (...). No es por amor a los mundos por lo que se les ama, sino por amor al Ser (...). No es por amor a todo por lo que todo es amado, sino por amor al Ser (...). (*Brhandaranyaka Upanisad* 2.4.5)

> Es como cuando se golpea una concha, no se pueden distinguir sus variadas notas particulares, pero están incluidas en la nota general de la concha o en el sonido general producido por las diferentes maneras de tocarla. (*Brhadaranyaka Upanisad* 2.4.8)

Finalmente, debemos destacar que en estos fragmentos de las *Upanisads* la vista, el oído, etc., representan los órganos de la experiencia del *ser* multiple-polimórfico, y el *amor* representa la elevación desde lo empírico hacia lo trascendente.

No quisiera acabar estas pocas observaciones sobre las líneas paralelas que pueden discernirse entre el pensamiento platónico y las máximas de las *Upanisads* sin hablar del concepto platónico fundamental de las Ideas y el análogo en los textos de las *Upanisads*.

Según Platón el mundo empírico, así como todo aquello que está ligado a él, no es sino un reflejo, una copia mala, de las ideas, que por sí mismas son autónomas, absolutas, incorruptibles y eternas. Son el original *uno* por detrás de lo múltiple. En las *Upanisads* podemos distinguir claramente un destello de esta construcción, la cual, sin embargo, permaneció imperfecta, algo así como una imagen fugaz que se borró antes de que se reconociera su alcance.

La *Chandogya Upanisad* enseña que el conocimiento superior es aquel por el que "lo que no es oído es oído, lo no pensado es pensado, lo no discernido es discernido" (6.1.3), y prosigue: "Querido, por un puñado de arcilla se conoce todo lo hecho de arcilla. Toda modificación es sólo un nombre, tiene por origen a la palabra. Sólo la arcilla es real" (6.1.4).

Una cuestión parecida plantea Saunaka en la *Mundaka Upanisad* a Angiras, que posee el conocimiento por tradición, directamente del Brahman.[26]

> Saunaka, gran señor de su casa, se acercó a Angiras como dicen las reglas, le interrogó: "¿Qué es, señor, aquello que, una vez discernido, vuelve discernido también todo lo demás?" Este le contestó: "Dos son las ciencias que hay que conocer", eso es lo que afirman los que conocen el *Brahman;* una es superior, la otra es inferior. El conocimiento superior y el conocimiento inferior (...). Es superior aquella por la que se alcanza lo imperecedero. (*Mundaka Upanisad* 1.1.3-1.1.5)

Al comentar este fragmento de las *Upanisads*, Sankara, uno de los más importantes filósofos clásicos de la India,[27] escribe: "Aquí, la cuestión se plantea según la percepción común de que en el mundo hay diferentes objetos de oro que son conocidos como tales a causa de la unidad substancial del oro. ¿Acaso existe una sustancia

---

[26] El Brahman es uno de los tres dioses superiores que conforman la divina trinidad suprema del panteón hindú (véase *supra*, "El carácter trinitario de la divinidad").

[27] Sankara Acharya (788-820) fue, junto con Gautapada, el fundador de uno de los más importantes sistemas filosóficos ortodoxos de la India, el de la *Advaita Vedanta*.

particular que sea la causa de todo el universo polimorfico, cuyo conocimiento haga que todas las cosas sean conocidas?"[28]

Todo ello se encuentra muy cerca del pensamiento platónico, con su elevación desde lo plural multiple hacia el Uno, y con el dialogo breve, pero tan sustancioso, del *Filebo* sobre el uno que es plural y sobre lo plural que es uno. Y al hablar de la idea única de la virtud, partiendo de las diversas virtudes, Sócrates lleva a Protágoras a entender, a pesar de sus objeciones iniciales, que estas virtudes son, frente a la virtud, como "fragmentos de un pedazo de oro, que en nada son diferentes, ni entre sí ni con respecto al todo".

Los conceptos *arcilla*, *oro*, etc., a los que pertenecen todas las cosas hechas de arcilla y de oro respectivamente, pero sin ser idénticas con estos materiales y que, además, son Verdad, como enseña la *Chandogya Upanisad*, son tal vez el ocaso, en alguna otra salida del sol, de la *idea* platónica. En un breve estudio, M. Moorthy afirma lo siguiente: "Sería interesante comparar determinados fragmentos de la *Upanisads*, como el de la *Chandogya Upanisad*, con la *idea* platónica".[29] Sin referirse a textos concretos, E. J. Urwick escribe: "La teoría de las ideas eternas, la contribución mas importante de Platón a la metafísica occidental, se halla sorprendentemente cerca de la *Vedanta*".[30]

A los muchos casos de paralelismos o de posturas análogas entre el pensamiento platónico y las máximas de las *Upanisads* he dedicado un amplio estudio, que se

---

[28] *Eight Upanisad, with the Commentary of a Shankara Acharya*, ed. Advaita Ashram, 1973, vol. 2, pág. 85.

[29] N. Moorthy, en The Mysore University Magazine, vol. 5 (1921), pág. 57-62.

[30] E. J. Urwick, *The Message of Plato*, Londres, 1920, pág. 29. En su conjunto, se llaman *Vedanta* los últimos textos de los Vedas (véase *supra*, nota 4), entre los cuales ocupan un lugar destacado las *Upanisads*.

publicó en Londres en 1997 con el título *Platon and the Upanishads*.[31] En él subrayaba sobre todo que la tan característica elevación platónica "desde lo mucho al uno" no le era desconocida al pensamiento de las *Upanisads*. A lo mismo me refería respecto a muchas otras tesis paralelas, como por ejemplo el camino cognitivo introverso, del que ya hemos hablado, el problema del sujeto y del objeto del Conocimiento, el monismo filosófico, las diversas *capas* del alma, la reencarnación, la división de la sociedad en clases, etc., que configuran un bellísimo mosaico de conchas de distintos colores que provienen de costas lejanas y que, sin embargo, se encuentran muy cerca las unas de las otras.

Si puede buscarse alguna conclusión en mi estudio, esta no puede ser sino la convicción de que el pensamiento humano, sediento de Conocimiento y Verdad tanto en Occidente como en Oriente, tanto ayer como hoy, puede seguir diversos senderos ascendentes para llegar a una única fuente. Estos senderos no pueden sino desarrollarse de manera paralela, pero nunca se cruzan, porque ello significaría una llegada, es decir, el final imposible de un trayecto que contempla el infinito.

---

[31] Este libro ha sido traducido y publicado en Grecia, Rumanía, Corea, Serbia y, más recientemente (2008), en Argentina.

18

Dimitrios Galanos
El único diccionario sánscrito-griego-inglés[1]

Buscando los nexos que unen Grecia con la lejana (incluso en las condiciones actuales) India, el país de *los etíopes de Oriente* según Homero, desde la mítica campaña de Dioniso y Heracles hasta la época ya histórica del primer viaje, el de Escílax, y por supuesto la campaña de Alejandro Magno y la época de sus sucesores, descubrí, una tras otra, las profundas huellas que ha dejado, a lo largo de los siglos, la ruta de los griegos hacia Oriente. Todo un mundo sobre el que solamente poseía escasos conocimientos gracias a las pocas lecturas extraescolares sobre este tema, un tema que mi estancia en la India como embajador de Grecia me invitó a conocer mejor.

Avanzando lenta y constantemente en el estudio y en la peregrinación por aquellos espacios en los que, en una ocasión histórica, el inquieto espíritu investigador griego convivió con la serena búsqueda mística interior de Oriente, llegué a un alto en el camino que coincide con cierto punto final –o con cierto punto de partida, es lo mismo– no tan determinado temporalmente como, sobre todo, cultural e históricamente.

El nacimiento del Gran Reformador de Nazaret, con su mensaje celestial, y la derrota, pocas décadas antes, del

---

[1] Discurso en la Universidad de Atenas con motivo de la presentación y donación del *Diccionario sánscrito-inglés-griego* de Dimitrios Galanos a la comunidad académica.

último de los monarcas que se distinguieron tras la campaña de gran estratega macedonio, marcaron el alba de una época que, de manera prácticamente imperceptible en el tiempo, pero decidida e irrevocablemente en el espacio histórico, interrumpió gradualmente los contactos intelectuales directos entre el mundo helénico-occidental y el indio-oriental. Además, estos mundos recibieron influencias que alteraron gradualmente su fisonomía, y las distancias culturales entre ellos aumentaron proporcionalmente. Por supuesto no faltaron los viajes de comerciantes y exploradores; al contrario, se multiplicaron, pero no podemos hablar de una importante presencia cultural griega en India, ni indirecta, a través del Occidente helenizado, ni directa, a partir de Bizancio y del mundo griego propiamente dicho.

Tuvieron que pasar muchos siglos hasta que se produjera el primer intento realmente destacable de Occidente para acercarse al mundo espiritual hindú, estudiarlo y darle el valor que le corresponde en la pirámide de los logros de la humanidad.

El *descubrimiento* (esta es la palabra que usa el filósofo alemán E. Cassirer) de la lengua y la literatura sánscritas fue un hecho decisivo para el desarrollo de la conciencia histórica de Europa y de todas las ciencias de la civilización. Desde el punto de vista de su interés e influencia, puede ser comparado con la gran revolución cultural que provocó en la física el sistema copernicano. La hipótesis copernicana alteró la percepción del orden cósmico. La tierra ya no era el centro del universo, sino un astro más entre muchos otros. En este mismo sentido, el conocimiento de los textos sánscritos alteró aquella idea según la cual el único centro auténtico de la civilización era el mundo de la antigüedad clásica.

Filósofos alemanes, franceses y sobre todo ingleses de mediados del XIX se acercaron a los textos sánscritos de la herencia cultural hindú para descubrir en ellos enseñanzas antiquísimas, olvidadas y no valoradas por nuestro mundo occidental. Sin embargo, ochenta años antes del precursor investigador de la cultura hindú, el alemán M. Müller, otro investigador, el ateniense Dimitrios Galanos, recorrió de nuevo el camino que ya habían trazado en la antigüedad sus antepasados y que el tiempo había borrado.

Tras sus estudios en Atenas, Patmos y Constantinopla, Dimitrios Galanos trabajó por poco tiempo como maestro en Calcuta, importante centro comercial y marítimo del Helenismo a finales del siglo XVIII. Finalmente se estableció en Benarés, donde estudió sánscrito y filosofía y escribió importantes libros, comentarios de textos filosóficos de la antigua India, traducciones del sánscrito y valiosísimos diccionarios.

Este no es el lugar adecuado para mencionar datos biográficos o informaciones bibliográficas de este gran griego, al que tanto respetaron los sabios brahmanes. Uno de ellos, Monsi Sitelsi, lloró su muerte con estas palabras: "Se nos ha ido el Platón de este siglo". Y mientras que en aquellos años su obra era valorada en la India, su recuerdo desapareció bien pronto, hasta el punto de que sólo recientemente se ha descubierto su tumba, medio escondida entre hierbas salvajes, en un cementerio cristiano olvidado cerca de la ciudad donde vivió y murió sin haber regresado a Grecia.

En este punto debemos citar lo que apuntó el brahmán Baladeva Upadhaya en un libro (1984) sobre la historia de los sabios de Benarés, a la cual también se refiere Apostolos Michailidis en un artículo publicado en el periódico *Historia* (1984). Escribe el brahmán: "De la manera como el sabio griego estudió el sánscrito en Benarés, y habiendo traducido por primera vez obras sánscritas al griego para que toda Europa ampliara su conocimiento,

Dimitrios Galanos llevó a cabo una obra incomparable. En aquel momento algunos investigadores ingleses también estudiaban el sánscrito y escribían libros, pero sus motivaciones eran políticas. Amaron el sánscrito por la consolidación de su poder en la India y sus facilidades en el ejercicio del gobierno. Sin embargo, los intereses de Galanos eran puramente académicos. Su principal objetivo era presentar la lengua y literatura sánscritas a los intelectuales europeos, y siguió trabajando en esta línea".

En su artículo, Apostolos Michailidis escribe: "¿Dónde puedo encontrar la tumba de Dimitrios Galanos?, le pregunté un día de invierno de 1990 al misionero jesuita Ignatius Putiandam. Esto es Benarés, me contestó, y dudo que se haya conservado la tumba después de tantos años. Sin embargo, hay tres cementerios cristianos, búscala en ellos y tal vez la encuentres. Me puse en marcha con escasas esperanzas. Busqué en el primero. Nada. Busqué en el segundo. Lo mismo. Pero en el tercero, dos años después, tuve más suerte. Al entrar por la puerta central observé que muchas lápidas habían sido colocadas en los muros del jardín del cementerio. El jardín, semiescondido entre hierbas y matojos, debilitó mis ya pocas esperanzas. Miré las tumbas de la primera fila, de la segunda, de la tercera, finalmente las miré todas. Pasé por delante de tumbas de soldados ingleses que habían muerto bien por muerte natural, bien en algún ataque de los hindúes. Pasé por tumbas de antiguos habitantes europeos y cristianos hindúes de Benarés, pero la tumba de Galanos no aparecía. Dispuesto ya a marcharme, me pregunté si había visto bien la tumba de la primera fila a la izquierda de la entrada, bajo un árbol. Me acerqué y leí: *In memory of Demetrios Galanos, an Athenian*, y dos líneas más en persa".

Grecia, a la que tanto honró y amó, y a la que dejó un importantísimo legado cultural y material en la Biblioteca

Nacional, lo olvidó e ignoró rápidamente, con escasa excepciones. Por desgracia sigue ignorándole. Es significativo el siguiente fragmento de un viejo periódico griego que cayó en mis manos por casualidad:

> No es de extrañar que, en estos días, los orientalistas hayan recordado a Dimitrios Galanos, de Atenas. Sin embargo, nosotros lo hemos olvidado. Para ser sinceros, casi no lo conocemos. Los atenienses que hayan pasado estos días por la sala del rectorado de la Universidad de Atenas y hayan mirado los retratos expuestos en la pared, habrán visto a un hombre de fisonomía extraña, con un turbante oriental, de cara melancólica y quemada por el sol. ¿Quién es? La pequeña placa de bronce de debajo tenía el perverso laconismo de todas las placas pequeñas de bronce. Sólo decía: Dim. Galanos, de Atenas. Muy bien, el nombre es griego, procedente de Atenas, pero ¿qué hizo este hombre para que su retrato se encuentre entre los de los primeros sabios de la universidad? No había nadie que pudiera contestarme. El conserje del rectorado alzó los hombros en señal de duda. Nadie sabía más. De vez en cuando, algunos sabios extranjeros, inclinándose ante el retrato, alzaban la cabeza, miraban al hombre con su turbante, e inmediatamente aparecía en sus rostros una expresión de respeto.

Entre las pocas excepciones de griegos que honraron con su pluma a Dimitrios Galanos, quiero recordar, además de Georgios Tipaldos, del que hablaré más adelante, al letrado Konstandinos Zisios, quien le dedicó un capítulo de su libro *Los maestros de la nación*, publicado en Atenas el año 1915, y en el que escribe, entre otras cosas, lo siguiente:

> El desdeñador del dinero Galanos se dirigió a Constantinopla, donde vivía su tío Gregorio, que era obispo de Cesarea y estaba a la cabeza del sagrado Sínodo de la Gran Iglesia. De inmediato se dirigió a la India, un viaje largo y peligroso, donde, como maestro de griego, visitó muchas ciudades y enriqueció sus conocimientos. No se hizo hindú porque te-

nía el deseo de volver a Grecia, pero sólo cuando esta fuera libre, para evitar ver las caras de los tiranos. En la India se dedicó a traducir del sánscrito al griego las obras maestras de esa lengua, siendo el primero en dar a conocer a la civilización europea la gran literatura india. De alma noble, usó en sus traducciones la elegantísima lengua ática, ya que conocía en profundidad, gracias a largos años de estudio, las letras griegas, que honraba por encima de todos los bienes del mundo y, como buen patriota, se preocupaba de su cultivo en Grecia, a la que amaba tanto.

Al citar aquí a unos pocos griegos –en cambio, han sido más los extranjeros que han difundido la gran contribución de Dimitrios Galanos a la humanidad–, acuden a mi mente los nombres del gran sabio Ioannis Gennadios, la investigadora Maria Burghi-Kyriazi, el profesor y valeroso luchador Sarandis Kargakos, y, finalmente, junto con Apostolos Michailidis, el infatigable estudioso Dimitrios Vasiliadis, que ha publicado recientemente el interesantísimo libro *The Greeks in India*, con una gran parte dedicada a Dimitrios Galanos y a su valiosísima aportación intelectual.

En los años que pasé en Nueva Delhi, la gran metrópolis de la India actual, me encontré ante avenidas y fundaciones que con su nombre mantenían vivo el recuerdo de aquellos sabios europeos pioneros en abrir el camino para el renacimiento de los lazos culturales entre Oriente y Occidente; así, la gran avenida Max Müller, por la que pasaba prácticamente a diario, me recordaba casi de manera torturadora lo injusto de la ausencia del nombre de aquel sabio griego que, muchas décadas antes que Müller, había desarrollado una labor análoga.

Propuse entonces a la inspirada primera ministra de la India, Indira Ghandi, que corrigiera esa injusticia. Su respuesta fue realmente entusiasta. Sin embargo, los cambios políticos que se produjeron en ese país al cabo de poco tiempo y, poco después, mi traslado de Nueva Delhi no me permitieron vivir el día en que el nombre de Dimitrios Galanos encontraría en el país al que tanto sirvió con su valiosa obra el lugar que le corresponde.

Entre las valiosísimas obras de Dimitrios Galanos se destaca una no sólo por su importancia en el campo del estudio científico, sino también por su carácter único, tanto por su precocidad en el tiempo como por su contenido sustancial. Se trata del diccionario trilingüe sánscrito-griego-inglés. Es un diccionario de interés literario y lingüístico, pero también histórico, que durante muchos años se encontraba entre los papeles amarillentos conservados en los archivos de la Biblioteca Nacional de Grecia.

La existencia de este diccionario era conocida por la comunidad científica internacional gracias a otras publicaciones de la obra de Dimitrios Galanos, y a menudo era citado en la bibliografía internacional como algo importantísimo, pero con la nota amarga de que permanecía inédito y era inaccesible para la investigación, ya que nadie sabía que había sido de él ni dónde se encontraba el manuscrito de esta valiosísima obra.

Un encuentro casual con un profesor griego que había venido a Delhi para participar en un congreso en la India fue decisivo para descubrir la suerte de este importante manuscrito. Durante un almuerzo en la embajada en el que conversamos sobre los lazos culturales que unen Grecia con la India, el profesor me habló de "algunos manuscritos" en forma de diccionario, en escritura devanagari pero también con letras griegas y latinas, que habían llamado su atención mientras investigaba en la Biblioteca Nacional. ¿Acaso era ese el diccionario del que tanto se había hablado y en el que tanto había fijado mi fantasía en una época en la que leía con vivo interés todo lo que caía en mis manos sobre aquel sabio griego, al que consideraba la primera presencia de la Grecia moderna en el país en el que servía como diplomático? No perdí el tiempo y ese mismo día dirigí una pregunta a la Biblioteca Nacional dando toda la información que me fue posible.

No tardaron en responder a mi pregunta: la Biblioteca Nacional confirmó mis esperanzas. El manuscrito era el diccionario. Se encontraba entre los muchos papeles amarillentos que se conservaban en sus archivos, y probablemente pertenecía a los manuscritos que le habían llegado a través del testamento de Dimitrios Galanos, por el cual cedió la mayor parte de su fortuna a Grecia "para hacer una donación a la universidad griega, cuando esta se fundara en la Grecia libre".

Por supuesto, después de explicar con todos los detalles posibles la importancia del asunto, solicité al Ministerio de Cultura de Grecia que asumiera su pronta publicación, a fin de que el diccionario fuera fácilmente accesible a la comunidad científica griega e internacional, y también para que fuera al mismo tiempo un gesto honorífico simbólico de Grecia hacia la obra de este sabio griego. Desafortunadamente, mi solicitud no fue atendida, a pesar de que, tal como se comunicó a la embajada, la propuesta fue considerada "digna de especial atención".

La intención de que el diccionario, y lo que significaba este para la historia cultural de Grecia y para la ciencia en general, no permaneciera por más tiempo olvidado en los estantes de la Biblioteca Nacional de Grecia no me abandonó en los años que siguieron. En un libro que publiqué en 1991 escribí: "En nuestra Biblioteca Nacional se encuentran depositados (nº cat. 1836-1855) muchos volúmenes manuscritos de una obra inédita de Dimitrios Galanos que esperan, desde hace más de cien años, algún interés por parte del Estado griego o de algún particular para ser publicados como merecen". Con el paso del tiempo se les hizo justicia.

Con un buen grupo de intelectuales escogidos, con los que fundamos la Asociación Greco-hindú, y con la colaboración siempre bien dispuesta de la Embajada de la India en Grecia, pero también con el apoyo imprescindible de la Lalit Academy, la Academia de Letras de la India, decidimos llevar a cabo la edición y distribución gratuita del diccionario manuscrito de Dimitrios Galanos por bibliotecas y universidades, tal como nos lo dejó, sin cambios, intacto a pesar del paso del tiempo, con la caligrafía del autor, trazada con pluma y tinta china en el papel de la época.

No es este el lugar para hablar de las muchas dificultades, de índole administrativa y técnica, a las que tuvimos que enfrentarnos y superar durante los cinco años que duró el esfuerzo por alcanzar el objetivo que todos nos habíamos propuesto, un objetivo que no se habría logrado sin la comprensión y el apoyo de los responsables de la Biblioteca Nacional de Grecia. Así nació el Diccionario que ofrecemos hoy a la comunidad científica griega e internacional.

En los cajones y en los archivos de manuscritos de la Biblioteca Nacional de Grecia hay aún muchas otras obras valiosísimas de Dimitrios Galanos. Entre estas, otro diccionario, esta vez de dos volúmenes (nº manuscritos 1837, 1838), *Diccionario persa-hindi-griego*, tal como lo tituló su autor, que espera ser reconocido como merece. Aún espera un rincón de la tierra griega, Atenas, su patria, a la que tanto amó y por la que tanto hizo, acoger la gran personalidad de este *maestro de la nación*, como con justicia lo llamó el alma griega.

19

Primero de Año[1]

Uno tras otro, los años extienden sus alas, pasan por nuestra vida cargados con todo tipo de recuerdos, como pasan los trenes cargados con todo tipo de pasajeros. Los vemos pasar y nosotros somos los espectadores. Sin embargo, la verdad es que somos nosotros los que viajamos en el tiempo, y este se expande, inamovible, por el espacio que abraza la eternidad.

Hace unos pocos días celebramos la Navidad, la gran fiesta de la Cristiandad, la gran fiesta mística de la Ortodoxia. Un momento lleno de magníficos simbolismos y de importancia para nuestra vida interior. Y casi enseguida nos encontramos en el umbral de un año convencionalmente nuevo. He dicho *convencionalmente* porque *año nuevo* es todo momento en la trayectoria recta de nuestra vida, empezando por el del nacimiento, al pasar por la gran puerta de la vida, hasta el último, antes de penetrar en la *existencia*, a través de la temible puerta de la Eternidad.

Del mismo modo que la fotografía congela en el papel el vuelo de un pájaro, nosotros hemos querido congelar racionalmente el flujo ininterrumpido desde el *antes* hasta el *después*, desde el espacio del recuerdo al de la espera, con el fugaz e intocable *ahora* de por medio, el cual

---

[1] Discurso en la Sociedad Nacional de Escritores Griegos, 2006.

incluso el mismo Platón tuvo dificultades para definirlo, proponiendo aquel enigmático εξαίφνης (repentino).

En un congelado *ahora*, entre el *nunca más* y el *todavía no*, nos detenemos todos los primeros de año. Detenemos nuestro correr, nuestro movimiento, ante el aparente movimiento del tiempo, para hacer balance y esperar...

La llamamos fiesta de Primero de Año. Vociferamos y aplaudimos, cantamos, nos besamos e intercambiamos buenos deseos. ¿Acaso fue tan malo el año ya pasado como para celebrar que ya pasó el *nunca más*? ¿Acaso es tan esperanzador el que se vislumbra como para celebrar su venida?

No tengo respuestas para estas preguntas. Por lo demás, el balance y la esperanza, el primero de año, de cada momento es un asunto personal de cada uno de nosotros...